Meinen Söhnen Daniel und Phillip gewidmet

INHALT

Ein Wort des Dankes 10
Vorwort 11

ERSTES BUCH: BÄUME

Der Geist des Baumes 15
Erste Erkenntnis und Wandel 17
Waldspaziergang in England 27
Hürden überwinden! 28
1. Übung: Entspannung 29
Probleme über Probleme? 32
Baumgeliebter 34
2. Übung: Gläserner Baum 38
Baumerlebnisse ins Leben integrieren 39
Kraftbaum 40
3. Übung: Starker Baum 43
Ein verflixter Tag 45
4. Übung: Baum-Kreislauf 47
Pappelvogel – Freiheitsbaum 49
5. Übung: Freiheit im Baum 50
Tierbaum 51
Hol deine Bäume zu dir ins Haus 53
Ein Baumgeist muß umziehen 55
6. Übung: Für den Baum 59
Baum im goldenen Kleid 60
Tanzende Närrin im Wald 61

Zweites Buch: Steine

Gesang der Steine 65
Fliegender Stein oder steinerner Vogel 68
7. Übung: Steinerlebnis 69
Atlantik in Portugal 71
8. Übung: Felsen öffne dich 74
Planet X 76
Wissen der Steine 78
9. Übung: Meer im Kristall 82
10. Übung: Kristallschau 83
11. Übung: Heilender Kristall 84
Andromeda-Spiralnebel 86
12. Übung: Spiralweg aus Rosen.................. 90

Drittes Buch: Menschen

Eine wahre, unheimliche Nachtgeschichte 95
Gedanken über Schutz 97
13. Übung: Schutz 99
Vollmondnacht.............................. 109
14. Übung: Glücksbringer 111
15. Übung: Augenstrahl........................ 113
Temperament 114
Meditation 115
16. Übung: Gedankenstille...................... 117
Krokodile.................................. 118
Eigenarbeit 119
Erleuchtung 128
Einweihung 131
Ausgleich der Elemente 135
Ein Guru in Grün 137
Verantwortung und Aura 139
17. Übung: Aurasehen 140
Auraformen und -farben 141

Inhalt

VIERTES BUCH: TRÄUME

Uralter Steinkreis voller Lebendigkeit	149
Kraftorte	156
Blauer Eisstein	160
Was jeder tun kann	162
Felsheiligtum mit Selbstvertrauen!	164
18. Übung: Kraftübertragung für unsere Erde	166
Mondkreis	168
Tal ohne Wiederkehr	171
Bilderfrauen	175
Wasser des Lebens	190
19. Übung: Wasserklarheit!	191
Wasser als Informationsträger	193
20. Übung: Gesundheit, Schönheit, Freude	194
Madron Well	196
Es werde Licht	202
21. Übung: Selbstheilung	204
22. Übung: Lichtnahrung	205
Verwandlung	205
Alle Dinge teilen denselben Atem	206
23. Übung: Luft und Liebe	209
24. Übung: Atmender Stein der Ruhe	210
Luftgeist	210
Naturwesen	213
Epilog	216
Literaturverzeichnis	219

Ein Wort des Dankes

In einer Zeit, die immer schnellebiger und unruhiger wird, keiner mehr für sich selber – geschweige denn für andere Wesen – Zeit findet, möchte ich erzählen von Kraft- und Lichtorten, von Erfahrungen mit Naturgeistern und Elementen, von Meditations-, Selbstheilungs- und Aufladungsübungen und Geschichten, Gedanken und Übungen über und mit Bäumen und Steinen mitteilen: Sie haben so leise, zarte Stimmen, man hört sie kaum im Lärm dieser Welt.

Bereits Ende 1986 entstand die Idee für dieses Buch, und ich habe angefangen, meine Erlebnisse und Meditationsübungen aufzuschreiben. Zwischendurch kamen Phasen, wo alles ruhte, sie wechselten sich mit geradezu schreibwütigen Wochen ab. Herzlichen Dank sage ich an dieser Stelle meinem Mann für die unermüdliche Unterstützung und unserem Sohn Phillip, die mir beide geduldig die Arbeit am Computer erklärten und mich beruhigten, wenn auf mysteriöse Art und Weise alles Geschriebene plötzlich verschwunden war.

Herzlichen Dank an Claudia, Maxie, Sabine, Gitte, Doris und Reinhold, an alle Baum-, Steinwesen und an die vielen Geister der besonderen Orte für ihre Hilfe; ohne sie wäre dieses Buch nicht entstanden. Danke auch an die Kunstmalerin Irene Müller für ihre eindrucksvolle tänzerische Interpretation des Freiheitsbaumes. Besonderen Dank an Professor Eike Hensch für seine Wegbereitung.

Nicht zuletzt geht meine Dankbarkeit an alle sichtbaren und unichtbaren Wesen, die halfen, daß das Buch nun erscheinen konnte.

Vorwort

Die Neue Wissenschaft sieht die Biologie als die Mutter der Wissenschaften – nicht länger die Physik oder Chemie. Starre Denkprinzipien werden mehr und mehr von einer dynamischen Denkweise abgelöst. Die Autorin Ingeborg Lüdeling beobachtet und erlebt Biologie unmittelbar in der Natur. Sie hat tiefen, intuitiven Zugang zu Bäumen, zum Mineralreich und anderen Erscheinungen der äußeren Welt und bezieht daraus viele ihrer Erkenntnisse. Die geheimen Bereiche der Natur erschließen sich der Autorin – wie vielen anderen Menschen heute – in der Meditation: Hier ist es, wo sie in Kommunikation tritt mit den in der Natur und im Leben des Menschen wirkenden Kräften.

Viel Wissen, gewonnen auf der breiten Basis persönlicher Erfahrung, steht im Mittelpunkt dieses spirituellen Erlebnisbuches. Ingeborg Lüdeling versteht es, intensives Empfinden mit fundiertem Wissen auf esoterischer Ebene zu verbinden. Oft dringt sie damit direkt in unsere Seele vor, wenn sie beispielsweise Zusammenhänge zwischen dem Waldsterben und der Fernseh- und Telefoniersucht sieht – was nach neueren Forschungen nicht mehr von der Hand zu weisen ist.

Wer mag, kann die *kursiv* gedruckten »Visionen« überspringen oder zu einem anderen Zeitpunkt lesen. Berichte von Selbst-Erfahrenem mögen den Lesern Anregung sein zu eigenem Tun und Handeln; die Autorin vermittelt dazu eine Fülle hilfreicher Praktiken. Ihr Anliegen war es, ihre Erfahrungen und Visionen einem großen Leserkreis zugänglich zu machen. Sie möchte ihr Wissen mit den Lesern teilen, damit diese daraus Nutzen für ihren eigenen Weg ziehen können. Wir lernen von anderen und durch andere, geben Wissen weiter – das ist not-wendig, damit Not gewendet wird. Und viel hat Ingeborg Lüdeling ihren Lesern zu sagen! Sie bietet uns mit *Steine, Bäume, Menschenträume* eine »Hilfe zur Selbsthilfe« an – ob wir diese annehmen können, ob wir lernen wollen, das bleibt uns überlassen. Sind wir aber lernbereit, so wird sich uns mit diesem Buch eine wahre Schatztruhe öffnen.

Nienburg, im Januar 1997   Prof. Eike Hensch, Architekt

Erstes Buch
Bäume

Der Geist des Baumes

Gerne gehe ich durch den Park. Der Gesang der Vögel erscheint hier immer lauter, oder die Stille ist besonders still. Nirgendwo sonst sind so viele Blumen und Bäume auf so engem Raum zusammen. Es riecht nach Frühling. Ich spaziere fröhlich durch diese Naturpracht. Der kiesige Weg ist rechts und links mit Büschen gesäumt, in denen die Vögel lustig zwitschern und spielen. Es ist so friedlich und harmonisch hier.

Als ich um eine Ecke biege, entdecke ich am Tor, das zur Straße führt, einen großen Anhänger, den jemand – vollgeladen mit abgesägten Bäumen – dort abgestellt hat. Die Bäume haben noch ihre Blätter, ihre Kronen. Sie können noch nicht lange dort gelegen haben, denn von allen geht eine lebendige Frische aus, die mich richtig anzieht.

Während ich auf sie zugehe, durchfährt mich plötzlich ein Stich! Er kommt von den Bäumen, geht durch meine Augen und fährt genau in mein Innerstes: Trauer! In der Blüte ihres Lebens sind sie verurteilt zum Tode durch Beil und Säge!

»Komm, komm ...«, verwundert vernehme ich eine Stimme irgendwo in meinem Kopf. Eine unbekannte Kraft zieht mich an den Wagen. Als mir der Duft der frischen Blätter – vermischt mit dem Geruch des gesägten Holzes – in die Nase steigt, schießen mir Tränen in die Augen. Ich sehe alles durch einen Schleier: so schöne, gerade gewachsene Stämme, so gesunde Bäume!

Eine Linde fällt mir besonders auf, und ich verspüre den Drang, meine Hände auf ihren Stamm zu legen. »Na, komm zu mir! In dieser Linde kannst du nicht bleiben, denn sie stirbt«, denke ich, während in meinen Händen ein seltsames Pochen zu spüren ist. Ich weiß nicht, wie lange ich so reglos dastehe, erschüttert bis ins Herz. Irgendwann gehe ich zurück und fahre sofort nach Hause. Meine Lust auf einen Spaziergang ist mir gründlich vergangen.

Als ich in die Einfahrt zu unserem Haus einbiege, habe ich mich wieder etwas beruhigt, jedoch ist mein Kopf schon die ganze Zeit über so eigenartig leer. Ich steige aus dem Auto und will gerade auf die Treppe zugehen, die zur Haustür führt, als mein Blick auf die beiden Tannen fällt, die dort seitlich stehen. Ich denke daran, wie beide einmal in unserer Stube als Weihnachtsbäume standen und danach draußen von uns wieder eingepflanzt wurden. Die kleinere von den beiden ist schön und dicht gewachsen und hat schon hellgrüne Triebe bekommen. Die andere dagegen sieht recht kümmerlich aus, hat braune Nadeln und noch nicht einmal ausgetrieben. Es ist traurig, aber ich befürchte, daß sie eingeht. Mein Mann wollte sie vor einigen Tagen schon ausgraben und zum Gartenabfall legen, weil wir beide nicht daran glaubten, daß sie sich an diesem Platz jemals wieder erholt. Wir ließen sie aber doch stehen, denn ich habe ihr noch eine Gnadenfrist bis zum nächsten Herbst eingeräumt.

Ich stehe nun vor dieser Tanne mit noch immer seltsam leerem Kopf. Ohne mir dessen bewußt zu sein, lege ich plötzlich meine Hände an ihren dünnen Stamm. Auf einmal »strömt« ein unbeschreibliches Gefühl durch meine Handinnenflächen. Mein Kopf wird wieder klar, und ich denke: »So, mein Lindenbaumgeist, du kannst nun in dieser Tanne wohnen. Mit deiner Kraft kann sie wieder gesund werden, und du hast eine neue Wohnung.« Nachdem ich meine Hände von dem Stamm gelöst habe, gehe ich ins Haus und denke noch einmal über alles nach.

Abends erzähle ich dieses Erlebnis meinem Mann. Wir beide beobachten jetzt natürlich jeden Morgen unsere Tanne. Wunder geschehen doch sofort, oder?

Als nach einer Woche immer noch nichts geschieht, verdrängt das normale Alltagsgeschehen unsere Aufmerksamkeit, und wir vergessen das Baumerlebnis.

Aber dann, nach ungefähr drei Wochen, bekommt unser Tannensorgenkind auf einmal zarte, grüne Spitzen! Ich entdecke sie, als mein Blick wieder einmal »zufällig« auf dem Bäumchen ruht. »Das kann doch nicht wahr sein!« rufe ich aus. Bei allen anderen Tannen ist das Wachstum der neuen Triebe schon längst abgeschlossen, und nun fängt unsere Kleine an zu wachsen! Ein unfaßbares Gefühl der Dankbarkeit und Ergriffenheit überkommt mich.

Dies gleiche Gefühl überkommt mich noch einige Jahre später, wenn ich unsere Tanne betrachte, die sich inzwischen wieder zu einem schönen, starken und vollkommen gesundem Baum entwickelt hat.

In der darauffolgenden Zeit hatte ich noch weitere Erlebnisse mit den Baumgeistern. Ich erkannte dadurch immer mehr, daß wir die Dinge nicht nur von außen betrachten können, sondern auch ihr innerstes Wesen ansprechen sollten. Dazu müssen wir aber erst einmal eine andere Sichtweise erlernen: nach innen zu horchen und unser Innerstes – unsere Seele – wiederzufinden und zwar ganz bewußt. Dann werden wir erkennen, daß alles, was lebt, eine Seele hat und zu uns spricht.

Was ist das für eine Sprache, die gesprochen wird, wenn unsere Seele andere Seelen berührt?

Erste Erkenntnis und Wandel

An alle Menschen, die mehr als nur oberflächlich leben wollen, die zuhören können, die der Liebe wieder Raum geben, und auch an diejenigen, die bereits wissen, daß Veränderungen nur möglich sind, wenn man sich selbst ändert:

Schaut doch, wieviel Haß, Intrigen, Machtgefühle und sonstige Schlechtigkeiten sich immer mehr ausbreiten. Unsere Welt wird bestimmt von gescheiterten oder »verwelkten« Beziehungen, lieblosen Ehen, vollen Kneipen, von Kriegen, Umweltverschmutzung, sterbenden Bäumen, Atomproblemen, Inhaltsleere und Ablenkungsdrogen (auch Fernsehen). Daran kann auch ein persönliches positives Denken mit seinen kleinen Freuden nichts ändern. Der einzige Weg, der hier zu erfolgreichen Veränderungen führt, ist der Weg nach innen, zur Selbstfindung, zur Selbsterkenntnis, zur Selbsterfahrung, zum Selbstdenken, zur Seelenerfahrung und damit zu einer anderen Sicht- und Fühlweise.

Dabei müssen wir wieder lernen, auf unsere innere Stimme zu hören bzw. auf unsere Gefühle zu achten, zu lauschen und zu fühlen.

Jeder ist für sich selbst verantwortlich! Viele von uns erkennen leider erst dann, wenn sie alt und krank sind und den Tod vor Augen haben, daß sie in ihrem bisherigen Leben ihre Seele ganz einfach vergessen haben. Obwohl es für eine Umkehr der Sichtweise nie zu spät ist, erscheint doch die Zeit dann sehr kurz, um noch alles das nachzuholen, was eigentlich *alltäglich* gelebt werden müßte. Der Tod markiert scheinbar einen unerbittlichen Schlußpunkt unseres Lebens – einen Punkt, an dem die Zeit wie eine Sanduhr abläuft und ausläuft. Aber das auch nur, weil der Tod eben das große Unbekannte ist. Vielleicht ist diese vermutete Endgültigkeit einer der Gründe, weshalb viele Menschen Angst vor dem Tod haben. Diese Angst muß nicht sein, da jeder die Möglichkeit hat, seine Seele zu spüren und zu erfahren. Wer diese Seelenerfahrungen sammelt, wird sich langsam bewußt werden, daß die Seele unser eigentliches Sein ist und bald erkennen, daß sie unsterblich ist. Wer diese Erkenntnis gewonnen hat, für den ist der Tod eben kein Schlußpunkt mehr, sondern nur ein Übergang von einem Bewußt-Sein in ein anderes, gleichsam – wie schon in alten ägyptischen Schriften dargestellt – als wenn jemand von einem Raum in einen anderen geht. Das Durchschreiten der Tür als Symbol des Todes bedeutet für die Mitmenschen im ersten Raum ein Verlassen oder einen Verlust, für die Mitmenschen im zweiten Raum ein Ankommen oder einen Gewinn und damit ein Symbol der Geburt ...

Die Sanduhr ist nur so lange »tot«, bis eine ihr unfaßbare Macht sie wieder umdreht und sie so erneut zum »Leben« erweckt.
I. M. Lüdeling

Wenn diese Worte von jedem auch erfühlt werden, wird sich ein kleiner erster Wandel vollziehen, denn alles, was lebt, hat eine Seele. Wenn man gelernt hat, für sich selber die Verantwortung zu übernehmen, selber zu denken, auf seine innere Stimme zu hören, dann kann man auch (verantwortungs-)bewußt mit allem, was lebt, umgehen. Das Wissen darum, was richtig und was falsch ist, wird aus tiefstem Herzen kommen. Man sollte sich nicht in seinem Handeln von Außenstehenden beirren lassen, selbst wenn es für diese manchmal etwas merkwürdig erscheinen wird. Wir werden dann unsere Ängste verlieren und uns für das einsetzen, was wir als wichtig und richtig erkannt haben.

Jeder muß selbst erkennen, daß alle Menschen miteinander und mit allem, was ist, vernetzt sind. Die Natur existiert nicht losgelöst von uns irgendwo da draußen. Alle Lebewesen sind untereinander und mit dem Kosmos verbunden! Im alltäglichen Leben kann man das umsetzen durch Einfühlungsvermögen, Offenheit, Ehrlichkeit, Vertrauen, Güte, Zuneigung, Freundlichkeit, Humor und Liebe. Dies sollte jeder in seinem Leben nach und nach verwirklichen und dann beibehalten.

In unserer täglichen Hektik ist es ganz dringend erforderlich, daß in unser Leben wieder Ruhe einkehrt, die Ruhe, die wir selbst brauchen und auch an andere weitergeben können. Ich weiß, wie schwierig das in unserer schnellebigen, lauten Zeit ist. Überall fahren Autos, fliegen Flugzeuge, klingeln Telefone, knallen Türen, lärmen Menschen – vor allem gerade dann, wenn man bewußt Ruhe sucht und braucht. Ruhe verstehe ich als äußere Stille, gleichzeitig aber auch als innere Gelassenheit. Um innerlich gelassen zu werden, muß ein anderes Bewußtsein unsere Empfindungen verarbeiten. Der Weg zu diesem anderen Bewußtsein führt nach innen, und dazu ist es ratsam, erst einmal die äußere Ruhe zu suchen, sich vom Geräuschpegel des Alltags zu befreien.

Wenn wir ein anderes Bewußtsein und damit auch eine andere Sichtweise erlangen wollen, benötigen wir Zeit und die Stille, um zu horchen und unsere Schätze zu entdecken. Ich helfe mir gegen den allgemeinen Alltagslärm immer mit einem angenehmen Trick: Ich höre spezielle Meditationsmusik, wenn ich Ruhe brauche und mich in mich versenken möchte. Welche Musik? Probiere es selber aus. Mit der Zeit wird jeder ohnehin sensibler und weiß dann genau, welche Musik zu welcher Meditation paßt ...

Durch eigene Beobachtungen habe ich festgestellt, daß derjenige, der diesen Weg beginnt, schnell erkennt, daß sich sein Leben durch die Erkenntnisse der anderen Sichtweise verändern wird. Wer also Angst vor Veränderungen, vor sich selbst und sonstigem Unbekannten hat, der sollte sich entscheiden, ob er weiterlesen möchte.

Angst vor mir selber hatte ich nie, war ich doch schon früh mit mir selbst beschäftigt und immer etwas anders als andere Menschen. »Mein Gott, woher haben wir bloß dieses Kind?« Im zarten Alter von sechs Wochen sorgte ich schon für Aufregung, wenn meine Mutter statt Milch Möhrensaft in mein Fläschchen gefüllt hatte und ich bereits von weitem mit lautem Gebrüll auf dieses Ungemach reagierte. Rätselhaft war, daß so ein kleines Baby diese feinen Farbunterschiede über eine Distanz von einigen Metern erkennen konnte.

Mit knapp fünf Jahren hatte ich meine erste Begegnung mit einem Geistwesen. Dieses Erlebnis war so einschneidend, daß ich mich noch heute gut daran erinnern kann, wie es aussah. Das Wesen war sehr klein, von grüner Hautfarbe und mit übergroßem Kopf, sonst wirkte es wie ein Mensch. Es hüpfte unbefangen im Zimmer herum. Als es bemerkte, daß ich es sehen konnte, sprang es mit einem Riesensatz hinter die Uhr und war verschwunden. Ich habe es nie wieder gesehen!

Ich hatte immer schon mit anderen Ebenen zu tun. Nun bin ich nicht ganz unvorbelastet, war doch meine Tante mütterlicherseits eine erfahrene Kartenlegerin, und meine Oma hatte Visionen, die sich oft als wahr herausstellten. Meine Mutter ist mit wunderbaren Heilhänden gesegnet, und manchmal hat sie auch das sogenannte zweite Gesicht. Außer meiner Mutter ist keiner von ihnen mehr auf der irdischen Ebene.

Ich verlebte eine schöne Kindheit in einem kleinen Dorf, aber der normale Alltag deckte meine außersinnlichen Fähigkeiten zu. Solche Fähigkeiten waren auch nicht besonders erwünscht, wollte doch jede Mutter damals ein möglichst »normales« Kind. Als ich so an die 20 war, wurde ich mir langsam meiner vererbten Anlagen wieder bewußt. Damals zog ich allein in eine Großstadt. Jahre später heiratete ich und bekam zwei Söhne im Abstand von fünf Jahren.

In unserem Wohnzimmer kam es an einem Abend im Januar, ich war allein zu Hause, zu meiner zweiten Begegnung mit einem Geistwesen. Es hatte die äußere Form einer ovalen, weißleuchtenden Scheibe, die aus vielen winzigen Pünktchen bestand. Sie pulsierte ständig und rotierte um sich selbst in ca. 30 cm Höhe über dem Fußboden. Damals fühlte ich große Angst, das Herz schlug plötzlich in meinem Hals. Ich starrte diese Scheibe an, als ob sie sich dadurch auflösen müßte, aber sie verschwand nicht und blieb ca. eine halbe Stunde sichtbar. Dann erst fühlte ich mich in der Lage, aktiv zu werden. So ungewöhnlich ich es auch empfand, aber ich sprach das Ding nun an: »Wer bist du? Geh weg, ich habe Angst!« Daraufhin löste es sich langsam auf und kam in dieser Form nie wieder zurück. Tagelang umging ich die Stelle, an der das eigentümliche Gebilde geschwebt hatte. Erst 20 Jahre später »traf« ich diese Scheibe in hellgrüner Ausführung im Steinkreis von Stonehenge wieder (siehe »Uralter Steinkreis voller Lebendigkeit«, Seite 149).

Als ich die Suche nach meiner Seele vor ca. 23 Jahren begann, war ich schier verzweifelt, daß ich keine Lektüre fand, die mich weiterbrachte und zufriedenstellte. Schließlich – nach ein paar Umwegen, die einige Jahre Lehrzeit in Anspruch nahmen – kam ich zur östlichen Mystik. Im *Tibetanischen Totenbuch* fand ich die ersten Antworten. Damals gab es meiner Meinung nach viel zu wenig aufgeschriebenes Wissen, jetzt ist der Markt überschwemmt damit. Mir blieb nichts anderes übrig, als mich mühsam durch vieles hindurchzukämpfen, und ich ging nicht immer auf dem einfachen und geraden Weg.

Am Anfang stand für mich das Bedürfnis nach bewußter Lebensweise. Dazu gehörte z. B. eine ausgewogene Ernährung, die aus fleischloser Kost besteht. Aus dieser Erkenntnis heraus wurden mein Mann und ich vor ca. 21 Jahren Vegetarier und informierten uns über Vollwerternährung, später auch über Makrobiotik und probierten alles aus. Wir sind immer noch Vegetarier, aber inzwischen ist das Nachdenken über Nahrung für mich nicht mehr wichtig. Ich esse lieber wenig, aber leichte und lichte Sachen. Aus meiner langjährigen Vegetariererfahrung kann ich heute sagen, daß pflanzliche Nahrung Körper und Seele energetisch leichter macht. Somit kann ich mich schnell auf feinstoffliche Erscheinungsformen einstellen. Alkohol und andere Drogen gehören nicht zu meinem Leben, so daß ich ohne Ablenkung meinen Weg gehen kann.

Alkohol, Nikotin und andere Drogen

Alkohol verwischt dauerhaft die Urteilskraft, schon regelmäßige kleinere Mengen reichen dazu aus, man muß gar kein Alkoholiker sein. Nikotin vernebelt die Sinne, läßt keine reinen Energien in den Menschen hinein und auch nicht heraus. Hellsichtige können in der Aura von Personen, die Alkohol trinken, entsetzliche Beulen und Löcher sehen. Diese Menschen können sich sehr schnell in Gedankengebilden und Gefühlen verirren, weil ihnen ja die klare Unterscheidungskraft abhanden gekommen ist. Bei Rauchern sehen Hellsichtige viele kleine Löcher in der Aura, wie eine Perforierung. Solche Menschen können nie sicher sein, was energetisch in sie eindringt oder was sie unkontrolliert an Energie verläßt. Ganz zu schweigen von den schmutziggrauen Energiefetzen, die alle Raucher umflattern.

Andere sogenannte leichte, weiche Drogen bringen zuerst scheinbare Erkenntnisse. Aber auf die Dauer verrennt sich der Drogenkonsument in unkontrollierbare Schein- und Illusionswelten. Diese Erlebnisse werden meist sehr rasant und damit ohne Rücksicht auf die persönliche Entwicklung gemacht, so daß schnell ein gedankliches und gefühlsmäßiges Chaos entsteht. Nicht nur Hellsichtige sehen bei Drogenkonsumenten in leere Augen. Solche Menschen haben auch keine Schutzaura mehr. Um die reale Welt ertragen zu können oder schöne Dinge angeblich noch schöner zu gestalten, müssen sie immer mehr Drogen nehmen. Sie versuchen verzweifelt, ihren Auraschutz wiederherzustellen, was aber so unmöglich ist. Wer schon in diesem Teufelskreis gefangen ist, löse sich selber schnellstens daraus bzw. suche Hilfe bei einem erfahrenen Therapeuten.

Naturvölker, bei denen die Einnahme sogenannter psychotroper Pflanzen gebräuchlich war und ist, gehen traditionell sehr vorsichtig damit um. Bei ihnen werden die jungen Menschen, die eine spirituelle Ausbildung beginnen, äußerst sorgfältig von erfahrenen Lehrern angeleitet, um Erlebnisse und Erfahrungen auf anderen Wirklichkeitsebenen zu sammeln. Die dabei rituell genommenen Drogen werden nicht auf Dauer konsumiert, weil bekannt ist, daß diese künstlichen Bewußtseinserweiterungen auch unangenehme Folgen haben können. Carlos Castaneda berichtet über seine Erfahrungen mit psychotropen Pflanzen: »Die Psychotropika erschütterten meine dogmatische Gewißheit, aber im Gegenzug zahlte ich einen hohen Preis. Mein Körper wurde geschwächt, und es dauerte viele Monate, bis ich mich wieder erholt hatte. Ich litt unter Beklemmungen und meine Handlungen waren kraftlos.« (aus: Carmina Fort 1996)

Andere Welten und wunderschöne Erfahrungen sind in der Meditation besser und gesünder zu erreichen. Man kann auch viel klarer sehen ohne den Farbschleier der Drogen, fliegen kann man auch ohne nervöses körperliches Zittern! In der Meditation lösen sich die Wände auf! Unter Drogenmißbrauch verschieben sie sich nur, werden bunt oder verändern ihre Perspektive, aber es bleiben Wände!

In gewisser Weise ähnlich verhält es sich mit der »Droge« Fernsehen. Weil wir feststellten, daß die Fernsehbilder unsere eigenen Visionen überlagern, ist in unserem Haushalt kein Fernseher zu finden. Mehr darüber schreibe ich im Kapitel »Eigenarbeit«.

Diese Erkenntnisse sind rein persönlicher Natur, und ich bitte, nicht alles ungeprüft zu übernehmen. Auch möchte ich nicht den Eindruck erwecken, meine Erkenntnisse zum Dogma zu erheben. Jeder muß selber seinen Weg finden; ich zeige nur eine mögliche Richtung.

Durch scheinbare Zufälle kamen wir am Anfang unserer bewußten Suche zur damals recht spärlichen esoterischen Literatur. Begeistert lasen wir alles, was wir aus dem Bereich bekommen konnten. Zu dieser Zeit gab es noch relativ wenig Lesestoff über Geheimwissenschaften, und vieles wurde nur verschlüsselt weitergegeben. Nach und nach kristallisierten sich bei mir gewisse Interessengebiete heraus. Nach vielen jahrelangen »Selbsterfahrungen« habe ich eine Meditation »gefunden«, die Menschen positiv beeinflussen, sensibilisieren kann, sie aber gleichzeitig auch wach und aufmerksam macht.

Ich erkannte, daß die vielen verschiedenen Informationen, die wir aus Büchern und Gesprächen bekommen, zu einem Ganzen zusammengefügt werden müssen. Zur Bewußtwerdung gehört eben alles: Ernährung-, Pflanzen-, Stein- und Erdkräftekunde. Selbsterkenntnis, ein klarer Geist, gute Konzentration, Intuition, Einfühlungsvermögen, Hilfsbereitschaft, Meditation und vieles mehr. Greift man davon jedoch nur einige Punkte heraus und hält sie für das jeweils Alleinseligmachende, dann denke ich automatisch an ein Mosaik, aus dem wir ein Steinchen herausgenommen haben. Dieses Steinchen mag zwar ganz schön sein, vielleicht auch etwas ganz Besonderes und Wertvolles – es bleibt aber Teil des Ganzen. In unserem Leben werden wir viele Steinchen finden, die Teile eines Ganzen sind. Wenn man wirklich wach ist, weiß man, daß man sie Stück für Stück zu einem großen Bild zusammensetzen muß.

Natürlich bedarf es einiger Anstöße, um wach zu werden, und die gibt es genug. Ein sehr gutes Beispiel ist die Karte XII des alten Weisheitsspiels Tarot, »Der Gehängte«. Diese Karte zeigt einen Menschen, der verkehrt herum an einem Baum hängt und trotz seiner scheinbar unangenehmen Lage ein sehr zufriedenes Gesicht macht. Dadurch, daß er kopfunter hängt, stellt sich die Welt für ihn vollkommen anders dar. Die Karte ist also eine symbolische Aufforderung, die Dinge einmal anders – von einem anderen Standpunkt aus bzw. mit einer anderen Sichtweise – zu betrachten. Versetzt man sich in den Gehängten, so ist unschwer zu erkennen, wie diese andere Sichtweise aussieht: Sein Kopf hängt unten, sein Herz aber ist oben, ein klarer Hinweis, daß einmal das gewohnte Denken (Kopf) dem intuitiven Fühlen (Herz) untergeordnet werden soll. Nur dann werden wir die Dinge durchschauen und zufrieden sein können. Ist das nicht eine tiefe Weisheit?

Die Karte XII eines Tarot-Spiels nach A.E. Waite

Die Karte fordert uns nicht auf, nun ständig verkehrt herum an einem Baum zu hängen. Sie ist aber eine Aufforderung dazu, die Dinge einmal anders zu sehen und daraus etwas ganz Neues zu lernen.

Jeder hat schon erlebt, daß bestimmte Gedankengebäude und Handlungen gut »durchdacht« und vielleicht auch nicht zu widerlegen waren (z. B. »Sachzwänge«), aber trotzdem konnte man fühlen, daß alles in die falsche Richtung führte. Dieses Fühlen ist für mich ein ganz wichtiger Bestandteil der »anderen« Sichtweise.

Mit Hilfe der Meditation z. B., die im Grunde nichts anderes bedeutet, als in sich hineinzufühlen, kann jeder diese andere Sichtweise – ein anderes Bewußtsein – erlangen. Mit der Zeit wird man immer häufiger die Erfahrung machen, sich auf seine Intuition verlassen zu können.

Welche Möglichkeiten ergeben sich, wenn man von dem abstrakten Denken zur anderen Sicht- bzw. Fühlweise gelangt? Hier nun als Beispiel der Wald: Jeder ist sich doch bewußt, daß die Bäume schon in vielen Landstrichen krank sind oder sterben. Was haben wir damit zu tun?

Eine Möglichkeit wäre beispielsweise, einen Kontakt zu einem Baum herzustellen. Viele nehmen Bäume gar nicht bewußt wahr und wissen nicht, daß da eine Beziehung existiert, die man aber entdecken kann. Wenn alle sich bewußt wären, daß Bäume unsere Freunde sind, würden sie sich anders verhalten, denn in einer Freundschaft gibt es ein ständiges wechselseitiges Geben und Nehmen, eine gegenseitige Achtung und Rücksichtnahme. Dann würde bestimmt nicht mehr so sorglos und manchmal auch rücksichtslos mit den Bäumen umgegangen.

Ohne Bäume hätten wir keine Luft zum Atmen. Ist das jedem von uns ganz bewußt? Die Bäume müssen doch wahre Freundschaft für uns empfinden – nur bleibt diese meist sehr einseitig. Es ist ein tägliches Wunder, daß diese Wesenheiten so viel für uns Menschen tun – sogar für jene, die ihnen völlig gleichgültig gegenüberstehen. Ich glaube, daß wir keine andere Wahl mehr haben, als wieder *mit* der Natur zu leben und nicht gegen sie. Wir müssen ihre Stimme hören und ihre Sprache lernen. Ich glaube auch, daß dies vielleicht der einzige Weg ist, auf dieser Erde zu überleben, und hoffe dabei nur, daß es dazu noch nicht zu spät ist.

Die Erwiderung der Freundschaft mit den Bäumen wird sich tausendfach lohnen. Sie halten für uns so viele Schätze bereit.

Waldspaziergang in England

Später Nachmittag in Dunster. Der Ort macht seinem Namen alle Ehre, denn ein feiner Regen hüllt alles ein, dunstig – diesig. Keine Menschenseele läßt sich sehen. Mein Weg führt mich an einem munter plätschernden Bächlein vorbei, das aus einem Wald kommt. Sofort schlägt mich dieser Wald in seinen Bann. Die Bäume am Rande des Tales sind alt, knorrig, mit Ästen wie Arme, die einander umschlingen: Ein richtiger Zauber- und Zwergenwald.

Weiße Nebelschleier ziehen an mir vorüber wie Feengewänder. Ich verlangsame meine Schritte und lasse mich von der Stimmung verzaubern: Große Gestalten wiegen sich im Tanz, sie flüstern und raunen sich etwas in einer mir fremden Sprache zu. Eine von ihnen fällt mir ganz besonders auf. Sie hat das Gesicht eines freundlichen Pferdes und hält eine andere kleine Gestalt mit riesigen Augen in ihren Armen. Ich reibe mir die Augen, aber ich sehe trotzdem ganz deutlich, wie kleine Feen zwischen ihnen hin und her fliegen. Es hört sich an, als ob sie unterdrückt lachen und kichern. Ich halte meinen Atem an und bin dankbar für das, was ich sehen kann. Nun fühle ich, daß ich eins bin mit allem, was mich umgibt.

Der Boden ist mit einem Moosteppich belegt. Hier und dort funkeln kleine Kristallperlen. Ich wage kaum noch, auf diese Pracht zu treten. Nur mit äußerster Vorsicht bewege ich mich weiter. Wie ausgedörrt ziehe ich die reine Luft in meine Lunge. Es riecht nach frischer Erde, die der Regen durchtränkt hat.

Hinter einer Wegbiegung taucht ein großes knorriges Wesen mit zum Himmel gestreckten Händen auf. Ich schaue in ein freundliches Wolfsgesicht mit sanften Augen. Ein heimliches Verstehen zwischen uns, ein kurzes wortloses Gespräch. Versunken wandere ich weiter durch diesen Regenwald. Der Pfad, auf dem ich gehe, führt sanft, aber stetig nach oben.

Abrupt ist der Wald zu Ende. Ich komme an einen Weidenzaun. Nebelschwaden ziehen vorbei. In dem saftigen Gras funkeln die Regentropfen, sie glänzen wie Perlen. Jeder einzelne zeigt mir einen winzigen Regenbogen. Zwischen den Halmen einiger Büsche am Rande haben Spinnen ihre Netze gewoben. Diese sind mit winzigen, wunderschönen Wasserkristallen übersät. Ich atme erfrischt die klare Luft und versuche, mich wieder zu orientieren. Plötzlich reißt der Nebel auf, und vor mir erscheint ein dampfender weißer Pferderücken. Der wunderschöne Schimmel wendet mir langsam seinen Kopf zu und schaut mich mit riesigen, sanften braunen Augen an. Ich erkenne über seinen Brauen ein langes gewendeltes Horn ... Wo bin ich?

Hürden überwinden!

Was muß man nun tun, um eine andere Sichtweise zu bekommen? Sehr schön ist es, wenn Gedankengut und Gefühl zusammenkommen. Denn was gedacht wird, kann gut gefühlsmäßig »verinnerlicht« werden. Um bei unserem Beispiel des Baumes zu bleiben: Ich muß den Baum erfühlen, um zu ihm eine Beziehung herstellen zu können. Das hört sich vielleicht schwieriger an, als es eigentlich ist. Ich werde es schrittweise erklären:

Zuerst ist es wichtig, daß man lernt, sich richtig zu entspannen. Die Vorbereitung dazu bedeutet, daß der Geist nicht unnötig mit immer wiederkehrenden Gedanken belastet wird. Man sollte deswegen nicht gerade mit jemandem in direktem Streit leben, sich nicht vorher mit irgendwelchen aufregenden Dingen befassen, wie z. B. fernsehen, nicht den Magen unmäßig gefüllt und natürlich keinen Alkohol oder andere Drogen genommen haben.

Aus meiner Erfahrung heraus weiß ich, daß die Entspannung ein nicht zu unterschätzendes »Hauptproblem« der meisten Menschen ist. Dazu möchte ich eine kleine Begebenheit aus dem Alltag berichten:

Mit einer Bekannten wollte ich eine kleine Meditationsübung machen. Ich setzte damals voraus, daß sie sich auch entspannen kann, und sagte ihr nur, sie solle sich hinlegen und alle Gedanken loslassen. Nach einer Weile flüsterte sie mir zu, daß sie schon ganz entspannt sei. Zur Probe hob ich ihren Arm an und ließ ihn los.

Der Arm blieb allerdings in der Luft stehen! Bei einem wirklich entspannten Menschen hätte er durch die Schwerkraft wieder nach unten fallen müssen.

Inzwischen habe ich über viele Jahre Erfahrungen sammeln können, und heute kann ich u. a. ganz konkrete Hinweise geben, wie man zur Entspannung gelangen kann. Die folgenden Übungen ermöglichen es anderen Menschen und mir, vom Tagesbewußtsein sofort in das »andere« Bewußtsein (die sogenannte Alpha-Ebene) zu gelangen. Je öfter ich diese Übungen anwende, um so schneller und besser komme ich in den besonderen, entspannten Zustand.

1. Übung

Entspannung

Wechsel der Bewußtseinsebene: Suche dir einen schönen, ruhigen Platz aus, an dem du deine Übung oder Meditation durchführen möchtest. Nimm dort eine Meditationshaltung ein, die auch nach längerer Zeit noch bequem ist, beispielsweise auf einem Kissen im Lotos- oder Schneidersitz. Vielleicht setzt du dich auch mit geradem Rücken auf einen Stuhl, die Beine nebeneinander im rechten Winkel zu den Oberschenkeln und die Füße auf dem Boden. Außer diesen zwei Haltungen gibt es noch andere, aber eine dieser beiden wird jeder bequem finden.

Dann schließe die Augen, und atme bewußt und gleichmäßig ein und aus. Laß deine Atmung ruhig fließen und langsam tiefer werden, atme bis in deinen Bauch. Nun zähle in Gedanken rückwärts von 9 bis 1. Das heißt, du malst vor deinen Augen mit deiner ganzen Vorstellungskraft eine 9. Halte dieses Bild so lange fest, wie du brauchst, um einmal ein- und wieder auszuatmen. Das wiederholst du noch einmal. Dann stellst du dir auf gleiche Weise die 8 vor und wiederholst sie. Nun die 7, und auch sie wird wiederholt. Jede Zahl läßt du also *zweimal* vor deinem inneren Auge erscheinen und hältst sie jeweils für eine Atmung lang fest. Bist du nun mit der 1 fertig, sagst du gedanklich zu dir: »Ich bin ganz ruhig, ich bin ganz entspannt.« Jetzt zählst du mit jedem Atemzug noch einmal, ohne es dir besonders vorzustellen, von 9 bis 1. Hast du auch das beendet, sage dir sinngemäß: »Ich bin völlig entspannt, mir geht es gut wie noch nie, die innere Kraft strömt mit jedem Mal besser. Ich bin auf der Alpha-Ebene, und alles ist möglich.«

Dein Refugium: Du wirst jetzt merken, daß du bereits auf einer anderen Ebene bist. Viele Menschen vergleichen das Gefühl mit einem leichten Schwindel. Gehe nun gedanklich zum Herzen, fühle dich hinein. Dort richtest du dir nun ein Zimmer nach deinen Wünschen ein, so, wie du es immer schon haben wolltest. Du streichst die Wände – wenn es dir gefällt, sogar in Rot mit blauen Punkten. Schließlich sollst *du* dich dort wohl fühlen und niemand anders. Oder du verkleidest die Wände mit Holz, mit Seide oder ... Auf den Boden läßt du einen schönen Teppich entstehen oder eine Wiese gedeihen oder ... Danach kommen die Möbel deiner Wahl oder auch gar keine, vielleicht nur zwei Bäume und eine Hängematte, ein Zimmer voller weicher Kuschelkissen, gute Musik oder Vogelgezwitscher oder ... Der Duft frischer Walderde, das Aroma eines Duftöles oder einer Blume zieht durch dein Reich. Mach es dir schön, gemütlich und heimelig in deinem Herzenszimmer. Deiner Phantasie sind keine Grenzen gesetzt.

Das ist nun dein ureigenster Raum, deine Höhle oder Dachterrasse zum Wohlfühlen. Du bemerkst vielleicht zum ersten Mal, wie schön es bei dir ist. Verweile dort, solange es deine Konzentration zuläßt, für den Anfang jedoch nicht länger als ca. eine Viertelstunde. Diesen deinen Herzensraum brauchst du nur einmal einzurichten. Jedes weitere Mal begibst du dich dorthin, indem du ihn dir einfach wieder vorstellst, um Ruhe und Kraft zu tanken.

Diese Übung kannst du jeden Tag machen, sie stärkt das Selbstbewußtsein. Nach einem verflixten oder stressigen Tag findest du hier bei dir Ruhe, Frieden und Gelassenheit.

Rückkehr: Genau so wichtig wie das Erreichen dieser Ebene ist auch das Verlassen und die Rückkehr in das Tagesbewußtsein. Wir benutzen dazu wieder die Zahlen als Hilfsmittel. Beginne mit dem bewußten Ein- und Ausatmen. Zähle dann einfach von 1 bis 9. Du brauchst jetzt aber an jede Zahl nur eine Ein- und Ausatmung lang zu denken, mußt sie nicht wiederholen und sie dir auch nicht bildlich vorstellen. Bist du bei der 9 angelangt, sage dir danach: »Mir geht es gut wie noch nie. Ich bin nun ganz kraftvoll, wach, frisch und gesund! Ganz klar und kraftvoll bin ich wieder auf meiner Ebene im normalen Tagesbewußtsein.«

Vergiß niemals dieses kleine »Ritual«, wenn du aus dem »anderen« Bewußtsein zurückkehren willst, andernfalls wirst du dich anschließend gar nicht richtig anwesend, sondern müde und unlustig fühlen.

Diese Entspannungsübung und das Rückkehrritual solltest du immer benutzen, wenn du die anderen Übungen machst. Das heißt, der Anfang von allen anderen Übungen ist immer die Entspannungsübung. Das Mittelteil, in diesem Fall das Erschaffen deines innersten Refugiums, ist je nach Übung austauschbar. Das Ende einer Übung ist immer das Rückkehrritual.

Wenn du sehr sicher mit der Entspannungs- und Rückkehrübung zurechtkommst, dann kannst du dir als Vereinfachung, um zur Alpha-Ebene zu gelangen, die Zahlen von 5 bis 1 und beim Zurückkehren von 1 bis 5 vorstellen. Wenn dich diese vereinfachte Übung genauso tief in die Entspannung bringt wie vorher das Zählen von 1 bis 9, kannst du es einige Jahre dabei belassen. Nimm dir unbedingt Zeit dabei!

Nach dieser Zeit wird es dann genügen, wenn du mit dir am Ende der ersten Entspannungsübung, beim letzten Satz, wenn du sagst: »Ich bin auf der Alpha-Ebene«, ein Zeichen ausmachst. Das kann z. B. das Aneinanderlegen von Daumen und Zeigefinger, das kurze Ballen der Hand zur Faust oder das Zusammenlegen des Zeige-, Mittelfingers und Daumens sein. Dieses Zeichen wird dich dann sicher und schnell auf die Alpha-Ebene bringen. Die Entspannung muß genauso tief und anhaltend sein wie bei den vorherigen Übungen.

Probleme über Probleme?

Wie soll ich meinen Körper ruhigstellen?

Zu Anfang haben viele das gleiche Problem: Du setzt dich hin, willst zur Ruhe kommen, und schon juckt es hier und sticht dort. Zunächst versuchst du, diese lästigen Reize zu verdrängen, aber je mehr du dich beherrschst, desto penetranter piekt oder juckt es. Der Körper will ausgerechnet jetzt Bewegung! Der Geist ist zwar willig, doch das Fleisch ist rebellisch.

Um das »Fleisch« – den Körper – zu überlisten, gehe doch eine Stunde spazieren, jogge eine kleine Strecke oder beschäftige dich etwas mit Yoga. Dann kannst du zu der Entspannungsübung übergehen. Es ist dabei aber wichtig, daß du im Geist stets wach bleibst, auch wenn dein Körper müde ist. Wenn es dann noch ein- oder zweimal kribbelt, laß es nun zu. Laß es ganz einfach vor sich hinkribbeln und kümmere dich nicht darum, es vergeht schnell. Konzentriere dich dann voll und ganz auf die Zahlen.

Wie stelle ich mir Zahlen vor?

Wenn gleich zu Anfang bei der Vorstellung der Zahlen Konzentrationsschwierigkeiten auftreten, so ist das auch kein Grund zur Verzweiflung, sondern ganz normal. Es wird dir vielleicht eine Hilfe bei der Vorstellung der Zahlen sein, wenn du sie dir erst einmal einzeln mit schwarzer Tusche auf ein weißes Blatt Papier malst. Dann mußt du eine kleine Weile darauf starren; wenn du dann deine Augen schließt, erscheint die jeweilige Zahl als Negativbild vor deinem inneren Auge. Mit der Zeit kannst du dir Zahl für Zahl bildlich vorstellen und lernst, diesen Teil der Übung erfolgreich zu beherrschen.

Versuche diese Übung Schritt für Schritt zu beginnen und täglich zu erweitern. Erst wenn du dich sicher auf die »andere« Ebene begeben kannst, hat es Sinn, daß du mit den folgenden Übungen fortfährst.

Übrigens ist es nicht ohne Bedeutung, daß wir gerade bis neun zählen. Die Zahl Neun ist im Tarot die Zahl des Eremiten, des Einsiedlers. Auf Karte IX ist der Eremit abgebildet, wie er sich noch einmal seinen bisher zurückgelegten Weg anschaut, die Lampe der Erkenntnis aber schon in seiner Hand hat. Er lebt nun, zurückgezogen von allen Ablenkungen der Außenwelt, ein Leben, nach innen gerichtet!

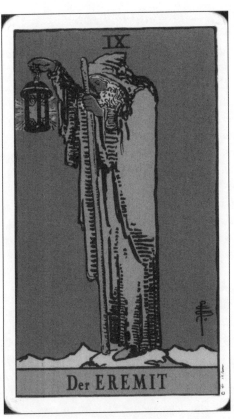

Die Karte IX im Tarot nach A. E. Waite

Wenn wir bis zur Zahl Fünf zählen, erkennen wir die Zuordnung zu den Elementen: Feuer, Wasser, Erde, Luft und Äther. Eine wichtige weitere Bedeutung ist ebenfalls im Tarot niedergelegt: Die Karte V wird als Hierophant, als der geistige Führer dargestellt.

Aber nun zurück zu der »anderen« Sichtweise, zu der Erfahrung, einen Baum wahrzunehmen, zu erfühlen und zu ihm eine tiefe Beziehung herzustellen.

Baumgeliebter

Es ist etwas diesig, aber nicht kalt: ein ganz normaler Frühlingsnachmittag. Ich streife durch den Wald, als Baumsucherin. Eichen, Buchen und Eschen umwerben mich, möchten, daß mein Auge auf sie fällt und sie erwählt. Dunstige Schwaden begleiten meinen Weg und versuchen, durch meine Jacke zu kriechen. Manchmal stöbere ich ein Rebhuhn auf, das laut flatternd davonstiebt. Das Laub des letzten Jahres hat sich zu nassen Klumpen unter meinen Füßen zusammengeballt. Mir steigt der modrige Duft der feuchten Erde in die Nase; ein Duft, den ich sehr liebe.

Dies ist der Wald, in dem ich die unbeschwerten Nachmittage meiner Kindheit verbracht habe. Er ist mir vertraut, er gehört zu mir. Heute suche ich hier Bäume. Auch ein Spiel aus vergangenen Kindheitstagen? Es scheint so, aber jetzt bedeutet es für mich viel mehr ...

Nach einer guten Weile versperrt eine sumpfige Stelle meinen Weg, die in einen kleinen Waldtümpel übergeht. Mein Blick fällt auf die friedliche kleine Wasserfläche, die an dem hinteren Ufer von einer bemoosten, etwas überhängenden Böschung begrenzt wird. Dort wird das Erdreich gehalten durch knorrige, ineinander verflochtene Wurzeln. Wurzeln, wie nur er sie treiben kann ...

Ein mächtiger Baum zieht mich zu sich hin. Ich gehe um den Tümpel herum und lege meine Hände an seine Haut. »Ja, er ist es«, durchfährt es mich! Ich fühle, daß meine Suche für heute beendet ist. Langsam umarme ich ihn, und wir tauschen Wärme aus. Frieden zieht in mein Herz. Nach einer Weile lösen wir uns vonein-

ander. Ich setze mich zu ihm auf die Erde. Mit meinem Rücken lehne ich mich an seinen Bauch und schließe die Augen. Ich spüre, wie seine Arme mich sicher und fest halten. Hier fühle ich mich wohl und geborgen, mir kann nichts Böses geschehen. Mein Kopf sinkt langsam nach hinten an seinen Körper. In meiner Wirbelsäule wird es warm, ich spüre dort einen pulsierenden Energiestrom. Ich kann förmlich kleine Wassertröpfchen sehen, die von meinem Steißbein mit diesem Strom langsam hochsteigen, durch meinen Kopf ziehen und sich in jedes einzelne Haar verteilen. Ich beobachte, wie Tropfen für Tropfen von jedem Haar aufgesaugt wird. Fröhlich kichernde Wasserperlen purzeln übereinander in übermütigem Spiel, um dann – sich plötzlich ganz ihrer Verantwortung bewußt werdend – in den ihnen zugewiesenen Haaren zu verschwinden. Immer mehr werden es, immer länger dauert es. Die aufsteigenden Tropfen verbinden sich zu einem Rinnsal, zu einem plätschernden Bächlein, das durch alle Blutbahnen strömt. Alles in meinem Körper begrüßt diese frische, reinigende und stärkende Kraft. Ein unendlicher Energiestrom durchflutet mich, Stunde um Stunde, Monat für Monat, Jahr für Jahr.

Ich bin groß – sehr groß!

In mir raunt und gluckst es, viele Stimmen flüstern, wispern. Der Bach steigt von tief unten zu mir herauf. Meine Füße stehen auf feuchter, dunkler Erde. Ich bemerke erstaunt, daß meine Zehen ganz lang geworden sind und bereits teilweise im Wasser hängen. Sie haben sich mit den Wurzeln verwoben. Das Wasser fließt durch meine Zehen, Baumfüße, Beine, durch meinen Baumkörper und den Kopf, in meine Haare, die sich jetzt der Sonne entgegenrecken.

Wohlig schüttele ich meinen Kopf. Wenn meine Haare sich berühren, ertönt ein leises Rauschen. Ich bin die beständige, tief verwurzelte Kraft der Erde, die hellklingende und reinigende Kraft des Wassers, die wärmende und stärkende Kraft der Sonne und die klärende und kühlende Kraft der Luft.

Eidechsen liegen faul in der Sonne zwischen meinen Beinen. Zwerge halten die Wasseradern unter meinen Füßen sauber. Manchmal spielen sie mit den im Wasser wohnenden flinken Nixen, die dort herumtollen und planschen und dabei das kostbare

Naß mit Sauerstoff anreichern. Sylphen streichen liebkosend durch meine Haare. So vergehen viele Jahre, in denen ich mich schwer und leicht zugleich fühle und alles Glück der Erde und des Himmels in mir vereinigt habe.

Langsam beginnt der Energiestrom wieder abzuebben, aus dem Bach wird wieder ein Bächlein, das Bächlein wird zu einem Rinnsal, und das Rinnsal löst sich auf in viele kleine, einzelne Wassertropfen, die wieder in der Erde versickern. Jetzt fühle ich wieder die warme, weiche Haut von ihm. Dankbar bin ich für die totale Verschmelzung mit ihm. Zögernd löst er seine Arme von mir. Jetzt sind wir leider wieder zwei Wesen. Wie zum Abschied senkt sich ein Zweig mit lichtem Grün herab und umspielt meinen Kopf. Die Blätterstimme raunt:

> *Im Wolkensaal mit Rosenduft*
> *ein Himmelsspiegel zu finden ist.*
> *Erst wenige haben ihn geschaut,*
> *aus Wünschen einst er wurd' gebaut.*
> *Sein Eingang ist recht schwer zu finden,*
> *suche Bäume, suche Linden!*
> *Die ziehen dich durch ihre Augen,*
> *jetzt kannst du den Spiegel schauen:*

> *»Der Wind bringt unsere Träume mit.*
> *Lieben wir, wenn das Herz in uns fleht!*
> *Das Wasser trägt unsere Sehnsucht fort.*
> *Lieben wir, wenn die Seele in uns bittet!*
> *Die Erde lenkt unsere Gedankenströme.*
> *Lieben wir, wenn der Geist in uns fliegt!*
> *Das Feuer lodert und brennt.*
> *Lieben wir, wenn tausend Schmetterlinge in uns toben!*
> *Der Äther reinigt und erhebt.*
> *Lieben wir im Hauch der Ewigkeit!«*
> *So steht's geschrieben im Himmelsspiegel.*

Die Stimme verhallt. Tief ergriffen öffne ich nun unendlich vorsichtig meine Augen. Der Zweig federt zurück in seine ursprüngliche Stellung. Ich bin wieder menschenklein. In meiner Wirbelsäule fließt kein Wasser mehr, aber sie pulsiert und ist noch warm. Die Sonne scheint nun durch ein Blätterdach auf mich herunter, und ich blinzele in ihre Lichtstrahlen. Dabei entdecke ich kleine Staubkörnchen, die ihren Reigen tanzen. Ich beobachte sie bei ihrem Spiel und lasse meine Augen mittanzen. Da – eine kleine Wolke schiebt sich vor die Sonne, die Strahlen werden wieder eingesaugt, und das Reigenspiel ist zu Ende.

Ich stehe auf und umarme liebevoll meinen Freund, streichele ihm noch einmal über seine warme, bemooste Haut. Ich danke ihm für alles und sage, daß ich ihn liebe. Ein letztes Mal lege ich meine Stirn an seinen Bauch, atme seinen köstlichen Duft ein und schaue ihn zärtlich an. Zum Abschied lege ich meine Hände in seine. Er ist ein Buchenmann, und wir haben uns wieder gefunden. Jetzt tauschen wir ein letztes Mal unsere Wärme aus. Gereinigt, gestärkt und geliebt schwebe ich mit leichten Schritten auf den Waldesrand zu.

Aus der Ferne höre ich eine Kirchturmuhr, und von irgendwoher ertönt eine Autohupe. Dünne Nebelschwaden ziehen an mir vorbei. Wo ist bloß die Sonne geblieben? Ich knöpfe meine Jacke fester zu und erreiche die Straße. Ein paar Fußgänger spazieren mir entgegen; ich komme wieder in meinem anderen Leben an.

2. Übung

Gläserner Baum

Nun möchte ich dir zeigen, wie man Kontakt zu einem Baum aufnehmen kann:

Suche dir an einem schönen Tag einen Baum aus, der dir, aus welchen Gründen auch immer, besonders gut gefällt. Stelle oder setze dich mit dem Rücken an seinen Stamm, schließe die Augen und entspanne dich (siehe 1. Übung, Seite 29).

Wenn du auf der Alpha-Ebene angekommen bist, ziehe dein Bewußtsein in deine Wirbelsäule und zwar, indem du sie dir sichtbar vorstellst, als ob du von vorne durch dich hindurchsehen könntest. Konzentriere dich völlig auf deine Wirbelsäule. Stell dir vor, daß du ganz in ihr bist.

Du wirst eine angenehme Wärme spüren – von unten bis oben. Es kann sein, daß sogar wohlige Schauer über deinen Rücken laufen. Nach einer Weile spüre durch deine Wirbelsäule hindurch zum Baumstamm hin. Immer weiter gehst du in deiner Vorstellung in den Baum hinein. Erlebe, wie du selber zum Baumstamm wirst. Er ist weich und warm, du fühlst sein pulsierendes Leben.

Steige nun zu seinem Wurzelgeflecht in die dunkle, feuchte Erde hinab. Spüre, wie in den feinen Haarwurzeln die Energie der Erde angesaugt wird, wie sie in den Hauptwurzeln gebündelt wird und dann in die vielen Kapillarkanäle des Stammes fließt. Begleite den Strom der Energie hinauf in die Äste, bis in die kleinen Zweige und Blätter. Dort oben – in der Krone – spürst du, wie Sonnenlicht und Wind sorglose Freiheit schenken. Auch du genießt jetzt dieses grenzenlose Gefühl der Freiheit, der Weite des Himmels und der Erde. Bei dieser Reise wirst du merken, daß der Baum lebt und ein eigenes Wesen ist.

Nach einiger Zeit steige in deiner Vorstellung wieder in den Baumstamm zurück, und dann erfühle wieder deine eigene Wirbelsäule.

Zum Tagesbewußtsein kehrst du mit der 1. Übung, »Rückkehr« (Seite 30) zurück.

Bitte vergiß bei allen Kontakten mit den Bäumen nie, dich zum Schluß – als kleine Geste deiner Dankbarkeit – mit liebevollen Gedanken von ihnen zu verabschieden.

Baumerlebnisse ins Leben integrieren

Das Wesen des Baumes, das du erleben möchtest, ist bereits ein Teil dessen, was in Märchen als »Baumgeist« beschrieben wird. Wenn du diese kleine Übung öfter machst, wirst du merken, wie der Baum zu deinem Freund wird; und seinen Freunden ist man ja besonders verbunden. Wenn sie uns brauchen, sind wir für sie da und helfen ihnen, oder? Hilfe für die Bäume kann sehr viele Facetten haben, man kann sich bei bestimmten Gelegenheiten öffentlich oder auch in aller Stille für sie einsetzen.

Stell dir mal vor, du hast mit deinem Baum einige Tage und Wochen deine Gefühle geteilt, und eines Tages siehst du, wie er abgesägt wird. Abgesägt, weil einige Menschen mit einer anderen Sichtweise als du – unbedingt dort – z.B. eine Straße bauen müssen, die irgendwelche Schreibtischmenschen geplant haben, weil angeblich Bedarf nach einer neuen Verbindungsstraße besteht. Ich bin sicher, daß auch der Schreibtischmensch anders planen würde, wenn er diese Baumerfahrung gemacht hätte, die ich gerade beschrieben habe. Da kann man nur sagen: »Vergib ihm, denn er weiß nicht, was er tut!«

Bäume werden auch von »Nochnichtwissenden« aus oft nichtigen Gründen gefällt, z. B. mit dem Argument, sie würden zuviel Licht wegnehmen. Denkt denn keiner daran, daß die Bäume uns den Sauerstoff liefern, ohne den wir nicht leben können? Daß Bäume auch Gefühle haben? Manche Menschen ärgern sich auch über die vielen Blätter, die die Bäume im Herbst verlieren und die dann gefegt und entsorgt werden müssen. Natürlich wäre es viel praktischer und zudem bequemer, wenn wir unsere Erde zubetonieren würden. Ein netter Kunststoffrasen ist doch viel besser sauberzuhalten! Aber wo bleibt dann die Lebensqualität, die Schönheit und Ästhetik, von denen man bald nur noch in Märchen hört? Völlig absurd ist es, wenn sich dann diese Menschen mit Begeisterung Naturfilme im Fernsehen anschauen.

Wie fühlst du dich, was empfindest du, wenn du mit ansehen mußt, wie der Baum ein Opfer der Säge wird? Wenn du dich daran erinnerst, wie dein Freund und du oft Energie, Wärme und Sympathie ausgetauscht habt? Wie er dir Kraft gab, wenn es dir schlechtging, damit du wieder gesund und froh werden konntest?

Kraftbaum

An einem sonnigen Frühsommertag spaziere ich an den Ausläufern der Externsteine herum. Auf einem der Felsen am südöstlichen Höhenrücken entdecke ich einen Baum, der, ganz gerade gewachsen, aus dem Stein herausragt. Erstaunt bleibe ich stehen und überlege, wie er da wohl hingekommen ist und woher er seine Nahrung bekommt. Das muß ich mir genauer anschauen!

Aus der Nähe sehe ich, daß der Baum eine riesige, armdicke Wurzel gebildet hat, die vom Felsen herunter bis zum Erdboden

reicht. Sie überbrückt dabei ungefähr zwei bis drei Meter! Unmittelbar an dem Übergang zum Stamm bildet der Baum zwischen seinen anderen Wurzeln eine kleine Kuhle, die mich zum Verweilen einlädt. Gern nehme ich diese Einladung an und setze mich dort hinein. Meine Füße ruhen auf dem Fels, mein Rücken lehnt an dem Baumstamm. Völlig entspannt schließe ich meine Augen. Nur noch der Gesang der Vögel und ein sanftes Rauschen des Waldes erreichen mich. Langsam gleite ich hinüber ...
Männer und Frauen – fremdländisch, vielleicht mongolisch gekleidet – reiten auf kleinen, struppigen Pferden um meinen Felsblock herum, der nun frei auf einer Hochebene steht. Auf diesem Fels steht ein Baum und reckt sich majestätisch zum Himmel. Es ist der gleiche Baum, an dem ich sitze, nur zu einer anderen Zeit oder auf einer anderen Ebene. Offensichtlich können mich diese fremden Menschen aber nicht wahrnehmen. Die Reiter halten in ihren Händen kurze, breite Schwerter. Sie schreien und grölen für mich Unverständliches, in einer unbekannten Sprache. Was wollen sie? Wollen sie etwa mit ihren Schwertern den Baum abschlagen? Oder wollen sie sich gar gegenseitig bekämpfen?
Nach einer Weile zügeln die Menschen ihre Pferde, springen behende aus den Sätteln und fuchteln bedrohlich mit ihren Schwertern in der Luft herum. Sie kommen nun näher. Tänzerisch umringen sie den Stein. Plötzlich – wie auf ein geheimes Zeichen – stehen alle still im Kreis um den Stein herum. Das Geschrei und Gejohle ist schlagartig vorbei. Kein Laut ist mehr zu hören.
Eine Frau in einem engen roten Kleid mit reichhaltiger bunter Stickerei und langen Seitenschlitzen tritt aus dem Ring heraus und kommt auf den Baum zu. Ich fühle mich auf eine merkwürdige Art mit ihr verbunden. Ganz kurz vor dem Felsen bleibt sie stehen, springt leichtfüßig auf den Stein und steht nun unmittelbar vor mir und dem Baum. Nun schaut sie mir direkt in die Augen. Diese seltsame Frau kann mich sehen! Unsere Augenpaare versinken ineinander. Ich sehe ein Zeltdorf im Schnee und ein kleines Kind, das sehnsüchtig die Arme ausstreckt, in ihren Augen. Aber ich sehe auch ein großes Feuer, die Frau schlägt mit einem merkwürdig geformten Knochen eine fellbespannte Trommel. Abrupt bricht der

Kontakt ab, habe ich zuviel gesehen? Die Frau schüttelt ihren Kopf, wie um wieder klar zu werden, und lächelt mich weich an. »Wir sind getrennt durch den Schleier der Zeit«, sagt sie mit leiser Stimme, die sich anhört, als käme sie durch Watte. »Du bist irgendwie in meine Zeit gekommen. Wir dürfen nicht lange in Verbindung stehen, sonst mußt du bei uns bleiben, und daran würdest du zerbrechen. Es ist schon sehr eigenartig, daß wir uns überhaupt sehen und sprechen können, daß ist mir bisher noch nie geschehen mit jemandem aus deiner Ebene. Ich kann dich wahrnehmen, weil ich das alte Wissen von Trenkma, der Großmutter meiner Freundin bekam. Sie lehrte mich sehen, heilen, in den Zeiten wandern und vieles mehr. Wie du mich allerdings wahrnehmen kannst, ist mir ein Rätsel. Meine Leute können dich übrigens nicht sehen.« Dann kommt sie ganz nah auf mich zu, kniet nieder, und wir umarmen uns. »Für jemanden, der weiter entfernt steht oder dich gar nicht sehen kann, sieht es so aus, als ob ich liebevoll den Baum umarme«, erklärt sie mir. Entspannt und in dem Bewußtsein, nicht mehr viel Zeit zu haben, genießen wir diesen Augenblick. Mit Tränen in den Augen lösen wir uns dann voneinander, sie steht wieder auf, streckt sich zu voller Größe und lächelt mir verschwörerisch zu. Wir verabschieden uns mit einem langen, innigen Blick.

Mit einer anmutigen Bewegung zieht sie nun ihr kunstvoll verziertes Schwert aus der fleckigen Lederscheide, hält es jetzt würdevoll, mit der Breitseite der Klinge, gegen ihre Stirn und verharrt einen Moment so. Dann führt sie den Stahl behutsam zu dem Baum und hält die Klinge genau so lange gegen seine Rinde, wie eben an ihren Kopf. Ehrfürchtig schweigend beobachtet die Menge, wie die Frau so einige Zeit still und in sich gekehrt ihr Ritual ausführt, bis sie schließlich, ihr Schwert stolz in die Höhe gereckt, auf ihren Platz in der Runde zurückkehrt.

Der Reihe nach wiederholen jetzt alle dieses geheimnisvolle Ritual, stets im Wechsel: Auf jede Frau folgt ein Mann. Sie kommen mir dabei sehr nahe, und ich kann in ihre wettergegerbten Gesichter sehen. Als der letzte diese Handlung vollzogen hat, stimmen die Menschen andächtig ein seltsames, anrührendes Lied an. Dabei gehen sie zurück zu ihren Pferden, sitzen auf und reiten singend dreimal um den Stein. Ich kann spüren, wie der ganze Fels leicht vibriert. Anschließend reiten sie davon, die Frau winkt mir noch einmal zu, dann wird ihr Gesang leiser und geht schließlich ganz in dem Getrappel der Pferdehufe unter. In der Ferne verliert sich auch das Getrappel zu einem Rauschen, zu dem sich nun das Gezwitscher von Vögeln gesellt ...

Ein lauer Luftzug streicht mir übers Gesicht, und ganz allmählich öffne ich meine Augen. Weit kann ich ins Land sehen, sind die Reiter schon fort? Was wollten sie hier? Wer war diese Frau? Ich kann sie nicht mehr sehen und stehe vorsichtig auf. Was war das nur für ein seltsames Ritual? Aus welcher Zeit und von welcher Ebene kamen sie? Fragen über Fragen tummeln sich in meinem Kopf.

Wie lange mag ich dort schon bewegungslos gesessen haben? Ist mein Bein eingeschlafen oder meine Schulter verspannt? Nein, alles gehorcht sofort meinem Willen ohne Schmerzen. Im Gegenteil, ich fühle mich ganz frisch, frei und kraftvoll, so, als wenn ich einige Stunden im Bett geschlafen hätte. Ich drehe mich um, stehe dem Baum gegenüber und lege voller Dankbarkeit meine Handinnenflächen an seinen Stamm. Ich freue mich, daß er mir so viel Einblick in eine fremde Zeit und darüber hinaus noch Frische, Klarheit und Kraft gegeben hat. Ich bin reich beschenkt worden!

3. Übung

Starker Baum

Energieübertragung

Wie dein Baumfreund dir Kraft geben kann, möchte ich dir in dieser nächsten Übung zeigen. Dazu wandeln wir die 2. Übung etwas ab, denn sie ist hauptsächlich dazu da, das Wesen Baum erstmals zu erkennen. Fühlst du dich einsam, matt oder kraftlos, kannst du dir mit folgender Übung helfen:

Gehe zu deinem Baum, entspanne dich (1. Übung, Seite 29) und werde eins mit ihm (2. Übung, Seite 38). Stimme dich ganz auf ihn ein, erfühle seinen Stamm. Du gehst nun hinunter in deine Füße, die auf dem Erdboden stehen. Von dort läßt du dir Wurzeln wachsen. Laß diese Wurzeln sich tief in das samtige, dunkle Erdreich eingraben. Dein Bewußtsein fühlt die feuchte, warme Erde. Hier ist es vollkommen ruhig, und du genießt eine Geborgenheit wie im Mutterleib. In alten Mythologien wird die Erde als Mutter bezeichnet. Du bist tief in der Erde und vertraust dich ihr an. Hier unten findest du die Quelle der Kraft, die beständige, verläßliche Erdkraft, die Lebensspenderin der Pflanzenwelt. Nun tauchst du mit deinen Wurzeln ganz in diese Kraftquelle hinein und fühlst dich wie in einer mit warmem, duftendem Wasser gefüllten Badewanne. Jetzt ziehst du diese Kraft durch deine Wurzeln in den Baumstamm, in dich hinein. Du merkst, wie sie langsam ganz in deine Wirbelsäule, deinen eigenen Baumstamm, hineinfließt, höher und höher steigt und dich bis zum Kopf ganz warm ausfüllt. Koste dieses Gefühl noch einige Zeit aus, für den Anfang aber nicht länger als drei bis vier Minuten. Später, nach einiger Übung, wirst du erkennen, wenn du genug Kraft angesaugt hast.

Natürlich solltest du deine Übungen auch immer dann beenden, wenn du merkst, daß deine Konzentration nachläßt. Dann ziehst du deine Wurzeln in deine Füße ein, löst dich innerlich vom Baumstamm und befindest dich wieder in deinem eigenen Körper. Deine Füße kannst du wieder bewegen. Sie sind nicht mehr mit der Erde und dem Baum verwurzelt. Der Baum und du, ihr seid jetzt getrennte Wesen. Dem Baum gehört sein Stamm und dir deine Wirbelsäule wieder allein.

Nun komm langsam mit Hilfe des Rückkehrrituals (Übung 1, Seite 30) ins Tagesbewußtsein zurück.

Ein verflixter Tag

Es fängt schon morgens an. Ich bin dabei, mir wie jeden Morgen einen Tee zu kochen. Ich gieße das Wasser auf die Teeblätter und will ihn – wie immer – drei Minuten ziehenlassen. Nur heute vergesse ich ihn, und er zieht und zieht. Nach einer Viertelstunde fällt mir siedendheiß wieder der Tee ein. Doch der ist inzwischen so bitter, daß ihn kein Mensch mehr trinken kann. Was bleibt mir also anderes übrig, als ihn im Ausguß verschwinden zu lassen und neuen zu kochen?

Der zweite Anlauf ist schließlich erfolgreich. Nach dem Ablauf der vorschriftsmäßigen Ziehdauer nehme ich das Teesieb aus der Kanne und beginne, mir eine Tasse voll einzuschenken. Jetzt schellt das Telefon. Eilig nehme ich mit meiner rechten Hand den Hörer ab, während ich mit der linken weiter den Tee einschenke. Das kann nicht gut gehen; geht es auch nicht! Der Tee schwappt über die Tasse, und auf dem Küchentisch breitet sich eine große dampfende Lache aus. Zu allem Überfluß läuft der Tee über den Tischrand hinab auf den Fußboden ...

Ich knalle den Hörer auf die Gabel, es hatte sich nur jemand verwählt. »Oh, verflixt!« Eilig springe ich auf, hole ein Tuch und wische den Tisch ab. Dann stürze ich mich, mit einem Aufnehmer bewaffnet, auf den Fußboden ...

Von draußen platscht der Regen gegen die Fensterscheiben. »Na, der Tag fängt ja gut an«, denke ich. Und richtig, als ich der häuslichen »Idylle« entfliehen will, ist der Tank im Auto leer, mein Geld reicht entweder für Benzin oder für Lebensmittel, und so bleibt mir nichts anderes übrig, als zu Fuß den langen Weg zum Einkaufen zu gehen. Nachdem es kurzzeitig zu regnen aufgehört hat, vergesse ich im Laden prompt meinen Schirm. Ich bemerke den Verlust erst auf dem Rückweg. An einem verflixten Tag hört es meistens immer nur kurzzeitig auf zu regnen, und so bekomme ich natürlich einen heftigen Regenschauer ab. Durchnäßt wie ein Pudel, komme ich zu Hause an. Im Eingang finde ich die Post, es sind heute selbstverständlich nur Rechnungen gekommen ...

So ähnlich geht es den ganzen Tag über. Abends bin ich völlig entnervt. Zum Glück wird gleich meine Freundin kommen, mit der ich mich verabredet habe. Ich warte schon auf sie, als das Telefon schellt. »Der Kleine hat starken Husten. Es tut mir leid wegen heute abend, aber ich kann unmöglich kommen«, höre ich ihre Stimme. Jetzt erst packt mich die volle Verzweiflung, und ich bin mitten in der »Keiner liebt mich, keiner mag mich«-Stimmung. Wenn jetzt noch ein paar Kleinigkeiten hinzukommen, breche ich in Tränen aus. Na, so etwas kenne ich doch gar nicht von mir! Was ist los?

Entnervt gehe ich in mein Meditationszimmer und setze mich auf ein Kissen. Ich beginne mich zu versenken und werde zu einer Trauerweide, die am Ufer eines langsam fließenden Flusses steht und deren hängende Zweige sich in dem trüben Wasser spiegeln. Alle Traurigkeit lasse ich fließen. Ich spüre, wie alles aus mir herausrinnt in die Erde am Ufer und in das trübe Wasser. All mein Kummer versickert im Erdboden und tropft in den Fluß, der ihn gemächlich davonträgt.

Gereinigt und zufrieden gehe ich schlafen, da es schon spät ist. Am nächsten Morgen fühle ich mich wie neugeboren, wie reingewaschen und befreit. Das Teekochen klappt auf Anhieb, und durch die Küchenfenster fallen helle Sonnenstrahlen!

Da du sicher auch solche verflixten Tage kennst, möchte ich dir eine Methode an die Hand geben, um dich von Kummer, Sorgen und bedrückenden Gedanken zu befreien.

Schlechte Schwingungen können manchmal am Körper regelrecht haftenbleiben, so daß du meinst, sie nicht mehr loswerden zu können. Vielleicht bemerkst du aber auch Schwingungen an dir, bei denen du das Gefühl hast, daß sie gar nicht zu dir gehören und von außen an dich herangetragen wurden. Hier werden dir die »Durchspülung« des Baum-Kreislaufes und die Schutzübungen, die ich noch später beschreibe, helfen, die negativen Dinge fortzuschicken.

4. Übung

Baum-Kreislauf

Du kannst diese Übung mit einem Baum in deinem Rücken oder in deiner Vorstellung ausführen. Entspanne und versenke dich, laß dir Wurzeln wachsen, wie du es gelernt hast, bis du die warme Erdkraft in dir, in deinem Stamm, spürst. Nun laß dir auch noch Äste und Zweige wachsen; laß sie richtig aus deinem Kopf heraussprießen und sie länger und länger werden, bis sie herunterhängen wie bei einer Trauerweide. Zur Unterstützung deiner Vorstellung kannst du dich nun auch entsprechend hinstellen, deinen Rücken nach vorne beugen und die Arme und den Kopf locker hängen lassen. Dein Kopf und deine Arme sind die Äste und Zweige der Trauerweide! Bleibe so aber nur kurz stehen, nur zur Unterstützung deiner Vorstellung, dann richte dich langsam wieder auf. Nun läßt du die Baumkraft durch deine gewachsenen Wurzeln durch den Stamm in deinen Kopf fließen, von dort aus durch die angewachsenen Äste und Zweige heraus auf den Erdboden tropfen und versinken. Ziehe nun noch mehrmals diese Kraft aus deinen Wurzeln in den Stamm, deinen Kopf, und laß sie über die herabhängenden Zweige wieder zur Erde tropfen. Nun bist du an den Baum-Erd-Kreislauf angeschlossen. Wieder erlebst du dieses angenehme, kräftigende Gefühl.

Um deine Sorgen, deinen Kummer oder schlechte aufgenommene Schwingungen loszuwerden, stell dir nun vor, daß du frisches, klares sprudelndes Wasser mit deinen Wurzeln ansaugst. Das läßt du langsam den Stamm hochsteigen. Alle deine Sorgen und Kümmernisse stellst du dir als schmutzigen Schlamm vor, der in den Zweigen abgelagert ist. Diesen Schlamm drückst und spülst du nun mit der vollen Kraft des klaren, reinen Wassers durch die Zweige deiner Trauerweide hindurch. Du erkennst, wie der Schlamm aus den Enden der Zweige herausquillt, zur Erde tropft und dort versickert. Nun saugst du erneut aus den tieferen Erdschichten frisches Wasser an und spülst den Schlamm weiter fort. Wiederhole das dreimal mit deiner ganzen Vorstellungskraft. Alles, was dich bedrückt, wird so durch deine Äste zu Mutter Erde zurückfließen. Vertrauensvoll kannst du dich auf sie verlassen. Sie wird alles neutralisieren, und es kann kein weiterer Schaden angerichtet werden.

Nun bist du alles Bedrückende wieder losgeworden und kannst, wenn du möchtest, diese Übung noch einmal wiederholen, um Kraft zu gewinnen. Du saugst also wieder mit deinen Wurzeln die warme Erdkraft an und läßt sie dann durch deine Äste in die Erde zurückfließen. Bist du dann bis in die äußersten Spitzen mit der Kraft gefüllt und gereinigt, kannst du dich froh und stark vom Baum-Kreislauf lösen, indem du dir vorstellst, wieder in deinem Körper zu sein. Nun kannst du mit dem Rückkehrritual (Übung 1, Seite 30) ins Tagesbewußtsein zurückkehren.

Diese Übung sollte am Anfang nicht länger als 30 Minuten dauern und auch erst angewendet werden, wenn du die vorherigen schon beherrschst.

Pappelvogel – Freiheitsbaum

Auf einer Wiese in der Nähe unserer Wohnung stehen zwei Pyramidenpappeln, wunderschön gewachsen, schlank und sehr hoch. Außerdem stehen sie so nah zusammen, daß gerade ein Mensch zwischen ihnen Platz findet. Jedesmal, wenn ich in der Nähe vorbeikomme, muß ich sie anschauen.

Heute stelle ich mich zwischen beide, den Rücken an die eine Pappel gelehnt und mit Blickkontakt zur anderen. Nach einer Weile schließe ich meine Augen und fühle mich in den einen Baum hinein. Von seinem Energiestrom werde ich höher und höher getragen, bis in die hochgereckten Astspitzen. Dort oben schwinge ich leicht im Wind hin und her. Ich fühle mich ganz leicht. Die Wiese liegt sehr klein, wie bei einer Modelleisenbahn, unter mir. Der Wind packt mich und bläst mich vom Ast hoch in den blauen

Himmel hinein. Dabei bemerke ich, wie mir ganz schmerzlos rechts und links kleine Flügel wachsen. Freudig erkenne ich mich jetzt als Vogel wieder und fliege in kristallklarer Luft der Sonne entgegen. Noch einige Zeit lasse ich mich genießerisch treiben und schwebe über die Wiese und das nahe Flüßchen. Dann schraube ich mich wieder voller Lust in den Himmel. Ich bin frei! Kein Zeitempfinden, kein Raumempfinden hält mich mehr fest.

Der Aufwind läßt nach, und ich lande wieder im Geäst der Pappel. Ich fühle, daß ich wieder schwerer werde und daß ich den Stamm hinuntergleite. Unten gelange ich zurück in meinen menschlichen Körper, den ich dort reglos zurückgelassen habe. Ich bin immer noch wie berauscht von dem schönen Freiheitsgefühl und könnte, laut singend, über die Wiese tanzen ...

Mit Rücksicht auf die Spaziergänger gehe ich still und gesittet, aber lächelnd über die Brücke nach Hause. Tief in mir aber ruft es: »Juhuu!!«

5. ÜBUNG

FREIHEIT IM BAUM

Meditation

Jetzt möchte ich dir eine Abwandlung der Baumübung beschreiben, die mir immer ein herrliches Freiheitsgefühl vermittelt: Suche dir eine Pappel, oder geh in einen ruhigen Raum, wo du nicht gestört werden kannst, und benutze deine Vorstellungskraft.

Versenke dich, wie ich es dir in der 1. Übung (Seite 29) beschrieben habe. Laß dir Wurzeln wachsen, und sauge die Erdkraft an, bis du sie in dir spürst. Wenn du ganz von ihr ausgefüllt bist, laß dir wieder Äste und Zweige wachsen. Recke diese aber nun hoch hinauf, wie z. B. bei einer Pappel. Nun ziehst du die Kraft hoch in die Zweige. Mit dem Kraftstrom wird auch dein Bewußtsein hoch hinaufgezogen. Du kannst ruhig deine Arme heben, wenn du den Drang danach verspürst. Fühle dich frei und befreit da oben in deinem Baum, genieße dieses grenzen- und zeitlose Gefühl.

Nach ungefähr 30 Minuten solltest du dich wieder in deinem Körper einfinden und mit dem Rückkehrritual (Übung 1, Seite 30) in dein Tagesbewußtsein zurückkehren.

Tierbaum

In England, im alten Avalon und heutigen Glastonbury, sitze ich bequem in einer alleinstehenden libanesischen Zeder und versenke mich in Gedankenstille. Mein Rücken lehnt an dem Baum, der breitet zwei seiner Äste aus und nimmt mich in seine Arme. Meinen Kopf lehne ich an seinen Körper und fühle mich wohl und geborgen. Immer tiefer lasse ich mich in dieses Gefühl fallen, und nach einer Weile wird mein Rücken eins mit dem Baum. Wir gleiten ineinander, ich fühle sehr viel Weichheit. Nun sehe ich einen Wald auftauchen, und in einem Baum, in diesem Wald, sitze ich, es ist ganz friedlich hier. Ich schaue nach oben, mein Blick verliert sich im Geäst, und ich spüre, wie der Wind leise und sanft mit meinen Blättern spielt. Da kommt plötzlich ein ganz borstiges dunkelbraunes Wildschwein auf mich zu. Der Schreck fährt mir in alle Glieder und Äste. Nun steht es ziemlich nah vor mir, aber ich beruhige mich sofort, denn das Wildschwein ist heute nicht wild, sondern hat ein ganz liebes, friedliches Gesicht. Wir schauen uns intensiv in die Augen. Seine klugen Äuglein blicken mich freundlich an. Wir kennen uns seit Urzeiten, es war einmal mein Schutztier. Der Moment des Erkennens ist vorüber, und das Wildschwein dreht sich um, läuft in den Wald zurück und ... Was ist das? Mein Wildschwein-Schutztier löst sich einfach in Luft auf! Ein seltsamer Anblick!

Da sehe ich ein Pferd, es kommt geschmeidig, sanft, aber doch kraftvoll von der rechten Seite auf mich zu. Es ist wunderschön! Seine Muskeln spielen unter seinem glänzenden braunen Fell. Feuchte, schimmernde Augen sehen mich an, durch mich hindurch, in mich hinein bis in meine tiefste Seele. Erkannt – angenommen! Dieses märchenhafte Wesen ist mir unendlich vertraut, es war in früherer Zeit auf einer anderen Ebene mein Seelenbeglei-

ter. Die Erinnerung zeigt mir nun blitzartig ein Bild: Wir fliegen zusammen über türkisfarbene, sanft gerundete Hügel. Im Fell meines Pferdefreundes knistern blaurote Funken und mein weiches, langes schneeweißes Fell weht im Wind. Wir verbringen herrliche Tage miteinander und haben sehr viel Zeit ...

Alles verschwindet hinter einem weißgrauen Schleier. Schade! Die Nebelschleier lichten sich, und ich sitze in einem Baum. Es ist sehr bequem, und ich will gar nicht wieder gehen.

In Glastonbury, auf dem Gelände der alten Abbey, lebt auf dem gepflegten englischen Rasen ein einzelner Baum, eine libanesische Zeder. Sie ist hochgewachsen, schon unten am Stamm besteht sie aus vielen, teilweise elegant geschwungenen, dicken Ästen. Eigentlich sieht es aus, als ob sie aus vielen Stämmen bestehen würde. Zwei dieser Äste oder Stämme bilden bequeme Sitzplätze. Da die Zeder am Rande des Geländes steht, hat man hier meistens auch Ruhe für eine Meditation. Nur wenn der herrliche englische Rasen gemäht wird, sollte man sich fernhalten, der Rasenmäher macht einen Höllenlärm.

Die Zeder, die ich ja innig erfühlt habe, kann ich nun jederzeit in meiner Vorstellung besuchen. Für mich ist das die Gelegenheit, in meine Tiervergangenheit abzutauchen und wunderbar getröstet und geliebt von dort zurückzukommen.

Hol deine Bäume zu dir ins Haus

Nun kann man sich aber bei schlechtem Wetter oder im Winter nicht nach draußen an einen Baum stellen oder setzen. In solchen Fällen kannst du die Übungen ersatzweise auch zu Hause durchführen. Suche dir dazu einen Raum in deiner Wohnung aus, der dir besonders geeignet oder sympathisch erscheint, und schalte dort, so gut es geht, alle Störungen aus.

Ich habe mir dafür extra ein kleines Meditationseckchen im Schlafzimmer eingerichtet. Wenn ich dann meine Übungen mache, hält mein Mann alle Störungen von mir fern, wie z. B. unsere lebenslustigen Kinder, das Telefon, die Türglocke usw. Dann zünde ich Kerzen an, eventuell auch ein Räucherstäbchen und höre Meditationsmusik. Ich setze mich am liebsten im geraden Schneidersitz auf ein Kissen. Du kannst dich auch auf einen Stuhl setzen (der Rücken ist dabei gerade, die Füße stehen nebeneinander) oder dich hinlegen. Am Anfang ist aber das Sitzen besser, denn bei der Tiefenentspannung ist die Gefahr zu groß, daß du dabei einschläfst. Das solltest du vermeiden, denn dann kannst du ja nicht meditieren. Wirst du von deinem eigenen Schnarchen wach, dann weißt du, daß du geschlafen hast.

Du setzt dich anfangs am besten so, wie es für dich bequem ist. Die Baumübungen kannst du auch im Sitzen machen. Wenn du dich mal nicht so gut konzentrieren kannst, stell dich hin, weil das sehr gut bei der Vorstellung hilft, ein Baum zu sein. Für die erste Einstimmung ist es hilfreich, wenn du ca. fünf Minuten in eine Kerzenflamme siehst, bevor du dich wie in der 1. Übung (Seite 29) entspannst. Da du jetzt nicht an einem Baum, sondern in einem Zimmer sitzt, mußt du dir nun vorstellen, daß du der Baum bist. Das erfordert schon etwas Übung. Aber wir haben ja Zeit! Wenn es nicht auf Anhieb klappt, sei nicht traurig – du wirst sehen, daß du dich mit jedem Mal besser konzentrieren kannst.

Ich möchte dir bewußt keine Vorschriften machen, wie oft du welche Übung machen solltest. Du wirst jedoch selbst feststellen, je öfter du dich damit beschäftigst, desto besser und leichter werden dir diese Übungen gelingen.

Die Baumübungen, die du in deiner Wohnung ausführst, gleichen den Übungen, die du direkt mit Bäumen machst. Der Unterschied liegt nur darin, daß deine Vorstellungskraft noch mehr gefordert wird, wenn du dir im Haus erst einen Baum vorstellen mußt. Du wirst sehen, daß diese reinen Imaginationsübungen besser gelingen, wenn du die gleichen Übungen bereits vorher »baumnah« in der Natur erlebt hast. Am besten fängst du gleich damit an, vor allem, wenn es die Witterung zuläßt. Dann kannst du bei schlechterem Wetter schon auf deine echten Erfahrungen zurückgreifen.

Kurzübung bei allgemeiner nervlicher Überlastung

Du bist einer starken Belastung ausgesetzt, und danach kannst du nicht abschalten? Dein Blutdruck ist gestiegen, und du findest keinen Abstand:

Setze dich in lockerer Kleidung hin, und denke mit aller Kraft an eine schöne dicke Eiche. Du stellst sie dir genau und sehr intensiv vor, riechst die feuchte Baumrinde und fühlst auf der einen Seite die bemooste, weiche Stelle des Baumes und auf der anderen Seite die rissige, rauhe Stelle. Du hörst das Rauschen der Blätter im Wind. Gib dich ganz in diese Vorstellung!

Nach relativ kurzer Zeit wirst du dich besser und ruhiger fühlen.

Ein Baumgeist muß umziehen

2. 11. 1995: Es ist November, und seit gut einem Jahr wohnen wir nicht mehr in dieser Stadt und in dieser Wohnung. Aber ich bin zu Besuch hier, weil eine Freundin nun hier lebt. Nach einem gemeinsamen Tee will ich nach Hause fahren, verabschiede mich von meiner Freundin und gehe zur Tür heraus.
Oh, was ist das? Unsere Tanne ist nicht mehr da! (1. Geschichte dieses Buches) Abgesägt!! Ein amputierter Stumpf von ca. 50 cm Höhe steht elendig da neben der Eingangstür. »Das darf doch nicht wahr sein!« ist alles, was ich noch herausbringe. Tränen rollen von meinem Herzen zu meinen Augen. Der Mann meiner Freundin sagt:»Ich habe ihn abgesägt, er nahm zu viel Licht weg.« Fassungslos schaue ich ihn an und gehe sofort zu dem Baumstumpf, der mir seltsam deplaziert vorkommt. Ich lege meine beiden Handflächen auf die abgesägte Stelle und konzentriere mich auf den Baumgeist, den ich vor vielen Jahren hierherbrachte. Die Tanne war gesund und munter und ahnte nichts Böses. Fast bis zur 2. Etage gewachsen, mußte sie nun sterben. Warum?
Meine Hände liegen jetzt sanft auf dem Rest des Baumes. Plötzlich zittert der Stumpf von ganz tief innen ungefähr eine Minute lang. Ich sauge und bitte den Baumgeist zu mir. In Blitzesschnelle flattern hundert Schmetterlinge in meinem Bauch, mir wird eiskalt. Nun löse ich die Hände vom Baumrest, gehe zu einer Eiche, die in der Nähe steht, und lege meine Handflächen an den Stamm. Hierhin will der Baumgeist nicht, denn nichts geschieht. Ist diese Baumwohnung schon besetzt? Oder ist dieser Platz zu nah am Ort des schrecklichen Geschehens? Also nehme ich ihn erst einmal mit. Eine Stunde muß ich noch fahren, bis ich zu Hause bin. Wie lange überlebt ein Baumgeist in einem menschlichen Körper?
Nach einer halben Stunde Fahrt, mir ist trotz aufgedrehter Heizung sehr kalt, und die Schmetterlinge sind auch noch in meinem Bauch, halte ich auf halbem Weg und gehe zu einer hier wohnenden Freundin. Aufgeregt erzähle ich ihr mein schreckliches Erlebnis. Sie sagt nicht:»Du spinnst«, sondern: »Draußen vor diesem

Haus, direkt vor meinem Schlafzimmerfenster, steht ein Baum, der etwas kränkelt. Vielleicht wäre das ein neues Betätigungsfeld für deinen Baumgeist.« Das ist eine Idee, ich stürze vors Haus und lege meine Handflächen an den Stamm. Sekunden später habe ich das Gefühl, daß der Geist in den Baum flutscht. Allerdings spüre ich immer noch viele Schmetterlinge in meinem Bauch. Hatte ich wohl zwei Baumgeister aufgenommen oder ist nur ein Teil des Wesens übergesprungen? Wie dem auch sei, den anderen Teil habe ich noch in mir, während ich dieses Erlebnis aufschreibe. Wie lange bleibt er in mir lebensfähig? In anderthalb Tagen bin ich an den Externsteinen, dahin möchte ich ihn bringen. Dort ist es so schön und friedlich im Wald. Hoffentlich fühlt er sich bis dahin einigermaßen wohl in mir!

Zwei Tage später: Inzwischen war ich nun an den Externsteinen, und der Baumgeist und ich haben eine wunderschöne Buche mit lachendem Gesicht gefunden. Sie hat ihn gerne aufgenommen, und beide haben sich gefreut. So ist diese wahre, dramatische Geschichte doch noch zu einem glücklichen Ende gekommen!

Baumsterben

*Ich fühle den Tod, wenn die Schatten länger werden
und wenn durch Frost die Arme abfallen.
Im Frühling ist das grüne Kleid zerrissen.
Der Sommer bleicht die Knochen weiß.
Der Herbstwind bricht die Eitelkeit.
Der Schnee bringt die Barmherzigkeit.
Der Mairegen wäscht das Alter jung.
Die Sommersonne verjagt die Gicht.
Aber im Herbst werden die Schatten länger!
Sie sind so lang, daß ich die Wandlung spüre.
Bereit bin ich und müde.
Die Schattenfrau, die schöne, sie holt mich im Morgengrauen.
Nach langem Schlaf kommt dann die Schichsalsfee,
schenkt mir ein grünes Hoffnungskleid.*

*Ich bin bereit und wach,
jung und voll Tatendrang.
Was werd' ich nun erleben?*

Nun kommt es in den letzten Jahren immer häufiger vor, daß ich auf der Suche nach geeigneten Bäumen auf kranke oder kränkelnde Baumfreunde stoße. Manche haben dicke Krebsgeschwüre, manche nicht nur im Herbst verwelkte Blätter, einige haben mitten im Sommer fast ihr ganzes Laub abgeworfen. Immer häufiger finde ich Bäume, die ihre Rinde von sich werfen. Einige recken bereits verzweifelt ihre blattlosen, abgestorbenen Zweige in den Himmel und zeigen, daß sie einen langsamen, einsamen Tod sterben. Wie kommt das?

Wenn ich mir ein Baumblatt oder einen Nadelzweig genauer ansehe, stelle ich fest, daß sie wie Antennen aussehen. Was mögen unsere Bäume damit wohl alles auffangen, wenn man bedenkt, was an Strahlung so durch die Welt schießt. Radio-, Fernseh- und Funkwellen sind sicher nicht ohne Auswirkungen auf unsere Bäume. Auch die Abgase und der Lärm unserer Autos und die Industrie sind sehr schädlich für ihre Gesundheit.

Einen kleinen Beitrag können wir Menschen leisten, indem wir bewußt mit allen technischen Dingen umgehen und diese so wenig wie möglich in Anspruch nehmen. Unser Auto benutzen wir nur soviel wie eben nötig. Klar, wir besitzen eine Waschmaschine, aber bewußt keine Spülmaschine oder Mikrowelle. Uns wird immer eingeredet, die vielen technischen Hilfsmittel in der Küche brauchen wir zur Zeitersparnis. Bei dem Wort »Zeitersparnis« muß ich sofort an den Roman *Momo* von Michael Ende denken. Sind wir schon soweit? Was machen wir denn in der Zeit, wo z. B. die Spülmaschine für uns arbeitet? Können wir dann entspannen, lesen, träumen oder meditieren? Oder der angeblich so bequeme Gang zur Mikrowelle. Was essen wir denn da? Technisch bestrahlte Nahrung, die wir viel zu schnell in uns hineinstopfen. Muß das Essen beim Kochen nicht mit Liebe statt mit harter Technik bestrahlt werden? Dann kann man auch wieder mit Ruhe und Freude zusammen am Tisch sitzen.

Fragwürdig wird eine erreichte Zeitersparnis auch, wenn jemand seine täglichen Wege mit dem Auto anstatt mit dem Fahrrad erledigt, nur um noch mehr Zeit für seine Fitneßgeräte zu haben. Im heimischen Keller strampelt er auf dem Heimtrainer nicht nur seine überflüssigen Pfunde ab, sondern er »verbraucht« auch wieder die eingesparte Wegezeit. Viel gesünder wäre es, täglich mit dem Fahrrad durch die frische Luft zu fahren.

Viele werden mir zustimmen, daß viel zuviel kostbare Lebenszeit vor dem Fernseher verbraucht wird. Hierbei werden zusätzlich die eigenen inneren Bilder überlagert oder gar zerstört. Wer am Nachmittag fernsieht und am Abend meditieren möchte, hat garantiert Probleme, sich in die erholsame Gedankenstille zu begeben. Wenn dann Visionen oder Bilder aus unserem Inneren auftauchen, wissen wir nicht mit letzter Gewißheit, ob es unsere eigenen Bilder sind oder diejenigen aus der Fernsehkiste. Wäre nicht ein Spaziergang durch die Natur erholsamer gewesen, als vor dem Kasten zu sitzen? Ich höre schon förmlich den Einwand: »Aber ich muß doch die Nachrichten sehen!« Muß man? Wieso glauben wir, daß alles seine Richtigkeit hat, was uns in den Nachrichten übermittelt wird? Denken wir doch einmal darüber nach, wie viele »zentrale« Nachrichtenagenturen es gibt. Da könnte man uns doch Meinungen suggerieren, die unserem Wesen nicht entsprechen und mit denen wir eigentlich nichts zu tun haben möchten. So werden Haßgefühle erzeugt, können dann Menschen in Kriege getrieben oder in Konsumrausch gestürzt werden. Es gibt unzählige Beispiele dafür, wie solche Emotionen angeheizt worden sind ... Wir sollten unbedingt lernen, wieder selber zu denken! Dann werden wir viel besser wissen, was gut für uns ist.

Die Energie für all die technischen Geräte entsteht nicht in der Steckdose! Sie wird oft in umweltschädigender Weise gewonnen und hergestellt. Die Transportwege von der Gewinnung der Energie bis zum Verbraucher sind meistens recht weit, und so verunstalten und verstrahlen z. B. die Hochspannungsleitungen unsere Welt. Zusätzlich sind die Hochspannungsmasten durch ihre Größe und Form riesige Antennenanlagen, die alles mögliche auffangen und über die Leitungsstränge wieder verteilen. Auch die Funk- und

Fernsehwellen wirbeln als Wellensalat durch die Luft, um unsere Köpfe, um unsere Pflanzen und Bäume.

Wenn ich auf einen kranken Baum treffe, versuche ich, ihm mit meinen Möglichkeiten energetisch zu helfen. Damit du deine kranken und matten Freunde ebenfalls unterstützen kannst, möchte ich dir folgende Übung beschreiben:

6. Übung

Für den Baum

Wenn du gesund bist und reichlich Energie hast, geh zu einem Baum, von dem du glaubst, daß er Hilfe und Kraft braucht. Dann entspanne dich wie in der 1. Übung (Seite 29), und leg deine Handinnenflächen an den Baumstamm.

Nun geh mit deiner ganzen Vorstellungskraft zu deinem Herzen, in dein Refugium. Verweile dort etwas, und fühle dich wohl. Dann laß dir von dort Kabel, Röhren oder »Nabelschnüre« wachsen, die von beiden Seiten des Herzens durch deine Arme und weiter bis in die Hände gehen. Laß sie zu den einzelnen Fingerspitzen abzweigen und dort enden. Weite die Enden dieser Kanäle dann trichterförmig, und verbinde sie mit der Rinde des Baumes. Sende durch sie nun das, was du dem Baum geben möchtest, wie beispielsweise Liebe, Sympathie, Kraft, Klarheit, Dankbarkeit und Gesundheit. Alles gleitet von deinem Herzen durch deine Arme, deine Hände und Finger in den Baum. Stell dir diese Segenswünsche als Wärme vor. Laß diese Wärme in deinem Herzen entstehen, laß sie durch die Kabel fließen. Nach kurzer Zeit macht sich in deinen Handtellern ein starkes Klopfen bemerkbar, und es wird dort heiß. Du fühlst, wie angenehm weich die Baumrinde wird, fast wie Menschenhaut. Durch diese Haut laß deine Wärme bis tief ins Innere des Baumes dringen. Nach zwei bis drei Minuten Wärmeübertragung ist es meistens genug, und du kannst deine geistigen Kabel wieder einrollen.

Jetzt ist es an der Zeit, mit dem Rückkehrritual (Übung 1, Seite

30) in das Tagesbewußtsein zurückzukehren. Diese Übung dauert nicht so lange, da Bäume viel schneller Energie aufnehmen können als Menschen. Hierbei ist Vorsicht geboten, denn du kannst natürlich nur unbeschadet Energie abgeben, wenn du auch genügend zur Verfügung hast und gesund und kraftvoll bist.

Baum im goldenen Kleid

Es ist ein wunderschöner Herbstmorgen mit strahlend blauem Himmel und freundlicher Sonne. Ich gehe auf einen relativ jungen Baum zu, der mitten auf einer Wiese steht. Der Baumstamm ist noch nicht sehr dick, ich kann ihn aber nicht umfassen. Nun lege ich meine Stirn und meine Hände an den Stamm, schließe meine Augen, werde innerlich ruhig, und finde meine Mitte.

Um mich herum ist es ganz still, kein Lüftchen regt sich. Die wenigen morgendlichen Spaziergänger bleiben weiter entfernt auf den Wegen. So stehe ich ungestört mit den Füßen in der taunassen Wiese. Mein Rücken zeigt nach Osten, meine Stirn nach Westen. Ein Gefühl von Liebe durchströmt mich, ich habe das Bedürfnis, den Baum zu umarmen und zu küssen. Ich sage ihm zärtliche, liebevolle Dinge. Als Antwort überschüttet er mich mit Goldblättern. Ich genieße es und denke an das Märchen von Frau Holle. Auf einmal fangen alle anderen Blätter an zu rauschen, es wird immer lauter. Kein Windhauch ist zu spüren. Nun rauscht es so laut, daß nichts anderes, auch kein Vogelgesang, mehr zu hören ist. Merkwürdig, so ganz ohne Wind! Das ist die Stimme des Baumes. Was will er mir sagen? Ich verlasse mich auf mein Gefühl und habe das Empfinden, der Baum gibt mir die Sympathie, die ich für ihn fühle, zurück. Wir befinden uns im intensiven Austausch eines herrlichen Lebensgefühls. Ich freue mich, daß wir uns begegnet sind!

Tanzende Närrin im Wald

Ich sitze im Blockhaus einer Freundin mitten in einem kleinen Wäldchen. Die Bäume des Waldes zeichnen am trüben Himmel ein Gemälde in hundert verschiedenen Grautönen. Die Äste recken sich starr und nackt, wie anklagend, in die Höhe. Es ist Winter. Ein Winter ohne Schnee mit grauem Nieselwetter und mäßigen Temperaturen. Schnee würde diese nackten Baumarme mitleidig mit einem weißen Gewand bekleiden, aber in diesem trüben Licht sieht alles nackt, grau und hoffnungslos aus. Über allem liegt der schwere süße Geruch von vermoderten Blättern und verschimmeltem Holz. Die Zeit scheint still zu stehen. Da, plötzlich springt eine Gestalt in dieses graue Bild! Angetan mit einem leuchtend rotschwarzen Harlekinkostüm, hüpft und springt sie zwischen den Bäumen hin und her. Ein wilder, fröhlicher Tanz ist das. Leicht dampft die Erde, wenn die alten, nassen Blätter hochgewirbelt werden. Ich schaue wie gebannt auf diesen Narren. Dieser Narr bin ich, und ich tanze und jauchze voller Übermut, und nichts ist mehr wichtig als dieser Tanz, der Himmel und Erde verbindet. Meine Arme und Beine scheinen ein Eigenleben zu besitzen, und die graue Winterwelt wird belebt durch mich als tanzendes rotes Wesen. Ich hüpfe um die Bäume herum, hinauf in den Himmel und hinunter zur Erde, die Bäume tanzen mit. Durch das Grau des Wintertages jagt ein fröhlicher roter Farbklecks, mal hierhin, mal dorthin wie ein Irrwisch.

Erschöpft drehe ich mich noch einmal im Kreis. Dann bleibe ich ruhig stehen und fühle sehr intensiv die warme Erde unter meinen Füßen, mein Atem geht noch stoßweise. Erhitzt, aber ausgeglichen, mit dem Wald im Herzen, gehe ich zurück zur Blockhütte, wo die Freundin schon lachend in der Tür steht.

Ganz wichtig im Leben sind Freude und Frohsinn. Ein Tanz kann uns sehr schnell aus unserem Alltagsbewußtsein forttragen. Es ist egal, ob draußen oder im Haus, allein oder mit mehreren getanzt wird. Je nach persönlicher Vorliebe sollte man sich entscheiden, wo der Tanz stattfinden soll. Wichtig ist nur, daß er aus unserem Inneren kommt, also kein eingeübter Tanz ist, gleich welcher Art. Wir können ruhige, sanfte Bewegungen machen, wilde Sprünge und Pirouetten oder alles kombinieren, ganz wie wir wollen. Es muß nicht schön aussehen, nur Spaß soll es machen! In der Natur sind Bäume ideale Tanzpartner.

Wenn im Haus getanzt werden soll, kann man auch nach Musik seine frei erfundenen Bewegungen machen. Auch im Raum sollte man ohne Schuhe tanzen, dann ist der Kontakt zur Erde besser. Wenn es möglich ist, tanze ich am liebsten auch draußen zwischen den Bäumen ohne Schuhe oder nur mit leichten Gymnastikschuhen. In den ruhigen Phasen meines Tanzes nehme ich bewußt die Erde unter meinen Füßen wahr, befühle mit den Zehen die Gräser der Wiese. Wenn es wilder wird, springe ich hoch, bis ich die Wolken in meinen Händen halte. Am besten gelingt der Tanz, wenn alles gefühlsmäßig, ohne Gedanken wie »Was mache ich als nächstes?« abläuft. Laß dich treiben wie ein Blatt im Herbstwind. Nach so einem Tanz ist das Herz federleicht, der Kopf ganz klar, die Augen blitzen, und im Bauch sitzt ein Lachen!

ZWEITES BUCH
STEINE

Gesang der Steine

Wir haben Feuer und Wasser gesehen,
Wind und Erde gespürt.
Das Spiel der Gnomen gespielt.
Die Klänge des Universums gehört.

Die Nornen weben unser Leben.
Taudiamanten schmücken unsere Falten.
Des Sonnengottes tausend Strahlen
tauchen uns in filigranes Gold.
Der Silberfinger der Mondgöttin
streicht zart über unser Herz.
Die Nebelfrauen stricken uns aus Träumen
wehende, bebende, lebende Welten.

Das schöne Frühlingsmädchen lacht.
Die Sommermutter wiegt ihr Kind.
Die Herbstalte erzählt von Weisheit und Tod.
Die kleine Winterfee singt vom Anfang aller Dinge.

Wir singen von Trauer und Freude,
von Lachen und Weinen.
Wir singen von der Ewigkeit.

In unserem Schoß geborgen
die Krone der Schlangenfürstin.

Die Würfel der Zeit rollen dahin
über Berg und Tal, über Mensch und Stein.

Das Wasser des Lebens in unserer Seele.
Die Feder des Adlers im Haar.
Wir sehen Geburt und Tod,
Wandlung und Wiederkehr.
Wir singen vom Kreis im Kreis.

Steine

Ein Stein ist ein großer Körper, der aus einem oder mehreren Mineralien besteht, welche die Kruste unserer Erde bilden. Diese Kruste ist im Vergleich zur Größe der gesamten Erde verhältnismäßig dünn, unter dem Land ist sie ca. 40 Kilometer dick und unter den Meeren nur ca. 8 Kilometer! Es gibt Steine, die durch Vulkanausbrüche entstanden sind, Steine aus dem Meer und Steine, die durch Druck noch einmal in ihrer Struktur verändert wurden. Gebirge sind das Ergebnis von Vorgängen im Erdinneren, und ihre Gestalt bekommen sie vom Wind, vom Wasser und vom Eis.

Auch wenn man Steine und Mineralien nicht so schnell zerstören kann wie Pflanzen oder Tiere: Sie sind genauso schützenswert. Doch jede neue Straße und alle neuen Kalk- oder Sandabbaugebiete greifen in Landschaften ein, die Jahrmillionen für ihre Entstehung wachsen mußten.

Steine könnten das erste Wesen des Erdendaseins mit schlafendem Bewußtsein sein. Sie können erzählen, Energie speichern und abgeben. Mit Steinen kann man genauso in Kontakt treten wie mit den Bäumen. So wird dann jeder Stein zu einem persönlichen Edelstein. Du solltest einen Stein oder Edelstein, mit dem du in Wechselbeziehung treten möchtest, in die Hand nehmen und erst einmal prüfen, ob dieser Stein in der momentanen Situation gut für dich ist. Bei den meisten Menschen eignet sich dazu die linke Hand. Wenn ich merke, daß der Stein pulsiert und/oder warm bis heiß wird, ist er positiv für mich. Mit der rechten Hand programmiere ich die Steine. Das mache ich eher selten, lieber suche ich mir aus meiner im Laufe der Zeit angewachsenen Steinesammlung einen Stein aus, der die Eigenschaft schon von Natur aus in sich hat, die ich gerade brauche.

Erfühlt bzw. aufgenommen wird normalerweise mit der linken Hand, programmiert bzw. abgegeben wird (mit Ausnahmen) mit der rechten Hand. Ob diese Grundregel auch für dich zutrifft, wirst du durch eigene Versuche und Erfahrung am besten herausfinden.

Mal angenommen, du kaufst in einem Spezialgeschäft mit Hilfe der Fühlmethode einen neuen Edelstein. Glücklich, einen für dich passenden gefunden zu haben, eilst du nach Hause. Da knüpfst du den Stein an ein Lederband und willst ihn um den Hals hängen. Doch halt!!

Reinigung

Immer muß der Stein erst gereinigt werden, bevor du dich näher mit ihm beschäftigst! Dazu halte ihn ein bis zwei Minuten unter fließendes kaltes Wasser. Stell dir dabei vor, wie alle negativen Einflüsse und Schwingungen mit dem Wasserstrahl abgewaschen werden und im Ausguß verschwinden. Dann trocknest du den edlen Stein mit einem weichen Baumwolltuch ab und kannst ihn nun für verschiedene Dinge benutzen. Zum Transport oder nach einer Aufladung wickle ihn in ein lila Seidentuch. Seide, besonders in der Farbe Lila, isoliert deinen Stein gegen unerwünschte Fremdeinflüsse.

Steine, die ich gereinigt habe, aber nicht sofort benötige, lege ich in eine, mit etwas Salbei gefüllte, schöne Glasschüssel, die ich nur für diesen Zweck angeschafft habe. Dazu verwende ich Salbei aus dem eigenen Garten, aus dem Bioladen oder dem Reformhaus. Er muß biologisch lebendig sein. Diesen Salbei lege ich in die Glasschüssel, und behutsam lasse ich die Edelsteine in das Kräuterbett sinken und decke sie liebevoll mit einer Schicht Salbei zu. Da »schlafen« sie, bis ich sie benutzen möchte.

Fliegender Stein oder steinerner Vogel

Mit einem ausgesuchten Stein in beiden Händen, die ich zu einer Art Höhle zusammengelegt habe, sitze ich auf meinem Meditationskissen, mache meine Entspannungsübung, schiebe alle Gedanken weg und bin nur noch Hände. Der Stein wird warm und wärmer, dann pulsiert er ein bißchen. Das Pulsieren wird stärker, wird zu einem Herzklopfen. Die Form des Steines verändert sich von kantig auf rund und wird nun langsam immer weicher. Ich lockere meine Hände etwas, um ihn nicht zu ersticken, denn aus dem Stein ist ein atmender, weicher, flauschiger kleiner Vogelkörper geworden. Ich fühle sein Herz schlagen. Irgendwie wird mein Körper nun ganz weich und leicht. Bewußtseinsmäßig bin ich nicht mehr in meinen Händen, sondern inzwischen in meinem Kopf. Dann steige ich höher, aus dem Kopf heraus, und sehe einen Felseneingang. Ich fliege hindurch, habe wieder meine menschliche Gestalt und stehe plötzlich an einem Abhang.

Unter mir breitet sich ein wunderschönes Tal aus. Es hat alle Grün- und Blauschattierungen, die man sich denken kann und sieht aus wie eine Unterwasserwelt. Als die Gedanken in meinem Kopf zur Ruhe kommen, bemerke ich, daß meine Arme zu großen, wunderschönen Flügeln geworden sind. Ich probiere, ob sie mir gehorchen, und schlage ein wenig hin und her mit ihnen. Jetzt spüre ich den Widerstand der Luft in meinen Federn. Ich fühle mich leichter und fasse den Mut, nun das Fliegen zu versuchen. Noch einmal schlage ich mit meinen Flügeln und mache dabei einen kleinen Satz nach vorn. Das geht prima, so, als ob ich schon immer ein Vogel gewesen wäre. Nun gehe ich zwei Schritte nach hinten, nehme Anlauf, breite meine Flügel aus und springe ...

Ich gleite durch die Lüfte den Abhang hinunter, um das Tal besser sehen zu können. Die Farben werden immer intensiver und leuchtender. Sie umspielen und durchdringen mich wie Wasser, mein Körper sieht nun grün und blau aus.

Das Tal besteht nur aus Natur. Kein Haus, kein Weg ist weit und breit zu sehen. Ein tiefblauer Fluß durchschlängelt die grüne

Landschaft. Bäume und Sträucher schimmern an seinen Ufern wie Smaragde. In höchstem Entzücken fliege ich durch den hellblauen Himmel über dieses Tal und schwelge in Grün und Blau.
»*Zuck!!!*«

Völlig verwirrt sitze ich mit einem Stein in den Händen auf meinem Meditationskissen. Mein Kopf ist nach vorn gefallen. Ich mache die Rückkehrübung, bleibe aber danach noch sitzen, überdenke meine Reise und schreibe dann alles auf. Am nächsten Tag versuche ich, Teile dieses Erlebnisses in mein Leben zu holen, und stricke einen Pullover für mich in Grün und Blau. Auch ein Aquarellbild in diesen Farben hätte ich malen können. Oder man hätte diese Farben in Töne »umbauen« können, um daraus eine Melodie zu machen. Es gibt viele Ausdrucksmöglichkeiten.

7. ÜBUNG

STEINERLEBNIS

Meditation mit einem Stein

Hast du also einen passenden Stein gefunden, z. B. für eine Meditation, dann setz dich in dein Zimmer, zünde dir die Kerzen an, leg Entspannungsmusik auf, nimm den Stein in die linke oder in beide Hände, und mach die Entspannungsübung, die du schon von den Bäumen kennst (Übung 1, Seite 29). Wenn du in deinem Inneren bist, gehe in deiner Vorstellung in den Bauch. Da fühlt es sich an, als ob du in einer großen Halle sitzt, die eine Kuppel oder ein Gewölbe hat. Es ist warm und angenehm frei hier. Laß alle Gedanken vorbeiziehen, beobachte nur. Dann laß auch sie los, und sei »nur« noch da. Laß alles zu. Fühle nun in deine Hände, und bemerke, wie dein Stein warm, weich und lebendig wird. Deine Hände und der Stein bilden eine Einheit. Gib dich vertrauensvoll ganz in dieses Gefühl. Achte auf die Bilder, die in dir entstehen, und die Worte, die in dir ertönen!

Nach 20 bis 30 Minuten solltest du mit dem Rückkehrritual (Übung 1, Seite 30) wieder ins Tagesbewußtsein zurückkehren. Wenn du diese Übung täglich durchführst, wirst du damit deine Hände mehr sensibilisieren können!

Geführte Steinmeditation

Setz dich bequem hin, schließe die Augen, und atme jetzt tief und ruhig ein und aus, ganz ohne Hast.

Dabei stell dir die Zahl 5 vor. Du siehst eine 5 richtig vor deinem inneren Augen. Wiederholen!

Nun siehst du eine 4. Ganz deutlich, wie vor dir gemalt, nimmst du die 4 mit deinem inneren Auge war.

Dann kannst du eine 3 erkennen. Du siehst die 3 genau vor dir.

Jetzt stellst du dir die 2 vor. Ganz klar ist die 2 zu sehen.

Die 2 verblaßt, und jetzt taucht eine 1 auf. Überdeutlich siehst du die 1.

Nun bist du auf der Alpha-Ebene, und du bist ruhig und zufrieden. Dein Atem fließt gleichmäßig – ein und aus ...

Nun gehst du mit deinem Bewußtsein von deinem Kopf, herunter durch den Hals, in die Mitte deiner Brust. Da fühlst du dein »mystisches Herz«. Es ist voller Weichheit und Liebe. Rosa Nebelschleier hüllen dein Herz ein. Fühle genau hin (kleine Pause)!

Nun gleitest du mit diesem Gefühl durch deine Arme in deine Hände. Du fühlst wie dein Stein – wie in einem kleinen Nest – in deinen Händen liegt. Ist er im tiefen Inneren der Erde gewachsen oder in einer dunklen Höhle? Vielleicht auch an oder auf den Klippen des wilden Meeres? Fühle genau hin! (kleine Pause)

Dein Stein ist warm und weich, er pulsiert leicht und erwacht zum Leben. Höre, was er sagt, geh tief und immer tiefer in deinen Stein. Er und du, ihr verschmelzt. Fühle tief hinein, achte darauf, was er erzählt, höre, was er singt, und schau auf die Bilder, die er dir zeigt. LAUSCHE!

Pause.

Langsam kommst du, wo immer du warst, zurück zu dem Stein, der in deinen Händen liegt. Gib ein dankbares, inniges Gefühl von dir in den Stein, dann fühlst du dich vom Stein zurück in deine Hände ein und kannst jetzt schon ganz leicht die Finger bewegen. Nun ziehst du dein Bewußtsein durch die Arme zur Mitte deiner Brust. Hier im mystischen Herzen tauchst du in rosa Gefühle ein und tankst uneigennützige Liebe. (kleine Pause)

Jetzt steigst du mit deiner Vorstellung durch den Hals wieder in deinen Kopf.

Nun stellst du dir wieder eine 1 vor. Du siehst diese 1 vor deinen geschlossenen Augen. Deutlich kannst du sie erkennen.

Dann blickst du auf eine 2. Die 2 ist groß vor dir zu sehen.

Jetzt erscheint die 3. Konzentriert schaust du auf die 3.

Nun siehst du die 4. Ganz deutlich siehst du die 4.

Sie wird abgelöst durch die 5. Groß vor dir siehst du die 5.

Die 5 entschwebt. Du fühlst dich leicht und unbeschwert. Du sagst dir: »Es geht mir so gut wie noch nie. Ich bin sehr kraftvoll und ganz wach und klar!« Nun öffnest du deine Augen.

Atlantik in Portugal

Der Himmel ist hier schon morgens strahlend blau. Kein klitzekleines Wölkchen ist zu sehen. Ein lauer Windhauch spielt mit meinen langen Haaren. Ich nehme ein Band, um sie zusammenzubinden, weil der Wind sie mir ins Gesicht und in die Augen weht. Meine Hose habe ich hochgerollt, die Turnschuhe liegen in meiner Tasche. Barfuß gehe ich durch den Sand. Es ist so anstrengend, als ob ich durch hohen Schnee stapfen würde. Komischer Vergleich, aber wirklich, das Gefühl ist ähnlich! Nun wird es einfacher, ich komme an den nassen, festen Sand, den die Flut zurückgelassen hat. Da es noch ziemlich früh ist, sind erst wenige Menschen hier. Sie liegen im Sand und lassen sich von der Sonne bescheinen. Da, wo das Meer den Sand küßt, gehe ich entlang und lasse mich ganz gefangennehmen von der Melodie des Meeres. Es weiß mit unglaublich vielen Tönen spannende, traurige und lustige Geschichten zu erzählen. Man kann sich denken, daß diese quirligen Wellen schon viel gesehen haben!

Mein Ziel, die Klippen, ist schon zu sehen! Ein Blick aufs Meer zeigt mir, daß Ebbe ist. Ich suche mir in den Felsen eine Nische, stelle die Tasche ab, ziehe meine kurze Hose an und gehe zum Meer, um Steine zu suchen. Das Spiel beginnt. Da, ein Stein ruft mich! Er leuchtet rot auf in der ankommenden Welle, sie zieht sich naturgegeben wieder zurück. Wer bekommt den roten Stein, sie oder ich? Ein kurzer Blick, dann greife ich zu. Naß, kühl und glitzernd vom Salz des Meeres, liegt er in meiner Hand, begeistert streichele ich ihn mit meinen Blicken. Der rote Stein ruht in meinen Händen wie ein Ei in einer Höhle. Er wird schnell warm und pulsiert heftig. Ein männlicher Stein! Na klar, denn in Portugal an der Küste oberhalb von Lissabon finde ich immer mehr männliche als weibliche Steine. Ich weiß nicht, warum das so ist.

An diesem Morgen finde ich noch viele männliche, aber nur einige weibliche Steine. Diese erkenne ich an einem angenehmen und sanften »Ziehen« in meiner Hand. Ganz glücklich betrachte ich meine Funde und baue mit ihnen Muster in den Sand und lasse

mich in die Welt der Farben, Formen und Mythen entführen. Steinkreise, Start- und Landebahnen, Kathedralen, magische Spiralen, Heilsteine, Eremitenhöhlen, Lachsteine, Wutsteine, heilige Berge, dazwischen liebliche Täler, Heilstraßen, Flüßchen, verwunschene Seen entstehen, entwickeln ihr Eigenleben und erzählen, zeigen, singen, strahlen ...

Die Sonne steht schon hoch am Himmel, und es ist sehr heiß. Auf meinen Armen macht sich ein Sonnenbrand bemerkbar, als ich langsam auftauche aus einer anderen Wirklichkeit. Nun hole ich meine Tasche, packe vorsichtig meine Steinschätze ein und gehe. Da ich eine Abkühlung gut gebrauchen kann, plantsche ich vergnügt am Wasser herum. Hinter mir füllen sich glucksend meine Fußabdrücke wieder mit Wasser. Nachdem ich die Hälfte des Weges hinter mir habe, ist meine Tasche schon unglaublich schwer geworden, denn einige besonders schöne Steine wollten unbedingt noch mitgenommen werden.

Wie erwacht, sehe ich, daß der Strand sich gefüllt hat mit Paaren, Familien, Kindern und Surfern. Aus dem bunten Gewühl kommt ganz ruhig mein Mann auf mich zu, lächelt verständnisvoll, nimmt mir die Tasche ab, mich in den Arm, und wir gehen zusammen zurück. Unterwegs erzähle ich ihm meine Erlebnisse. Am Auto angekommen, nimmt er seine Wünschelrute und prüft damit einige Steine. Aber es ist zu heiß, und so packen wir alles ein und fahren in das kühle Haus einer Freundin, wo wir während der Ferien wohnen dürfen.

Abends, als die Tageshitze der Kühle der Nacht gewichen ist, beschäftigen wir uns in aller Ruhe mit meinen Funden.

8. Übung

Felsen öffne dich

Einen Felsen suchst du genauso aus wie einen Baum. Er muß dir sympathisch sein und deine Aufmerksamkeit auf sich ziehen. In der Praxis sieht das so aus: Du suchst, der Steinriese ruft. Möchtest du dem Fels, weil du dich dazu gedrängt fühlst, etwas geben?

Einfühlen und **geben**: Stell dich vor den Felsen, und leg deine beiden Hände mit den Innenflächen an den Stein. Nun versenke dich wie in der 6. Übung, »Für den Baum«. Genauso wie dem Baum kannst du dem Felsen Sympathie, Wärme, Gesundheit usw. geben.

Einfühlen und **nehmen**: Setze dich bequem vor den Felsen, so daß dein Rücken an ihm liegt. Entspanne dich wie in der 1. Übung (Seite 29). Nun gehe mit deinem Bewußtsein in deine Wirbelsäule, fühle richtig hinein. Laß dir Zeit dabei, bis du auch wirklich in ihr bist. Du kannst nun fühlen, wie in dieser Säule allerlei Tätigkeiten vollbracht werden. Wie Stromkabel liegen alle Nervenstränge in deiner Wirbelsäule schön ordentlich neben-, unter- und miteinander nach einem scheinbar genau ausgetüftelten Plan wie in einem Hohlkabel oder Rohr. Es ist bunt wie in einem echten Kabel, und alles ist in geschäftiger Tätigkeit. Nun wird die Rückseite deiner Wirbelsäule völlig durchlässig für dich. Dann schlüpfst du mit deinem Bewußtsein hinaus und fühlst die harte Wand des Felsens. Du »siehst« und »spürst« nun den Stein. Wie ein Mosaikbild ist er aus vielen kleinen Energiekügelchen zusammengesetzt. Es sind tausende pulsierender Pünktchen, die nun ganz weich werden, so daß du dich in eines dieser Kügelchen einfühlen kannst. Spüre, wie *du* das Pünktchen wirst, wie du es zur Kugel formst und dein Bewußtsein eine Kugel in der Kugel ist. Nun dehnst du dein Bewußtsein und füllst die Kugel ganz aus. Du dehnst es noch weiter aus, spürst Wärme, immer mehr Wärme, wirst nun völlig durchlässig, durchsichtig und dann substanzlos. Dein Bewußtsein ist frei. Nun kannst du dich in alle Kugeln begeben und erkennst, welch ein fein durchdachtes und angeordnetes Molekularsystem dieses Lebewesen Stein ist. Du breitest dich im Inneren dieses Systems aus und hältst nun lauschend inne. Was dir der Felsen jetzt an Bildern, Erkenntnissen, Reisen oder Geschichten gewährt, bleibt dein Geheimnis, an dem du wachsen und mit dem du Gutes tun kannst.

Nach einiger Zeit nimm Abschied, ziehe dich sanft und leise zurück wie eine Mimose, spüre angenehme Kühle, die in erfrischende Kälte übergeht, du bist wieder ein Kugelsystem, eine Kugel, ein Kügelchen, ein Punkt, dann ein winziges Pünktchen. Das Pünktchen an der Außenseite des Felsens bist du, mit allen deinen Gedanken und Gefühlen. Du erahnst ein durchlässiges Kabel, erspürst es, schlüpfst mit all deinen Gedanken und Gefühlen hinein und bist dann in einem farbenfrohen Kabelkanal. In diesem Kanal kennst du dich bestens aus, es ist deine Wirbelsäule. Hier dehnst du dich aus und nimmst nun Besitz von diesem ganzen Körper, der dir gehört für die Dauer deines Erdenlebens. Jetzt denke an das Rückkehrritual (Seite 30).

Nun bewegst du langsam deine Hände, Arme, Füße, Beine und den ganzen Körper und stehst auf. Bevor du gehst, leg noch einmal dankend deine Handflächen an den Steinfelsen.

Austauschen und **einfühlen**: Du setzt dich mit deinem Rücken an den Felsen und entspannst dich mit Hilfe der 1. Übung. Laß dir Zeit dabei, und fühle dich anschließend mit deinem Bewußtsein in deine Wirbelsäule ein, die dein Nerven- und Energiekanal ist. Spüre, wie von diesem Kanal leichte Wärme ausgeht und in deinen ganzen Rücken strömt. Nun pulsiert und kribbelt deine ganze Rückseite, spüre, wie es klopft und hämmert in der Wirbelsäule. Sie wird nun langsam weich, so daß du keinen Widerstand mehr spürst. Deine Aufmerksamkeit konzentrierst du an der Wand des Felsens. Erst ist er wie eine undurchdringliche Sperre zu fühlen, aber du strömst deine Wärme und Weichheit in den Stein. Er nimmt sie an, und erst ganz leicht, dann etwas mehr, läßt der Felsen dich zu sich herein und strömt nun seinerseits Wärme aus. Ihr könnt nun auch Gefühle austauschen, denn die Wärme ist die Energie, die diese Gefühle transportiert. Was du jetzt erlebst, ist deine ureigenste Erfahrung. Der Steinfelsen und du, ihr könnt Geschichten, Gesundheit, Wissen, Kraft, Klarheit, Erkenntnisse, Sympathie, Achtung voreinander oder einfach auch ein Lachen austauschen. Genieße den Austausch, solange du deine Aufmerksamkeit aufrechterhalten kannst, aber nicht länger als eine Stunde im Sommer. Komm zurück, und fühle dich wieder in deinen Rücken ein, einfach indem du intensiv an ihn denkst und ihn dir genau vorstellst. Sage dir nun: »Der Austausch hat mich erfrischt und gestärkt!« Anschließend hol dich mit dem Rückkehrritual (Seite 30) wieder ins Hier und Jetzt zurück.

Vergiß nie, dich bei dem Felsen oder den Steinen für ihre Freundschaft zu bedanken, indem du einfach aus deinem Herzen ein warmes, dankbares Gefühl zu ihnen strömen läßt.

Planet X

Dort in der Herbstsonne habe ich einen schönen Platz an einem Felsen gefunden. Weiches Gras ist mein Sitzpolster, und ich lehne mich mit dem Rücken an den Stein. Ja, das ist sehr bequem. Genießerisch schließe ich die Augen, und fast spielerisch fange ich mit der Entspannungsübung an. Die warmen Sonnenstrahlen spüre ich auf meinem Gesicht. Alles Alltägliche lasse ich innerlich los und gleite in die Gedankenstille. Nun laufen wie im Film herrlich leuchtende Farben in Pink und Kornblumenblau an meinem inneren Auge vorbei, aber ich beachte sie nicht weiter. Da, ein merkwürdiges Gefühl! Es ist, als ob jemand eine Seite in meinem Kopf umblättert, und augenblicklich werde ich sehr groß. Mein Kopf wird rund und weitet sich, wird erst zu einem Luftballon, dann zu einem riesigen Ball, in dem ich schwebe. Ich schwebe in meinem eigenen Kopf? Der Ball, der fast schon Planetengröße angenommen hat, entwickelt ein Eigenleben und formt sich zu einem Tropfen. Das spitze Ende des Tropfens wird nun zu einem Trichter, der sich plötzlich öffnet. Vor Schreck verkrampfe ich mich, aber nur ganz kurz, schon habe ich keine Zeit mehr und fliege hinaus durch einen relativ kurzen Tunnel und dann in die unendliche Weite des Raumes – frei ...

Ich verliere nicht mein Bewußtsein und fliege ganz allein durch eine mir unbekannte Welt. Es ist totenstill. Tief unter mir sehe ich jetzt einen Planeten und fliege gedankenschnell etwas tiefer, um alles genau zu sehen. Welch ein Schock! Dieser Planet besteht nur aus geometrischen Formen! Die meisten Bauwerke sind entweder dreieckig, vier-, sechs- oder achteckig. Keine einzige Kreisform! Sehr häufig ist das X zu sehen, einige Bauwerke sind auch in dieser X-Form gebaut, Plakate und Schilder sind nur in dieser Form zu sehen. Alles hier hat die X-Komponente. Merkwürdig! Trapezförmige Fahrzeuge kann ich jetzt noch erkennen. Der Turm, den ich sehe, steht auf dreieckigen Stützen. Das einzig Vertraute sind die viereckigen Fenster. Aber hier wirken sie unheimlich, weil sie alle kahl und dunkel sind. Und überall immer wieder das X. Was hat das wohl zu bedeuten? Wo bin ich? Es gefällt mir, ehrlich gesagt, überhaupt nicht hier! Gerade ich muß an so einen Planeten geraten, habe ich doch überhaupt keinen Gefallen an eckigen geometrischen Formen, schon früher in der Schule nicht. Diesen X-Planeten empfinde ich sogar als bedrohlich, obwohl kein Leben zu erkennen ist. Aber wer weiß, was hier für Lebensformen existieren? Am besten für mich ist es, diese mathematische Welt sofort zu verlassen. Ich habe genug gesehen, und zum Glück kann ich heil diese X-Welt verlassen. Gott sei Dank! Aber ich bin doch ziemlich erschüttert.

Ganz unvermittelt sitze ich wieder im Gras und lehne mit meinem Rücken an einem Stein. Noch etwas benommen, warte ich, bis ich richtig angekommen bin, und nach der Rückkehrübung öffne ich meine Augen. In meinem Kopf rattern die Gedanken wie endlose Eisenbahnzüge dahin. Hat dieser Felsen zu der seltsamen X-Welt Kontakt oder die X-Welt zum Felsen? Das werde ich aber nicht erforschen. Aus Achtung vor diesem Platz lasse ich als Gabe etwas Salbei hier.

Wissen der Steine

Es gibt mehr als 3 000 Minerale in der Welt, sie sind alle interessant, beeindruckend und einfach schön. Was sind Mineralien, wie entstehen sie? Mineralien sind Teile der Gesteine, und Gesteine sind Teile der gesamten Erdkruste. Die meisten Mineralien werden im tiefen Erdinneren im Magma gebildet. Viele von ihnen dienen als Erze zur Herstellung von Metallen. Manche kristallisieren erst, wenn das Magma in die Erdkruste aufsteigt. Die meisten Edelsteine, die als Schmuckstücke gehandelt werden, sind aus Kristallen geschliffen oder sind Mineralien mit besonders schönen Farben. In Mineralienausstellungen, Gesteinsläden oder Museen kann man oft eine große Vielzahl bewundern. Steine eignen sich sehr gut zum Erfühlen, zum Meditieren, Senden, Empfangen und Harmonisieren.

Besonders gerne beschäftige ich mich mit Bergkristallen. Sie sind meine Lieblingssteine, weil sie so rein und durchsichtig sind, und sie sehen so zerbrechlich aus, wie Glas. Die Energie der Kristalle ist direkt und klar. Man kann sie gut programmieren und aufladen.

Du kannst auch andere Steine nehmen, aber nur jeweils von einer Art, beispielsweise nur Achate oder nur Lapislazuli. Wenn du mit Steinenergien schon lange Zeit Erfahrung gesammelt hast, kannst du auch zwei miteinander harmonisierende Arten kombinieren, aber nicht mehr. Manchmal wird empfohlen, eine Vielzahl von Kristallen zugleich zu verwenden. Davon halte ich nicht so viel, denn wenn du dich erst inniglich mit dem Wesen eines Steines auseinandergesetzt hast, wirst du erkennen, wie schwierig es ist, mehrere Steine zu finden, die gut miteinander harmonieren. Ich arbeite sehr selten mit mehr als zwei Edelsteinsorten, denn nach meiner Erfahrung hat jede Sorte ihre artspezifische Strahlung. Erfühle ich beispielsweise gleichzeitig den Türkis türkisfarben, den Zitrin gelb, den Rosenquarz rosa und den Lapslazuli blau, dann kommt bei mir ein Strahlungsgemisch an, das völlig durcheinander ist, so, als wären diese Farben planlos miteinander vermischt worden. Das Besondere an den Edelsteinen ist gerade der regelmäßig kristalline Aufbau, der je nach Steinsorte unterschiedlich ist. Diese Kristallgitter erzeugen nicht nur die äußeren Formen, sondern senden auch eine arteigene Grundstrahlung aus.

Diese Strahlungen der Kristalle sind einzeln sehr schön erfühlbar. Allerdings werden zusätzlich auch *Botschaften, Informationen,* übermittelt. So wird das Erfühlen immer schwieriger, je mehr Steine beieinander liegen. Ich empfange lieber die pure, reine Ausstrahlung eines einzelnen Steines, die seine Botschaft trägt. Darauf kann ich mich gut einlassen und einfühlen.

Was geschieht, wenn du unkonzentriert arbeitest?

Bleiben wir bei dem Kristall. Wenn du nicht ganz klar in deiner Vorstellungskraft bist, oder einige Gedanken huschen durch deine Gedankenstille, dann passiert überhaupt nichts mit dem Edelstein! Keine Aufladung, keine Fixierung, der Kristall bleibt, wie er war.

Für die Edelsteinübungen solltest du auch höchst selten Kristalle mit zwei oder mehr Spitzen verwenden. Die Abstrahlung von Schwingungen ist bei solchen Steinen unkontrollierbar, wie bei den Drusen. Es sind mittlerweile viele gute Edelsteinbücher geschrieben worden, so daß ich hier nur auf fünf spezielle Steine eingehen möchte: Zum einen auf die Druse mit ihren vielen, vielen inneren Kristallspitzen, zum anderen auf versteinertes Holz, versteinerte Schnecken und auf Loch- und Tiersteine.

Drusen

Drusen sind Steine, z. B. Granite, die einen unregelmäßig begrenzten Hohlraum enthalten, in welchem man oft gut ausgebildete Kristalle von Quarz, Feldspat und anderen Mineralien findet. Sie glitzern und funkeln geheimnisvoll. Mit magischem Zauber ziehen sie immer wieder alle Blicke auf sich. Drusen sind ein kristallgefülltes Wunderwerk der Natur, oft noch verborgen im Stein. Einmal entdeckt, entfalten sie ihr eigenwilliges Wesen. Keine gleicht der anderen, jede ist absolut einzigartig. Im Edelsteinmuseum von Idar-Oberstein durfte ich riesengroße Drusen bestaunen, in einem kleinen Teeladen winzig kleine, die ich deshalb nicht weniger mochte. Doch Vorsicht ist geboten! Dadurch, daß eine Druse ein mit Kristallen gefüllter, hohler Stein ist, beschert sie uns ein Strahlungsgemisch. Mit Hunderten von Kristallspitzen und Spitzchen sendet die Druse aus jeder dieser Spitzen eine Strahlung oder Schwingung. Davon kann zehnmal die gleiche Schwingung ausgesendet werden, aber die nächsten zehn Spitzen senden garantiert eine andere Art aus. Ich habe noch keine Druse gefunden, die nur ein und dieselbe gleichmäßige Strahlung abgibt.

Wie macht sich das im täglichen Leben bemerkbar? Wenn z. B. eine Druse im Zimmer aufgestellt wird, kann man sich nach einiger Zeit unkonzentriert, unruhig, unlustig bis traurig fühlen. Weil ja nun etliche Zeit vergangen ist, wird man das nicht mit dem Strahlungsgemisch, mit den positiven und negativen Schwingungen der Druse in Verbindung bringen. Besser ist es, man läßt die Finger von den Drusen, es sei denn, sie sind sehr klein. Diese kleinen Drusen sehen aus wie Schatzkästchen und bringen Kinderaugen zum Strahlen. Auch ich bin immer wieder fasziniert von ihnen, wie ich gestehen muß. Aber auch diese kleinen sollten nach Möglichkeit nicht im Schlafzimmer stehen!

Versteinertes Holz

Man kann in aller Welt versteinertes Holz finden. Es ist Holz, das über die Jahrtausende verkieselt ist. Die nordamerikanischen Indianer haben es benutzt, um Pfeilspitzen, Messer usw. daraus herzustellen. Die Navajo-Indianer glauben, daß die versteinerten Baumstämme Knochen von einem schrecklichen Riesen aus der Vorzeit sind. In europäischen esoterisch interessierten Kreisen wird gesagt, daß versteinertes Holz als Elixier benutzt werden kann, um Erinnerungen an Vorleben zu wecken. Um eventuelle leidvolle Erfahrungen aus vergangenen Leben auszugleichen, soll man mit dem Stein meditieren (7. Übung: »Steinerlebnis«, Seite 69).

Versteinerte Schnecken

Es gilt als sicher, daß versteinerte Schnecken zu allen Zeiten als Zaubersteine dienten. Im alten Ägypten benutzte man sie angeblich, um in Trance zu gelangen, wenn man wahrsagen wollte. Fossile Schnecken gehören zu den bekanntesten Ritualobjekten der Menschheit. Sie gelten auch als die ältesten Talismane. Dazu wurden sie durchbohrt, auf ein Band aufgezogen und als Amulettschmuck getragen. Vor ca. 12 000 Jahren betrieben die Rentierjäger schon regen Handel mit versteinerten Schnecken.

Höchstwahrscheinlich erklärt sich die Zauberkraft der Schnecken aus ihrer Spiralform. Der Spirale und dem Labyrinth wurden zu allen Zeiten magische Kräfte zugesprochen. Das Labyrinth wurde in alter Zeit u. a. von Frauen zur Geburtshilfe benutzt. Dazu glitt sie mit dem Finger über die Linien des Labyrinthes, und die Gebärmutter machte diese Bewegung mit. Die Spirale war und ist das Symbol für Leben, Tod und Wiedergeburt. Sie diente auch als Hilfe zum Übergang in eine andere Welt oder einen anderen Bewußtseinszustand. Außerdem war sie ein Symbol für Seelenreisen. Deshalb wurde sie gerne als Grabbeilage benutzt, um den körperlich Toten auf seiner Seelenreise zu stützen und ins Paradies zu führen, wie die Mayas glaubten. Die Menschen auf Java nahmen die versteinerten Schnecken als Talismane und Amulette für Stärke und Kraft. Auf den Philippinen werden diese Schnecken noch heute als magische Objekte und kostbare, edle Talismane benutzt. Der Gott Vishnu hat als Zeichen ein Schneckenhorn, in das zur Meditation, zum Wahrsagen und bei religiösen Zeremonien oder Ritualen geblasen wird.

Lochsteine

Die nordamerikanischen Ureinwohner, die Indianer, glauben, daß runde, wie eine Münze geformte Steine, die in der Mitte ein natürlich entstandenes Loch haben, besondere Kräfte besitzen. Zum einen soll der Eigentümer eines solchen Steines Macht über das Erdelement bekommen, zum anderen wird einem Lochstein nachgesagt, er würde seinem Besitzer Kraft schenken. In England habe ich über die von der Natur geschaffen Lochsteine gehört, daß sie Tore oder Fenster zur Anderswelt seien.

Tiersteine

Damit sind Steine gemeint, die eine natürlich entstandene Tierform bilden. Diese Steine sind nicht bearbeitet und sollen nach Auffassung einiger Indianerstämme den Kontakt zum jeweiligen Element und dem dargestellten Tier ermöglichen und Einfluß und Macht darüber gewähren. Ein Stein, der also wie eine Kröte oder Schildkröte geformt ist, gehört zum Element Erde, ein Stein, der aussieht wie ein Vogel, gehört zum Element Luft. Möchte man nach einem nervenaufreibenden Tag schnell zur Ruhe kommen, schließt man seine Augen, nimmt den Schildkrötenstein in die linke Hand und denkt an die bedächtigen Bewegungen dieses Tieres. Man stelle sich genau die ruhige Gelassenheit der Schildkröte vor. Diese Ruhe überträgt sich auf den Besitzer des Steines.

9. Übung

Meer im Kristall

Bergkristallaufladung

Ich beschreibe hier eine Aufladung am Atlantik, aber du kannst sie auch an einem anderen energetisch starken Platz (Wallfahrtsort, starker Baum) vornehmen.

Bei Flut suchst du dir mit deinem gereinigten Bergkristall eine Stelle am Meer aus, wo es besonders kraftvoll ist. Du möchtest seine Energie und Stärke in deinen Kristall bannen. Hier an diesem Ort wirst du selber auch aufgeladen mit Frische, Lebendigkeit, Kraft und Klarheit. Nimm den Kristall in deine linke Hand, schau aufs Meer, und versenke dich ganz in das Tosen und Brüllen der Wellen. Dann hebe deine Hand, und halte die Spitze deines Edelsteines zum Meer. Stell dir vor, dein linker Arm wäre ein Staubsaugerschlauch. Damit saugst du die lebensfördernde, ernährende

Kraft des Meeres in den Kristall. Gleichzeitig forme deinen Mund zu einem »O«, und sauge damit die lebensspendende Luft vom Ozean ein. Stell dir deinen Bergkristall so vor, als wenn er vorne in seiner Spitze einen kleinen Mund hätte! Damit schlürft er die kraftvolle Energie des Meeres in sich hinein. Du kannst dir deinen Kristall auch wie eine Spritze vorstellen, in die du die Meereskraft einziehst. Wenn der Kristall warm oder heiß wird oder zu pulsieren anfängt, ist er aufgeladen.

Nun muß die Aufladung noch »haltbar« gemacht, fixiert werden. Dazu geh in die Gedankenstille, und stell dir vor, dein Kristall sei völlig umhüllt von gutem blauen Licht. Nun wickle ihn in ein violettes oder dunkelblaues Seidentuch. Jetzt hast du die Kraft und Klarheit des Meeres in deinen Bergkristall gebannt und kannst damit viel Gutes tun. So hast du immer, auch zu Hause, die Kraft des Meeres zur Verfügung.

10. ÜBUNG

KRISTALLSCHAU

Für diese Übung benötigst du fünf Teelichter im Glasbehälter (am besten Bienenwachs-Teelichter) und sechs Bergkristalle, einen davon mit einer geradegeschliffenen Wurzel, damit man ihn hinstellen kann. Selbstverständlich reinigst du sie alle vorher. Dazu hältst du die Kristalle einzeln unter fließendes kaltes Wasser und stellst dir vor, wie aller grob- und feinstofflicher Schmutz abgewaschen wird und im Ausguß verschwindet. Dann leg sie eine Nacht lang in das trockene Salbeikraut. Verwende bitte kein Salz, da es nach meinen Erfahrungen zu aggressiv wirkt.

Stell an einem ruhigen, dir sympathischen Platz in deiner Wohnung die fünf Teelichter gleichmäßig verteilt in einem Kreis auf. In die Mitte des Kreises stellst du den Bergkristall mit der geradegeschliffenen Wurzel auf, die Spitze zeigt nach oben. Dieser ist der wichtigste, weil seine Schwingung verteilt werden soll. Darum kannst du ihn auch vorher aufladen, wie in der vorigen 9. Übung

(Seite 82) beschrieben. Sternförmig legst du nun die restlichen Kristalle mit ihrer Wurzel um den aufgestellten Kristall (ca. 5 cm entfernt), die Spitzen der liegenden Bergkristalle sollen dabei auf die Teelichter zeigen, die du nun anzündest.

Die Schwingungen des stehenden, gereinigten Bergkristalls werden jetzt durch die kreisförmig angeordneten, sauberen Kristalle gebündelt und wie Laserstrahlen auf die Kerzenflammen gerichtet. Diese Flammen verteilen nun die Strahlungen im ganzen Raum.

Setz dich jetzt im Westen vor deinen Kreis, mit dem Gesicht nach Osten. Schau in die Kerzen und in die Kristalle, und erfreue dich eine Zeitlang an ihrem Glitzern und Funkeln.

Jetzt schließe deine Augen, und entspanne dich wie in der 1. Übung (Seite 29). Konzentriere dich in deiner Versenkung auf einen Punkt hinter deiner Stirn, etwas oberhalb deiner Nasenwurzel, dort wo dein drittes Auge sitzt. Jetzt beginne mit geschlossenen Augen zu schauen. Schau in deiner Vorstellungskraft auf die flackernden Kerzen und auf die funkelnden Kristalle. Konzentriere dich schließlich auf den mittleren stehenden Bergkristall. Warte ab, was du jetzt dabei wahrnimmst und ob sich der Geist des Kristalles offenbart. Vielleicht siehst du einen Glaspalast, einen Eisberg, einen Spiegelsaal, oder du trittst in einen Regenbogen ein. Laß alles zu, was auf dich zukommt.

Nach ungefähr 20 Minuten solltest du mit unserer Rückkehrübung (Seite 30) ins Tagesbewußtsein zurückkommen.

11. Übung

Heilender Kristall

Angenommen du hast eine Magenverstimmung (ich gehe immer davon aus, daß bei stärkeren Schmerzen und unklaren Anzeichen ärztlicher Rat eingeholt wird), dann kannst du folgende Übung versuchen:

Nimm einen Bergkristallstab mit intakter Spitze, und reinige ihn wie in der 10. Übung (Seite 83). Dann kannst du ihn mit Gesundheit aufladen, wie z.B. in der 24. Übung »Atmender Stein der Ruhe« (Seite 210) beschrieben. Die Aufladung mit Ruhe ersetzt du durch deine Vorstellung von Gesundheit. Oder du lädtst den Kristall mit Lebenskraft auf wie in der 15. Übung »Augenstrahl« (Seite 113). Such dir die Methode aus, mit der du am besten zurechtkommst.

Du hast dich für die Programmierung mit Lebenskraft entschieden. Sorge nun dafür, daß du nicht gestört wirst, zünde eine orangefarbene Kerze und eventuell Räucherwerk an. Der Lebenskraft wurde die Farbe Orange zugeordnet. Leg ruhige Entspannungs- oder Meditationsmusik ein, und komm äußerlich und innerlich zur Ruhe. Schau nun ca. fünf Minuten konzentriert in die Kerze. Sie brennt ganz still vor sich hin, werde so ruhig wie die Flamme. Du hältst den mit Lebenskraft aufgeladenen Kristall in deiner rechten Hand, die Spitze zeigt nach außen. Du stellst dir vor, daß der Bergkristall ganz mit dem warmen orangenen Licht gefüllt ist, und richtest nun die Spitze wie einen Laser auf deinen Bauch. Ob der Kristallstein die Lebenskraft gebündelt oder gestreut abgibt, legst du in deiner Vorstellung fest. Nun imaginiere, daß die Lebenskraft wie ein oranger Strahl aus dem Kristall an die schmerzende Stelle in deinem Bauch fließt und dort alles ausfüllt mit warmer, wohltuender Lebensenergie. Der schmerzende Punkt wird so mit kräftigender oranger Lebenskraft umhüllt, und die Schmerzen verschwinden, lösen sich auf im warmen, positiven Licht. Du sagst dir: »Ich bin vollkommen schmerzfrei, mir geht es gut, und ich bin völlig gesund.«

Nachdem nun ca. 15 bis 20 Minuten vergangen sind, legst du den Bergkristall zur Seite. Laß das Gefühl der gesundmachenden Wärme in deinem Bauch nachklingen, schau noch etwas verträumt in die Kerze. Beende langsam deine Selbstheilung, und komm gesund zurück ins Tagesbewußtsein. Selbstverständlich reinigst du nun erst deinen Bergkristall und legst ihn zur späteren Verwendung in eine mit Salbei gefüllte Glasschüssel.

Bitte denke aber daran, daß diese Übung nur für die harmlosen Störungen des Wohlbefindens gedacht ist. Ich setze es als selbstverständlich voraus, im Zweifelsfall immer einen Arzt aufzusuchen.

Andromeda-Spiralnebel

Fröstelnd ziehe ich die Schultern hoch und schaue ehrfurchtsvoll zu den Klippen empor. »So könnte sich eine Ameise fühlen«, denke ich. Mächtige Felsen auf der einen und das lebendige Meer auf der anderen Seite lassen mich so unsagbar klein erscheinen. Ich, das Wesen Mensch, krabbele über den schmalen Sandstrand. Eine große Welle oder ein großer Steinbrocken würden mich von dieser Erde fegen. Wasser und Erde könnten mich zerquetschen wie einen Floh! Es nieselt leicht, gut, daß ich meine Regenjacke angezogen habe, denn die Feuchtigkeit durchdringt alles. Ich stehe auf dem Strand, der Sand geht über in angeschwemmte und heruntergefallene Steine.

Ich blicke auf die unaufhörlich wiederkehrenden Wellen. Meine geöffneten Handflächen halte ich in den Nebel der Gischt, um das Meer zu grüßen. Einen feinen Regen versprüht das Meer, wenn seine Wellen auf die vorgelagerten Steinbrocken treffen. Die zarten

Tröpfchen der Brandung und die Regentropfen vermischen sich auf meinem Gesicht mit Tränen der Dankbarkeit. Ich bin dankbar, weil ich wieder hier sein darf – ich, ein Kind der Ebene, mit der Sehnsucht nach dem Meer im Herzen.

Vor und zurück rollen die Wellen, vom Meer zu den Klippen, von den Klippen zurück zum Meer, in schöner Gleichmäßigkeit. Alles befindet sich in höchster Harmonie und Ausgeglichenheit. Tief atme ich die klare, reine Meeresluft ein. Langsam und konzentriert atme ich nun mit dem Rhythmus der Wellen: Wenn sie kommen, atme ich ein, wenn sie gehen, aus. Dabei werfe ich Ballast und Sorgen ab und fühle mich innerlich im Einklang mit mir und der Natur.

Jetzt setze ich mich in eine Einbuchtung der Felsen auf einen größeren Stein, der sich wohl einmal von den Klippen gelöst hat. Hier bin ich etwas geschützt vor dem in Cornwall ständig aktiven Wind. Vor mir liegt ein Stein, der ganz mit Muscheln bedeckt ist. Also wird die Flut bis hierher gelangen. Darum suche ich mir zum Sitzen einen kleineren Felsbrocken weiter hinten in der Einbuchtung, wo die Flut nicht hinkommt. Ein Stein ist so geformt, daß er eine kleine Rückenlehne bietet. Den nehme ich! Da der Nieselregen aufgehört hat, kann ich meine Regenjacke zum Sitzpolster umfunktionieren. »Oh«, denke ich überrascht, »es ist sogar sehr bequem!«

Nun schaue ich aufs Meer und berausche mich an seiner Schönheit und seiner unendlichen Weite. An der rechten Seite meiner schützenden Einbuchtung reichen die Klippen bis ins Wasser. Verträumt schaue ich auf die lebendige Oberfläche des Ozeans, lasse mich vom Geräusch der an den Strand sprudelnden Wellen einfangen. Wie friedlich ist es hier! Ich erlebe, wie die Schönheit dieses Ortes mich ganz gefangennimmt.

Träge lasse ich meinen Blick rechts über die Felswand gleiten. Sie hat einige Klüfte und Vorsprünge, die die Möwen als Lande- und Ausruhplatz anfliegen. Mein Blick wandert weiter zu einem Teil der Wand, der ganz glatt ist. Wie abgeschnitten, geschmirgelt und poliert sieht es aus. »Wie von Menschenhand gearbeitet«, denke ich. Dann bleibt mein Blick an einer Stelle hängen, an der *sich eine kreisrunde Scheibe abzeichnet, die scheinbar aufgemalt ist. Fasziniert starre ich auf diesen Kreis. Nein, die Scheibe ist nicht aufgemalt, sondern in die Felswand gehauen und zwar mit einer Präzision, die mich staunen läßt. Was wohl dieser unbekannte Künstler damit bezweckt hat, dort an diesem abgelegenen Ort eine glatte, kreisrunde Fläche in den Felsen einzumeißeln? Angestrengt starre ich auf diese Stelle, meine Gedanken zerfließen langsam im Meeresrauschen. Aber stetig wird das Rauschen lauter. Dann traue ich meinen Augen kaum: Die Scheibe fängt ganz langsam an sich zu bewegen. Ich kann nicht mehr wegsehen, glaube nicht, was ich doch sehe, es rauscht ohrenbetäubend in meinem Kopf. Ich habe das Gefühl, daß er gleich platzt. »Ich kann meinen Sinnen nicht mehr trauen«, denke ich noch, dann wird mir warm und wärmer. Die Scheibe dreht sich nun, meine Augen machen diese Bewegungen mit, immer schneller und schneller, bis eine Spirale zu sehen ist, die sich in rasender Geschwindigkeit dreht. Irgendwas knackt und kippt in meinem Kopf. Ich denke nicht mehr, lasse alles los!! Der Tanz der Spirale mit mir ist jetzt so irrsinnig schnell, daß wir uns in den Fels schrauben und ihn in alle Himmelsrichtungen schleudern. Die Spirale hat sich inzwischen riesengroß ausgedehnt und pulsiert und rotiert. Sie dehnt sich immer weiter aus, auch nach hinten, ein Weg wird sichtbar, ein heller Tunnel ohne feste Wände, ich fliege hinein und hindurch. Alles wirbelt in hellen Farben, die Spirale, der Tunnel und ich. Mein Ich-Bewußtsein besteht nur noch aus meinem Kopf, der zu einem Ball wird, einem Spielball der Götter? Was unten war, gelangt nach oben, was oben war nach unten, immer im schnellen Wechsel. Alles wirbelt in zarten Pastelltönen herum in diesem Zauberreich. Nichts ist mehr beständig oder starr, alles ist in Bewegung, und ich bin eins mit allem.*

Am Ende des Spiraltunnels werden die zarten Farbtöne intensiver und leuchtender. Durch ein Loch schaue ich in das wunderbarste Blau, das ich mir vorstellen kann, und gedankenschnell gleite ich durch das Loch hindurch. Bevor mich dieses Blau vollständig aufnimmt, höre ich ein Knistern und habe wieder das Gefühl, als wenn in meinem Kopf eine Seite umgeblättert wird.

Dann bin ich in einer endlosen blauen Weite ganz allein. Es ist totenstill. Keine Bewegung ist mehr wahrnehmbar. Nur ich fliege sanft und gemächlich durch dieses Universum und staune über die grenzenlose Weite und das seltsame blaue Licht. Als ich mich etwas an die Stille und das Blau gewöhnt habe, höre ich auf einmal ganz feine, leise Klänge und nehme am Rande meines Gesichtsfeldes langsame Bewegungen wahr. Das Blau verändert sich, wird dunkler. Ich fliege weiter und sehe vor mir behäbig rotierende Planeten. Sie scheinen leise zu singen. Intensiv schaue ich zu ihnen hin und bin pfeilschnell dort, mitten unter ihnen, werde dabei, ohne daß ich mich aktiv einschalte, selber zu einem Planeten. Gemeinsam drehen wir uns nun jahrtausendelang um uns selbst und kreisen umeinander. Halten wir durch unseren uralten gemeinsamen Tanz im All eine geheime Ordnung aufrecht? Liegt es an mir, daß unser Tanz auf einmal immer schneller und wilder wird? Ich vernehme unvermittelt einen hohen, disharmonischen Ton in diesem sanft singenden Universum. Alles dreht sich nun wieder schneller, so schnell, daß mir schwindelig wird. Der singende Ton geht in ein brausendes Inferno über. Mein Kopf ist ein Planet, der durch das All wirbelt, wirbelt, wirbelt ...

Den Stein, auf dem ich vorher saß, habe ich im Rücken und sitze nun auf einem Fleckchen feuchten Strandsandes. Sanft, ohne es zu bemerken, muß ich wohl heruntergerutscht sein. Meine Augen lösen sich langsam von der Scheibe, die ich die ganze Zeit angestarrt habe. »Eigentlich ist in der glatten Felswand ja kaum etwas zu erkennen«, denke ich verwundert. Vorsichtig stelle ich mich auf meine wackeligen Beine und schaue noch einmal auf die Klippen und auf die kreisrunde Scheibe im Fels. »Habe ich das alles wirklich erlebt?« Ich blicke auf meine Uhr und muß erkennen, daß höchstens eine Stunde vergangen ist. Aber ich fühle mich, als hätte ich mehrere Jahre lang in anderen Welten gelebt. Wie relativ doch Zeit ist. Noch etwas schwindelig im Kopf, gehe ich zum Rande des Meeres, atme ein paarmal tief durch und halte meine Handflächen zum Meer hin, um mich zu verabschieden und zu danken. Tief versunken gehe ich nun über den weichen Sand wieder zu dem Weg zurück, der mich durch die Klippen führt. Meine Gedanken und Gefühle sind noch für lange Zeit beschäftigt.

12. Übung

Spiralweg aus Rosen

Meditation mit Rosenquarz

Diese Übung ist nicht für Anfänger geeignet. Du solltest schon besonders sicher sein im Umgang mit der Rückkehrübung!

Für diese Übung benötigst du fünf Teelichter (am besten im Glasbehälter und aus Bienenwachs) und eine Reihe von Rosenquarzen. Du kannst auch Steine einer anderen Sorte verwenden. Allerdings solltest du nicht verschiedenartige Steine mischen.

In die Mitte einer möglichst einfarbigen Unterlage legst du deinen schönsten und gereinigten Rosenquarz, er ist der erste innere Stein deines Spiralweges. Die anderen ebenfalls gereinigten Steine werden dann um ihn herum spiralförmig *gegen den Uhrzeigersinn* ausgelegt. Du fängst also innen an. Achte besonders sorgfältig auf den richtigen Drehsinn der Spirale. Leg sie niemals im Uhrzeigersinn aus. Spiralen sind starke Symbole, und sie deuten den Gang zur eigenen Mitte an. Etwas umschreiben oder etwas auslegen *gegen den Uhrzeigersinn* bedeutet immer Schutzaufbau (siehe 13. Übung, »Schutzkreis«, Seite 99), im Uhrzeigersinn bedeutet es immer Auflösung des Schutzes und Preisgabe an die Alltagswelt. Die äußere Öffnung der Spirale muß nach Westen zeigen. Da dein Platz während der Übung ebenfalls im Westen sein sollte, wirst du anschliessend in die Spirale hineinschauen können. Jetzt stellst du die fünf Teelichter in kleinem Abstand kreisförmig um die Spirale herum auf und zwar so, daß sie zu einem regelmäßigen Fünfeck verbunden werden können. Achte auch hierbei besonders darauf, daß sie so plaziert werden, daß das Fünfeck nicht auf der Spitze steht und der Eingang der Spirale zwischen den beiden Teelichtern der Basislinie erscheint.

Jetzt zünde die Kerzen an, und setz dich im Westen vor den Spiralweg, deinen Blick nach Osten und zum Eingang der Spirale gerichtet. Entspanne dich wie in der 1. Übung (Seite 29), und geh dann imaginär in die Mitte deiner Brust in Höhe deines Herzens. Das ist die Stelle, wo dein mystisches Herz ruht. Leg deine linke Hand darauf, und konzentriere dich auf diesen Bereich. Komm ganz zu dir selbst!

Nach einiger Zeit stell dir vor, du gehst mit deinem Bewußtsein in die Öffnung der Spirale. Taste dich durch ihre Windungen bis in die Mitte zum schönsten Rosenquarz. Dort verweilst du, fühlst dich wohl, läßt Liebe, Freude, Phantasie, sanfte Geborgenheit oder Gesundheit in dich einströmen. Du bist in liebliches, warmes rosa Licht gehüllt, leichter Rosenduft umweht dich, und du fühlst dich wohl in dir.

Nach 15 bis 20 Minuten ziehst du dich aus deiner Spirale wieder zurück und beginnst mit der »Rückkehr« (Übung 1, Seite 30).

Drittes Buch
Menschen

Eine wahre, unheimliche Nachtgeschichte

Helles Licht dringt durch meinen Traum, und ich kämpfe mich an die Oberfläche, dahin, wo jetzt Geräusche zu hören sind. Was ist denn hier los? Verschlafen blinzle ich in die Wandleuchte, dann zum Wecker. Es ist mitten in der Nacht!

Mein Mann läuft durchs Hotelzimmer und macht einen völlig verstörten Eindruck. Inzwischen bin ich hellwach. »Warum schläfst du nicht?« frage ich ihn interessiert. »Ich möchte am liebsten nach Hause fahren«, antwortet er verzweifelt, »alles wird mir viel zuviel, ich schaffe das nicht mehr und überhaupt ...« Erstaunt, meinen ansonsten stabilen, positiven Mann so angeschlagen, fast depressiv zu sehen, frage ich nochmal, was denn los sei. »Oh, ich habe Panikanfälle und weiß nicht warum. Was soll ich bloß machen?« stößt er hervor und läuft im Zimmer auf und ab, was mich zusätzlich ganz nervös macht. Mir wird's jetzt auch langsam unheimlich. Ich steige aus dem Bett und nehme meinen Mann beruhigend in den Arm. Dann frage ich ihn, ob er heute etwas Außergewöhnliches erlebt habe. »Ja, ja«, aufgeregt erzählt er mir sein Erlebnis in der Kathedrale von Winchester. »Als du gerade mit den anderen zum Essen gegangen warst, stand ich noch mit einigen Interessierten in der Kathedrale. Wir suchten den alten Platz des Taufbeckens und waren ganz vertieft, als ich aus dem Augenwinkel einen verwahrlost aussehenden Mann sah, der mit der Hand auf mich zeigte. Ich schaute genauer hin und erkannte, daß er nur ca. sechs bis acht Meter von mir entfernt war und daß ihm die Haare wirr vom Kopf abstanden. Er machte auf mich einen geistesgestörten Eindruck. Zu allem Überfluß hatte er nun auch noch seine Hand zu einer Pistole geformt, zielte und schoß mich imaginär an, immer wieder, wie mit einer Automatikwaffe. Du warst nicht da, um mich zu schützen, und ich selber habe einfach zu langsam reagiert. Denn als ich mit meiner Hand meinen Solarplexus zugehalten und mich schnell umgedreht hatte, war es wohl schon zu spät. Wer weiß, was er mir da imaginär angeschossen hat?« Sichtlich erschöpft beendet mein Mann seinen Bericht.

»Na, das kann ja heiter werden«, denke ich und bin in Sorge. Aber dann stelle ich mich vor meinen Mann, fühle mit meiner linken Hand seinen Solarplexus ab und kann eine große energetische Beule ertasten. »Ohje!« Bevor ich weiterdenken kann, fasse ich mit der linken, aufnehmenden Hand, so sicher, als ob sie geführt würde, mit einer Drehbewegung gegen den Uhrzeiger in das Energiefeld an seinem Solarplexus. Mit voll konzentrierter Aufmerksamkeit ziehe ich ein dunkelgraues, klebriges, schleimiges Etwas heraus. Das muß ich dreimal machen, bis nichts von dem Zeug mehr da ist. Ich fühle nochmal mit der Hand über dem Solarplexus, die Beule ist verschwunden. Zum Glück ging das ja relativ einfach und schnell. Meine Hände halte ich nun zwecks Reinigung kurz unter fließendes kaltes Wasser. Meinem Mann geht es jetzt besser, aber nun ist er sehr müde. Ich allerdings bin hellwach. Ist denn so etwas möglich?

Mein Mann liegt im Bett und seine regelmäßigen Atemzüge zeigen mir, daß er eingeschlafen ist. Ich lege mich auch wieder hin und lösche das Licht. Allerdings bin ich völlig aufgekratzt und erkenne, wie wichtig es doch geworden ist, sich energetisch zu schützen. Bei diesen Gedankengängen muß ich dann wohl eingeschlafen sein. Am nächsten Morgen ist mit meinem Mann alles in Ordnung, er ist zuversichtlich und positiv gestimmt wie immer. Nur ich bin etwas müde, was sich im Laufe des Tages aber verliert.

Gedanken über Schutz

Es gibt Tage oder Situationen, in denen man sich müde, schlapp, unlustig oder traurig fühlt. Oft ohne erkennbaren Grund, fällt man von einer guten Stimmung in eine schlechte. Das muß nicht immer einen tieferen Hintergrund haben, auf jeden Fall fühlt man sich viel sicherer, wenn man sich auch bei eigenartigen Gefühlssituationen energetisch schützen kann. In der vorangegangenen wahren Geschichte wird z. B. so eine eigenartige Situation geschildert.

Auch einige Sektenführer haben manchmal die seltsame Angewohnheit, ihre Anhänger energetisch auszusaugen, um mit diesem Energiepotential zu arbeiten.

Männliche Magier brauchen für viele Handlungen die weibliche Lebensenergie und holen sie sich auf die eine oder andere Weise, manchmal mit dem Wissen der Frau, sehr oft aber auch ohne deren Einverständnis.

1. Sie können den Weg der Sexualität wählen, um die weibliche Energie zu bekommen.
2. Sie können unter Zuhilfenahme ihrer Vorstellungskräfte dafür geeignete Frauen über den Solarplexus anzapfen.
3. Sie können Gedankenschemen produzieren, die Frauen Angst machen oder sie anderweitig verunsichern, um dann ihre angebliche Hilfe anzubieten, und sie dadurch von sich abhängig machen.

Wenn man bedenkt, daß nichts verlorengeht im Kosmos, kann man sich ja vorstellen, daß auch Gedanken nicht irgendwohin entschwinden. Wenn man wütend und zornig an jemanden denkt, kommt das auch an. Deshalb ist es so wichtig, liebevolle, freundliche Gedanken auszusenden!

Um nicht länger ein hilfloses Opfer zu sein, gibt es Möglichkeiten, sich gegen ein Abziehen von Energie und schlechte Gedanken zu schützen. Ich beschreibe einige Übungen, die mir bekannt sind. Es ist möglich, als Schutz einen Kreis, eine Glocke oder eine Pyramide zu visualisieren, es gibt eine spezielle Atmung, ein Mudra und die Schutzengel.

Mudra

Mudras sind die Fingergeheimsprache der Yogis. Die indischen Tänzer und Tänzerinnen ehren so ihre Götter und sprechen durch verschiedene Finger- und Handhaltungen mit ihnen. In unserem Kulturkreis ging das Wissen um den Gesten- und Gebärdentanz ungefähr um 600 n. Chr. verloren.

Die Tänzer/innen können alles ausdrücken, sogar das ganze Werden, Vergehen und Verwandeln im Universum. Viele Götter Indiens werden mit mehreren Armen und verschiedenen Fingerhaltungen abgebildet. Dadurch wird gezeigt, welche Stufen und Erfahrungen sie auf dem Weg der Erleuchtung durchlebten. Für uns ist es wichtig zu wissen, daß die Mudras den Meditierenden mit der göttlichen/spirituellen Welt verbinden.

Schutzengel

Die Anwesenheit eines Schutzengels kann man in so manchen, oft kritischen Situationen fühlen, sei es im Straßenverkehr, wenn sie einen Unfall verhindern, oder bei Kindern, die sie manches Mal vor Unheil bewahren müssen.

Engel sind geistige Führer, die uns Brücken bauen über die Stolpersteine des Lebens.   I. M. Lüdeling

Engel haben ein breitgefächertes Aufgabengebiet. In der Entwicklung eine Stufe über dem reinsten Menschen, können einige ausgewählte Menschen, die ihre Ebene wechseln (d. h. sterben), eine Weile diese Aufgaben in einem Engelkörper übernehmen, um zu helfen. Besonders verstorbene Kinder werden oft zu Schutzengeln ihrer irdischen Familie und Freunde. Eine wichtige Aufgabe der Engel ist das Geleiten der noch unsicheren Seelen von der grobstofflichen, irdischen zur feinstofflichen, astralen Ebene.

Einst werde ich liegen im Nirgend – bei einem Engel irgend!
Paul Klee

Viele Menschen haben bereits ihre eigenen Erfahrungen mit Engeln gemacht. Es gibt einige Menschen, die auch schon Engel gesehen haben, besonders oft auch kleine Kinder, die es ganz normal finden, ihren Schutzengel zu sehen. Erwachsene sind immer wieder völlig überwältigt von solchen »Sichtungen«. Das kommt besonders schön in einem Paradiesgedicht von Dante zum Ausdruck:

Und um die Mitte sah ich wonniglich
Vieltausend Engel ihre Flügel schwingen,
Und keines Schwung und Glanz dem andren glich.
Ich sah, in ihrem Spiele, ihrem Singen
Lacht eine Lieblichkeit, dran voll Entzücken
Die Augen all der Heiligen hingen:
Wär ich so reich, mein Reden auszuschmücken,
Wie mir's vor Augen steht, ich wagte nicht,
Den Abglanz solcher Wonnen auszudrücken!

13. Übung

Schutz

1. Solarplexus zuhalten: Zum spontan benötigten energetischen Schutz leg deine rechte Handinnenfläche auf den Solarplexus. Stell dir vor, deine Hand sei eine Klappe, die ein Loch verschließt, nichts kann mehr hinein oder heraus!

2. Schutz von höherer Ebene: Leg deine rechte Handinnenfläche auf dein mystisches Herz (in der Brustmitte, in Höhe des körperlichen Herzens), und forme mit deiner linken Hand eine kleine Schale, die du nach oben hältst. Nun konzentriere dich ausschließlich auf folgenden Gedanken: »Ich bitte um göttlichen Schutz und Hilfe!« Den Gedanken mehrmals wiederholen. Nicht ablenken lassen!

3. **Schutzkreis:** Diese Schutzübung kann für sich alleine oder im Anschluß an die erste ausgeführt werden. Ziehe in deiner Vorstellung *entgegen dem Uhrzeigersinn* dreimal einen Lichtkreis (Körpernähe genügt) um dich herum auf den Boden. Stell dir dabei vor, wie ein gleißender Lichtstrahl von der Sonne herabfließt und du mit ihm den Kreis bildest. Auch wenn dabei die Sonne mal nicht zu sehen sein sollte, wird es dir in deiner Vorstellung leicht gelingen, diesen Strahl durch die Wolken oder bei Nacht auch um die Erdkugel herum zu lenken, denn die Sonne ist eben allgegenwärtig und immer bereit, uns Licht und Wärme zu schenken.

Bedenke, daß Licht ein Aspekt des Elementes Feuer und somit zweipolig ist. Also denkst du dir innen *im* Kreis das schöne, warme Gefühl des Feuers und stellst dir *außen* herum das vernichtende, heiße, zerstörende Gefühl des Feuers vor. So bist du im Inneren des Kreises wunderbar geschützt! Diese Schutzübung kannst du auch bei anderen anwenden, z. B. kannst du deine Kinder oder Freunde gedanklich in den Lichtkreis stellen, wenn du sie besonders schützen möchtest. Oder ein anderes Beispiel: Eine Freundin von dir hat eine schwierige Besprechung und bittet dich um Hilfe. Dann ziehst du in deiner Vorstellung einen Schutzkreis um sie. Es gibt viele Möglichkeiten, aber frage dich vorher immer, ob es richtig und absolut notwendig ist, den Kreis um einen anderen Menschen zu ziehen! Besser ist es, jedem Menschen zu zeigen, wie man einen Schutzkreis aufbaut, dann kann sich jeder selber helfen.

Wieder öffnen oder auflösen kannst du den Schutzkreis, indem du ihn in deiner Vorstellung dreimal *im Uhrzeigersinn* »umrundest«. Dabei stellst du dir vor, wie das Licht des Kreises sich zu einem Strahl bündelt und zur Sonne emporsteigt.

4. **Schutzkugel, Pyramide, Zylinder oder Glocke:** Das ist die erweiterte Form des Schutzkreises. Nehmen wir als Beispiel die Schutzkugel, die wir uns in Hellblau (Goldfarben oder Weiß) und großzügig um uns herum in Kugelform vorstellen. Dabei mußt du dich völlig einhüllen in warmes mild-blaues Licht. Mit jedem Atemzug trinke das sanfte Licht. Auch hier wieder an die zwei Aspekte des Feuers denken! Wer weiß, vielleicht bist du jetzt von außen

auch körperlich gar nicht mehr zu sehen. Denn durch alle Märchen, Legenden und Mythen geistert die Kunde von der Fähigkeit, sich unsichtbar machen zu können.

Eine Variante des Schutzkreises ist auch der Zylinder. Dazu stellst du dir erst den Schutzkeis auf der Erde liegend vor (siehe »3. Schutzkreis«), dann ziehst du gedanklich und visuell Wände hoch, so daß du dich nun in einem Zylinder befindest, der dich schützt. Selbstverständlich kannst du dich frei bewegen, der Schutzkreis oder Zylinder kommt überall mit. Auflösen kannst du ihn, indem du die Wände zusammenfallen läßt und den Kreis nun *im Uhrzeigersinn* ziehst.

5. Schutzatmung: Eine Schutzatmung ist schon eher etwas für Geübte, aber wer schon den Lichtkreis erfolgreich gezogen hat, kann es auch mit der Atmung versuchen. Alles ist eine Frage der Übung. Du gehst mit deinem Bewußtsein, deinen Gedanken und Gefühlen in das unterste Ende der Wirbelsäule, dann atme langsam und tief ein. Währenddessen stell dir die Einatmung wie einen kühlen Wind vor, der nun die Wirbelsäule heraufweht. Oben zwischen den Schulterblättern machst du eine winzigkleine Pause, dann weht der Wind weiter über den Nacken, den Hinterkopf nach vorne zur Stirn. Am dritten Auge, zwischen den Augenbrauen, wird wieder eine kleine Pause gemacht, von hier fließt der Windhauch dann in und durch die Nase. Das alles geschieht mit einer einzigen Einatmung. Nicht zu lange Pausen machen!

Nun zur Ausatmung: Von der Nase aus stellst du dir den kühlen, angenehmen Luftzug nun in einer Abwärtsbewegung vor, wie er an deiner vorderen Mitte über die Brust, den Bauch, zum Schambein und von dort wieder zum Ende der Wirbelsäule weht. Somit ist der Kreislauf geschlossen. Diese Übung mußt du nun noch zweimal wiederholen (also insgesamt dreimal ein- und ausatmen). Diese Schutzatmung bleibt ca. einen Tag lang wirksam. Wer sich über einen längeren Zeitraum schützen möchte, sollte diese Übung regelmäßig morgens und abends machen.

6. Schutz-Mudra: Dieses Mudra heißt Yoni-Mudra und wird die »Haltung der Quelle« oder auch »Haltung der neun Pforten« genannt. Es ist ausgezeichnet geeignet als Vorbereitung für das Zurückziehen der Sinne, z. B. vor einer Meditation, und bewirkt einen immer stärkeren Schutz gegen Ablenkungen, Forderungen oder Beeinflussungen von außen. Sehr gut kann man dieses Mudra mit der 16. Übung, »Gedankenstille« (Seite 117) kombinieren.

Haltung beim Schutz-Mudra »Yoni«

1. Setz dich bequem in deine Meditationshaltung, und atme langsam, gleichmäßig und gründlich ein. Bauch und Brust werden mit Atem gefüllt.
2. Dann halte den Atem an, und schließe mit beiden Daumen die Ohren, mit den Zeigefingern die Augen, mit den Mittelfingern die Nasenlöcher und mit den Ringfingern und den kleinen Fingern den Mund. (Am besten vor dem Atemanhalten einige Male die Fingerstellung üben, sonst besteht Erstickungsgefahr!)

3. Bleib einen Moment in dieser Haltung, dann nimm die Finger vom Gesicht weg und atme aus.
4. Dieses Mudra einige Male wiederholen.

Wichtiger Hinweis: An einem Tag darf jeweils nur ein Mudra praktiziert werden, damit es richtig und in aller Klarheit wirken kann. Werden zusätzlich noch andere Mudras angewendet, kommt es zu einem Überlagern der verschiedenen Wirkungen und damit zu unbeabsichtigten Folgen. Du wirst bei Anwendung dieser Schutzübung bald merken, daß Mudras sehr starke Gesten sind.

7. Schutzengel: Die folgenden beiden Übungen oder Gebete sind ein sehr stark wirkender Schutz, den man auch sehr gut bei kleinen Kindern anwenden kann. Viele Kinder leiden unter Alpträumen, sei es durch Überforderung infolge der heutigen Reizüberflutung, aus Verlustängsten, weil sie oft allein sind, aus Angst vor Strafe für angerichtete Streiche oder weil sie eine zu lebhafte Phantasie oder von früher mitgebrachte Erinnerungen haben. Bei sehr kleinen Kindern stellen sich die Eltern die Engel vor und sprechen laut ein Gebet für die Kinder, mit größeren Kindern können die Eltern gemeinsam mit ihren Kindern beten und die Engel visualisieren. Erwachsene gehen in die Entspannung, stellen sich die Engel vor und beten dann.

Kurzgebet für einen Engelschutzschild

Mit deinen Flügeln beschirme mich,
in der Hut deiner Fittiche berge mich,
deine Treue sei Schild und Schutz für mich!
            (frei nach Psalm 91.4)

Dieses und das folgende alte Kindergebet sind auch hilfreich für alle diejenigen, welche einen unruhigen Schlaf haben oder erst gar nicht einschlafen können, weil die Gedanken sie nicht zur Ruhe kommen lassen, und für Menschen, die über Nacht Schutz brauchen. Achte darauf, daß Gebete keine Lippenbekenntnisse werden, sondern stell dir jeden Engel genau vor! Die Stellung der Engel (z. B. um das Bett herum) kommt einem natürlichen, undurchdringlichen Schild gleich.

Schutzengelgebet für nächtlichen Schutz

Geh in die Entspannung, und stell dir nun genau vor, wie die Engel groß und leuchtend um dein Bett stehen und über dir wachen und dich schützen. Nichts Negatives kann mehr zu dir. An allen Seiten von dir halten die Engel Wacht. Du sprichst laut oder in Gedanken:

Abends wenn ich schlafen gehe, vierzehn Engel um mich stehen.
Zwei zu meinem Kopfend', zwei zu meinem Fußend',
zwei zu meiner rechten Seite, zwei zu meiner linken Seite.
Zwei, die mich wecken, zwei, die mich decken,
zwei, die mich führen ins himmlische Paradies.
Amen – So sei es!

Wenn du deine Engel gefühlt oder gar gesehen hast, komm zurück von der Alpha-Ebene. Bei der Rückkehrübung sagst du dir: »Ich komme ganz klar und ruhig auf meine irdische Ebene zurück und kann nun wunderbar beschützt in aller Ruhe einschlafen. Nach (z. B.) sieben Stunden wache ich erfrischt wieder auf.«

8. Übung gegen Fremdbeeinflussung: Wenn man sich unlustig, willenlos und abgetrennt von seinen Freunden vorkommt, wenn man sich beeinflußt und nicht mehr klar fühlt und schon einen leisen Verdacht hat, woher die Beeinflussung kommen könnte, dann kann man sich mit dieser Übung helfen. Danach ist wieder klares Denken möglich. Bei einer Fremdbeeinflussung ist die eigene Urteilsfähigkeit sehr stark eingeschränkt. Das bemerkt man natürlich selber nicht und ist dann auf Hinweise aus dem Freundeskreis angewiesen, die auch meistens nicht ausbleiben, da sich die beeinflußte Person merkwürdig verändert.

Wenn dann so ein Tip von Freunden oder vom Partner kommt, nimm das ernst und überlege, wer deinen Willen, deine Energie usw. lahmgelegt haben könnte. Nun kannst du dich zuerst mit dem Schutzmudra beschäftigen. Dann sammle deine noch verbliebene Energie, und befreie dich mit Hilfe folgender Übung:

a) Setz dich ganz ruhig und entspannt hin, die Augen sind geschlossen. Nun stell dir eine am Boden liegende 8 vor. Diese 8 mußt du richtig deutlich vor deinen geschlossenen Augen sehen.

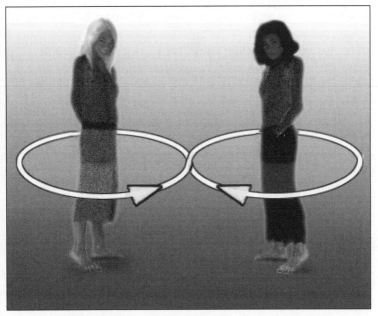

Liegende Acht – Links die Person, die sich schützt

b) Nun sieh die 8 mit Hilfe deiner Vorstellungskraft so groß, daß in jedem »Bauch« der 8 ein Mensch stehen könnte. So, mal angenommen du meinst, du wirst von einer Person, die wir der Einfachheit halber »X« nennen, beeinflußt: Du stellst dir dann die große 8 etwas schwebend vor, siehst dich in dem einen »Bauch« und X in dem anderen »Bauch« der 8. Dabei visualisierst du, wie sich, aus leuchtendem, guten Licht gezogen, die eine Kurve der 8 erst links herum um deine eigene Taille legt und sich dann rechts herum die andere Kurve der 8 um die Taille von X schlängelt. Diese Übung mach mehrmals am Tage, das letztemal abends im Bett vor dem Einschlafen. Wenn du es nicht sofort schaffst, dir die 8 vorzustellen, nicht aufgeben! Du brauchst nur Geduld und den Willen, es immer wieder zu versuchen.

Hinweis: Wenn du dich nun geirrt hast und X gar nicht die Person war, von der die Beeinflussung ausging? Keine Sorge, wenn du die Übung der 8 auf diese Weise anwendest, ist sie für alle Beteiligten völlig harmlos. Sie schützt und befreit vor Fremdbeeinflussung, ohne dabei die Sphäre des anderen anzutasten!

9. Reinigung von Räumen und Häusern: Es kann vorkommen, daß ein Raum oder Haus von negativen, unsauberen, unklaren und unangenehmen Schwingungen gesäubert werden muß. Dazu bereite eine Räucherkohle in einer Messingschale vor, zünde sie an, und leg dann getrocknete Salbeikräuter darauf. Wenn es schön räuchert, nimm das Gefäß in deine linke Hand, einen guten Bergkristall in die rechte Hand, und geh dann durch alle Räume vom Keller bis zum Dach, auch durch die Badezimmer. In jedem Raum gehe dreimal links herum (gegen den Uhrzeiger), und stell dir vor, wie alles schön sauber wird. Dabei hilft dir noch zusätzlich der Kristall. Visualisiere einen klaren, hellen Strahl reinster Energie, der durch die Spitze des Bergkristalls leuchtet, den du dreimal auch links herum durch das Zimmer kreisen läßt. Nun ist der Raum in der Regel sauber und mit guter Schwingung erfüllt. Sollten sich Wesen anderer Ebenen im Zimmer aufgehalten haben, so werden sie durch diese Raumreinigung nicht verletzt, sondern sanft auf den Schwingen des Rauches hinausgetragen.

10. Feinstoffliche Reinigung von »aufgefangenen« Energien: Wenn Menschen verunreinigt sind in ihrer Aura und Ausstrahlung, z. B. von fremder Beeinflussung, wütenden und unangenehmen Gedanken, Drogenkonsum oder durch die Aufnahme von fast klebenden Schwingungen mancher Kraftorte, dann bereite eine Schale mit Räucherkohle und Salbei vor.

a) Wenn der Rauch dick hervorquillt, führe diese Schale bei Männern an der Vorderseite mit einem Abstand von ca. 10 cm von den Füßen bis zum Kopf entlang, dann weiter vorsichtig über den Scheitel, all das mit dem nötigen Abstand (du willst ja niemanden rösten!), nun an der Rückseite hinunter bis zu den Füßen. Dabei stellst du dir vor, wie der Rauch alles Negative aus der Ausstrahlung dieses Menschen nimmt. Bei Frauen beginne an der Rückseite ihres Körpers, und ende an der Vorderseite bei den Füßen. Dann geh dreimal *gegen den Uhrzeiger* um den Menschen herum, und visualisiere einen mit heiligem Rauch gereinigten Kreis voller Frische, Klarheit und Schutz.

b) Bei der zweiten Möglichkeit führe die räuchernde Schale mit etwas Abstand an der Vorderseite der Person, vom rechten Fuß angefangen, seitlich an ihrem Körper entlang aufwärts, über die rechte Schulter, dann behutsam über ihren Kopf, jetzt weiter über die linke Schulter hinunter bis zu dem linken Fuß. Diesen verbinde dann mit dem rechten Fuß, indem du die Räucherschale vor den Füßen entlangführst, so daß der Kreis nun geschlossen ist. Dann sprich leise in Gedanken die magische Formel: **»Du bist gesund und rein. Es ist schön über dir, es ist schön unter dir. Es ist schön vor dir, und es ist schön hinter dir. Es ist schön an beiden Seiten neben dir. Es ist schön in dir, und es ist schön außerhalb von dir!«**

Die Person fühlt sich nach jeder der beiden Vorgehensweisen meistens leichter und fröhlicher. Manchmal ist es sinnvoll, beide Möglichkeiten, a) und b), zu kombinieren. Salbei hat übrigens auch einen angenehmen Geruch.

11. Körperliche Reinigung von »aufgefangenen« Energien: Zu all den vorausgegangenen Übungen kannst du zusätzlich noch die körperliche Reinigung im Grobstofflichen anwenden. Duschen, verbunden mit einer Abreibung des ganzen Körpers mit Meersalz, sollte als Hilfe immer dann angewandt werden, wenn du meinst, etwas Negatives »aufgefangen« zu haben, mögen es Energien von Menschen, von Kraftorten oder einfach allgemeine Stimmungen sein.

Dazu stell dich in die Dusche, und brause deinen Körper mit mäßig warmem Wasser ab. Dann reibe ihn ganz mit natürlichem Meersalz ab, alle Bewegungsrichtungen sollen immer von oben nach unten verlaufen. In Strichen schleuderst du das Salz vom Körper ab. Dabei stellst du dir vor, wie innen und außen alles ganz und gar sauber wird. Zuletzt noch einmal kurz lauwarm und, wenn du es aushältst, auch kalt abduschen. Abtrocknen, schön warm einkuscheln in eine Decke, entspannen und eine der Schutzübungen 2 bis 7 anwenden.

Auch die Übung »Der Baum-Kreislauf« (Seite 47) kann angewendet werden, um sich von negativen Schwingungen zu reinigen.

In den vielen Edelsteinbüchern, die es heute gibt, kannst du auch nachlesen, welchen Schutzstein du tragen kannst. Bevor du losgehst, um einen Edelstein zu kaufen, lies noch einmal das Kapitel »Gesang der Steine«, »Steine« durch (Seite 66).

Auch können Schutzamulette oder Talismane hergestellt werden.

12. Amulette und Talismane: Von Amuletten und Talismanen konnten wir in Kindertagen zuerst in Märchen und Sagen hören oder lesen. Bis in die heutige Zeit gab und gibt es immer wieder Geschichten von besonderen Schmuckstücken und Steinen. Bei den Medizinmännern und den Schamanen aller Völker waren und sind Amulette und Talismane in Gebrauch. Was hat sich in unserem Kulturkreis von diesem Brauch erhalten? Die Esoterikwelle der letzten Jahre hat den Edelsteinkult wieder ins Bewußtsein der Menschen gebracht. Auch die Modeindustrie schläft nicht und produziert Broschen, Ketten, Ringe und Anhänger als angebliche Glücksbringer.

Die einfachste Möglichkeit, einen Gegenstand zum Talisman zu machen, ist mein Glaube daran. Dann wirkt er stärkend, schützend oder sympathieanziehend, aber nur für mich, da ich ihn mit *meinem* Glauben fülle. Für eine andere Person wäre er völlig wirkungslos.

Ein Amulett kann ein heiliges Wort, ein Gottesname oder ein heiliger Spruch sein. Er wird auf Pergamentpapier geschrieben und am Körper getragen. Vor ca. 14 Jahren habe ich einmal für mich so ein Amulett angefertigt, wie in der nächsten Geschichte beschrieben wird.

Vollmondnacht

Bei Kerzenschein sitze ich am Tisch und suche mir aus einem uralten Buch eine Schutzformel heraus für ein Amulett. Diese Formel will ich auf Pergamentpapier schreiben. Das Stückchen Papier muß sehr klein sein, denn ich möchte es, wenn es fertig ist, in mein Medaillon legen und um den Hals hängen. Dieses kleine Stückchen Pergament gebärdet sich aber recht widerspenstig, mal rollt es sich an der oberen Seite und, wenn ich sie festhalte, an der unteren Seite zusammen. Nach einer Weile habe ich es aber endlich geschafft, den Spruch aufzuschreiben, und ich lese die Worte nochmals mit aller Inbrunst und dem Wunsch, daß sie mich schützen sollen. Mit dem winzigen Zettelchen in der linken Hand schleiche ich nach draußen in die Vollmondnacht. Die Kirchturmuhr schlägt die mitternächtliche zwölfte Stunde!

Es ist windstill, keine Wolke versperrt die Sicht, und die Sterne in unmittelbarer Nähe des Mondes sind nicht zu sehen, so stark und hell strahlt er heute mit seinem großen runden Gesicht. Ich schaue in die entgegengesetzte Richtung, habe also den Mond hinter mir und kann in der Weite des Weltalls einige Sterne als winzige Pünktchen erkennen. Die Zwischenräume der Sterne üben einen geheimnisvollen Sog aus, und kurzzeitig verliere ich mich in unvorstellbaren Tiefen. Aus dem Augenwinkel sehe ich eine Bewegung. Eine Sternschnuppe! Wie passend! Schnell bitte ich um gutes Gelingen meines Amulettes. Nun halte ich die geöffnete linke Hand mit meinem Pergamentzettelchen in Richtung Mond. Ich liebe den

Mond. Meine Augen kneife ich zu schmalen Schlitzen zusammen und kann nun viele, vom Mond ausgehende Strahlen wahrnehmen. Einen besonders breiten lenke ich mit meiner Vorstellungskraft und meinem Willen durch das Pergamentstückchen in die heiligen Worte. Gleichzeitig lade ich den Mondstrahl dabei mit Schutz auf. Dann konzentriere ich mich mit aller Kraft darauf, daß die Wirkung immer bestehen bleibt. Bedächtig öffne ich noch hier draußen mein Silbermedaillon, falte das Pergamentstückchen ganz klein, lege es liebevoll und vorsichtig hinein und verschließe es wieder sorgfältig. Mein Blick fällt voller Dankbarkeit auf den Mond. Ich hänge mir das Medaillon um den Hals und gehe langsam wieder ins Haus.

Bis heute habe ich das Medaillon nur einmal, vor ungefähr drei Jahren, geöffnet. Mir ist in dieser ganzen Zeit nichts zugestoßen, wovor mich mein Amulett schützen sollte, obwohl ich es nicht jeden Tag getragen habe.

Der Mond, das unbekannte Wesen? In anderen Kulturen, in den Mythen oder zu anderen Zeiten hielt man den Mond für weiblich und gab ihm Namen wie: La Luna, die Mondin oder Selene. La Luna ist die große und ewige Mutter. In der griechischen Mythologie wird der Mond als Selene, die Schwester des Sonnengottes Helios, verehrt. Die Siouxindianerinnen nennen den Mond respektvoll: »die alte Frau, die niemals stirbt«. Der Mond wurde gerne personifiziert, um seine Macht auszudrücken. Wie die Gezeiten vom Mond beherrscht werden, so sollen auch die Zeiten des Lebens bestimmt werden, dieser Glaube ist ebenfalls uralt. Die einzelnen Mondphasen haben auch ihre Bedeutung: Die zunehmende Sichel ist das Symbol für Werden und Wachstum, die abnehmende für Vergehen und Zerfall. Die Vollmondzeit wird als die glückbringende, die Neumondzeit als die dunkle Zeit betrachtet. Frauen sind besonders durch ihren Zyklus mit dem Mond verbunden, darum haben sie oft eine tiefere Beziehung zu ihm. Auch die Saat- und Erntezeit sollte sich günstigstenfalls nach den Mondzeiten richten.

14. Übung

Glücksbringer

Talisman- und Amulettaufladung

Bevor man mit der Aufladung beginnt, muß man mit Ausnahme des Pergamentamulettes alle Talismane, Steine und Zeichen reinigen (siehe Kapitel »Gesang der Steine«, »Reinigung«, Seite 67), damit sie für unsere Programmierung aufnahmebereit sind.

Du möchtest beispielsweise einen Stein zum Amulet oder Talisman machen und als Glücksbringer aufladen. Suche dir zuerst einen geeigneten Stein aus (siehe »Steine«, Seite 66), der vielleicht wie ein Kiesel geformt ist. Wenn du magst, kannst du vorher auf einer Seite ein gutes Symbol, z.B. die rechtsdrehende Spirale aus der 12. Übung (Seite 90) aufmalen. Dann nimm den Stein in die rechte, abgebende Hand, und sammle deine ganze Konzentration und Willenskraft. Schau intensiv auf deine nun geöffnete Hand mit dem Talisman. Dann visualisiere deinen Wunsch und Willen (in diesem Fall Glück) mit deiner Vorstellungskraft, vom Kopf ausgehend, zum Herz, von dort durch die Hand in den Stein hinein! Du kannst deinen Augenstrahl (siehe unten) hierbei noch zu Hilfe nehmen. Wenn du das Gefühl hast, der Stein wird warm oder pulsiert, und du hast auf einmal ein Glücksempfinden, dann ist er fertig aufgeladen. Damit die Wirkung nicht sofort wieder verfliegt, denke und fühle, daß diese Programmierung z.B. zwei Jahre lang hält und immer stärker wird, auch wenn du nicht mehr an den Talisman denkst. Ein auf diese Weise aufgeladener Stein wird immer wirken! Mit Pendel oder Wünschelrute läßt sich die Schwingung des so hergestellten Talismanes feststellen und nachprüfen.

Augenstrahl

Wenn ich etwas prüfen oder programmieren möchte, ist meine liebste Methode der Augenstrahl. Warum? Weil das eine ganz und gar unauffällige Handlung ist. Da mir persönlich jegliche übertriebenen, auffälligen Gesten und Handlungsweisen zutiefst zuwider sind, bin ich rein »zufällig« auf den Augenstrahl gestoßen. Während eines Englandaufenthaltes fiel mir das Erkennen dieses Strahles zu. Erst sehr viel später habe ich erfahren, daß auch andere Menschen diese Fähigkeit entdeckt und beschrieben haben.

Wie sieht das praktisch aus, und was kann ich ganz konkret damit anfangen? Ich stelle mir vor, daß ich bewußt in meinem Kopf bin, und schaue aus beiden Augen, um z. B. zu prüfen, ob ein Nahrungsmittel, das ich einkaufen möchte, gut und bekömmlich für mich ist. Ich fixiere also mit beiden Augen z. B. einen Apfel und stelle mir vor, daß aus jedem Auge ein Lichtstrahl auf den Apfel fällt und ihn abtastet. Kurz vor dem Apfel treffen sich die Lichtstrahlen, und so wird aus den zwei Strahlen nun ein einziger. Dann frage ich mein Inneres: »Ist der Apfel gut für mich?« Wenn ich ein negatives Gefühl bekomme, der Apfel leuchtet plötzlich in giftiger Farbe, oder es schüttelt mich, dann kaufe ich ihn besser nicht. Wenn ich ein positives Gefühl bekomme, mir das Wasser im Munde zusammenläuft, die Farbe des Apfels in sanften, warmen Farbtönen strahlt oder wenn ich das Gefühl habe, daß er atmet und pulsiert, dann kaufe ich ihn. So kann ich ganz unauffällig für mich die passenden Lebensmittel auswählen. Diese Beurteilung ist nur ein kleines Beispiel, ich kann auf diese Weise alles abfragen.

Das Benutzen des Augenstrahles ist allerdings schwieriger, als es sich zunächst anhört. Aber verliere nicht den Mut, wenn du geduldig genug bist, wirst du nach einigem Üben Erfolg haben und auch diese wunderbare Fähigkeit besitzen.

Vorsicht: Das ungebetene, neugierige Abfragen von Menschen ohne deren Einwilligung ist zu unterlassen!! Denke an die Intimsphäre eines jeden Wesens! Ich darf höchstens fragen, ob der andere Mensch es gut mit mir meint oder mir eher schadet. Aber ich darf nicht ungebeten fragen, welche Charaktereigenschaft bei ihm vorherrscht, welchen Kummer er hat, welche Sorgen ihn plagen oder ob er verheiratet ist. Solche persönlichen Dinge gehen mich nichts an!

Ich beobachte immer wieder, daß sich diese Fähigkeiten verlieren, wenn sie wissentlich zum Schaden anderer angewendet werden, sei es aus Neugierde oder um einen eigenen Vorteil daraus zu ziehen. Dann gibt es zwei Möglichkeiten: Man kann Wiedergutmachung leisten und von vorne beginnen, oder man wird in den schwarzen Bereich abgleiten. Von letzterem kann ich nur stark abraten, auch wenn die Erfolge zuerst scheinbar schneller eintreten. Das Hantieren im dunklen Bereich hat seinen Preis, es kostet unsere Seelenfreiheit! Außerdem fällt jeder Gedanke, jede Handlung auf Dauer wieder auf den zurück, der ihn ausgesendet oder sie begangen hat.

Wir sollten immer an die große Verantwortung bei jeder Energiearbeit denken und uns die allerhöchste Ethik zu eigen machen! Meine Grundregel ist, zuerst jahrelang in aller Stille an mir selbst zu arbeiten und später dann mit anderen zum Gedanken- und Erfahrungsaustausch zu kommen. Ich finde es schade, wenn bei Licht- und Energiearbeitern Konkurrenzdenken aufkommt! Wir haben so reichlich zu tun, daß wir uns ein Gegeneinander gar nicht mehr leisten können. Wir sollten versuchen, immer zum wahren Wohle der Menschheit zu handeln, dann werden sich unendlich viele Möglichkeiten für jeden von uns auftun.

15. Übung

Augenstrahl

Man kann Wasser oder Steine auch mit dem Augenstrahl aufladen. Du möchtest z.B. einen Kristall mit Lebenskraft auftanken. Dazu gehe in die Entspannung (1. Übung, Seite 29), und visualisiere dann orangefarbenes, warmes Licht vor deinen geschlossenen Augen.

Den aufzuladenden, gereinigten Stein halte in deiner rechten, geöffneten Hand. Das Licht mußt du sehr intensiv und hell leuchtend, dabei noch deutlich wogend, vor dir sehen. Dann öffne deine Augen, und laß das orangene Licht mit einem gezielten Lebenskraftgedanken an deinem imaginären (bildhaften) Augenstrahl direkt in den Kristall schießen! Das wiederhole so lange, bis der Stein ganz warm ist, orange leuchtet oder bis du fühlst, daß der Kristall voll ist mit dem Licht. Dann schließe deine linke Hand fest um den Stein, und sage in Gedanken energisch und bestimmt – wenn du allein bist, auch laut: »Du, Kristall, bist nun dauerhaft (für immer) mit Lebenskraft gefüllt.«

Jetzt schließe deine Augen, und komm mit der »Rückkehr« (1. Übung, Seite 30) zurück. Genauso kannst du den Stein mit Heilung programmieren, welche Farbe dazu visualisiert werden kann, steht im Kapitel »Es werde Licht« (Seite 202).

Temperament

Wenn ich von Freundlichkeit und Liebe schreibe, dann meine ich nicht die Pseudofreundlichkeit und Pseudoliebe. Ich möchte auch nicht z.B. aus einer Powerfrau ein leises, liebesäuselndes, ewig lächelndes Etwas machen! Ganz und gar nicht!

Ob ich Liebe schreie oder sanft dahinflüstere, ist eine Frage des Temperamentes. Mit dem Gefühl der Liebe aber hat das Temperament nichts zu tun. Wenn ich in mir, tief in der Seele, Liebe spüre, ist es völlig egal, wie ich das spontan in einer Situation herausbringe, ob laut oder leise.

Die Taten der Liebe allerdings geschehen meistens unbemerkt. Das hat auch nichts mit laut und leise zu tun. Ich kann etwas laut und aktiv in der Öffentlichkeit tun, aber still und unerkannt geschieht dabei ein Augenblick reinster Liebe oder Freundlichkeit. Ein Beispiel: Während eines öffentlichen Vortrages trifft spontan der Blick des Redners den Blick eines Zuhörers, und auf einmal werden reinste Sympathie, Freundlichkeit oder Liebe ausgetauscht. Das kann sogar während eines gebrüllten Wortes geschehen!

Wir müssen also nicht, um der Außenwelt zu signalisieren, wie durchdrungen wir schon von Liebe und Heiligkeit sind, plötzlich mit immer lächelndem Mund oder schlapper, kaum hörbarer Stimme reden. Schlaf nicht ein! Laß dich nicht in Formen pressen, in die du nicht paßt. Jeder Mensch ist verschieden, auch im Temperament, deshalb ergänzen wir uns ja alle so gut.

Erkenne dich, und dann sei, wie du bist. Unbek. Verfasser

Zum Temperament gehören auch Lachen und Fröhlichkeit. Wenn dir danach ist, dann geh ein Stück deines Weges tanzend. Humor ist eine Charaktereigenschaft, die heute sehr selten geworden ist, man trifft sie immer weniger an. Bring wieder mehr ehrliche Fröhlichkeit in dein Leben. Denke darüber nach.

Wenn du auf der einen Seite ernsthaft deinen Weg und deine Aufgabe im Leben suchst und an dir gewissenhaft und geduldig arbeitest, dann gehören auf der anderen Seite aber unbedingt auch Lachen, Tanzen und Frohsinn mit dazu. Lachen gehört zum Element Luft. Wie die Blätter im Herbst mit dem Sturm wirbeln, wie der Sand mit dem Wind tanzt, wie die Vögel mit der Brise gleiten, so sollte auch der Mensch lachend und tanzend Freude verbreiten! Ich meine die Fröhlichkeit, die aus dem Herzen kommt und das Leben für uns alle leichter macht.

Meditation

Meditation ist ein stiller Weg, um sich selbst zu suchen und zu finden. Es ist ein In-sich-Versinken wie im Gebet. Meditativ kannst du Zusammenhänge besser erkennen, in eigene tiefste Tiefen tauchen, Blicke in andere Ebenen werfen, Erkenntnisse und Hilfe erhalten, eine andere Sicht- und Denkweise bekommen, Kontakt mit Naturgeistern aufnehmen, Konflikte einfacher lösen, Liebe aussenden, Selbstheilungen vornehmen und Ruhe und Frieden finden. Die Gehirnwellen lassen sich mit dem EEG nachweisen: Es gibt u. a. die Betawellen, sie verursachen körperlichen und seelischen Streß, und die Alphawellen, diese senden Frieden aus. Der Mensch befindet sich während der Meditation im Alphazustand, wie nun auch die Wissenschaftler herausgefunden haben.

Für mich persönlich ist es am wichtigsten, daß uns mit der Meditation eine Methode an die Hand gegeben ist, um schnell abzuschalten und zur Ruhe zu kommen. Denn aus der Ruhe heraus läßt sich alles besser regeln, du bekommst die nötige Klarheit und den Überblick.

In dem neuen, sehr interessanten Buch *Das Biologische System Mensch* von Dr. med. Braun-von Gladiss fand ich eine Stelle, die genau zu meiner Ansicht paßt: »Alphawellen von 13 bis 18 Hertz entsprechen einem Zustand hoher Wachheit, Kreativität, Konzentration und Leistungsfähigkeit ... sie entstehen z. B. durch konzentrierte Meditation.«

Die stillen Meditationen ziehe ich immer den geführten vor. So kann jeder Mensch seine eigenen Bilder entwickeln, wird von niemandem abhängig und kann sich auf sich selbst verlassen! Dabei lernt man sich besser kennen, übt sich in Beobachtung, kann Kraft tanken, zur inneren und äußeren Ruhe finden und Frieden fühlen. Je mehr Streß, auch beruflich, du ausgesetzt bist, desto wichtiger ist die stille Meditation, um in dir wieder die Balance herzustellen.

Eine andere Art der Meditation ist die Übung der völligen Gedankenstille. In unserer lauten, hektischen Zeit ist es eine wahre Erholung, mal nicht denken zu müssen und die Stille hören zu können. Dabei kann man viel Kraft schöpfen und in einen besonderen inneren Zustand kommen. Eine absolute Gedankenstille kann man nicht sofort erreichen, man muß es ziemlich lange üben. Denn einfach abgeschaltet zu werden, das lassen sich die Gedanken nicht so leicht und ohne Widerstand gefallen, kommen sie sich doch immer ungeheuer wichtig vor! Aber mit Geduld, dieser erstrebenswerten Tugend, ist alles möglich, setz dich nur keinem Leistungsdruck aus.

Wenn du möchtest, kannst du dir ein Meditationstagebuch anschaffen, in dem du alle deine Erlebnisse und Visionen notierst. Das nochmalige Erleben während des Aufschreibens ist sehr hilfreich, um Geschautes zu verarbeiten. Da dir vieles erst beim zweiten Mal bewußt wird, empfehle ich dir, so ein Tagebuch anzulegen.

16. Übung

Gedankenstille

Ich empfehle als Vorbereitung zur Meditation jeden Tag für fünf Minuten morgens und fünf Minuten abends eine kleine Gedankenübung: Setz dich in einer dir bequemen Haltung still hin. Beobachte deine Gedanken, laß sie an dir vorbeiziehen. Anfangs wirst du staunen, wie viele verschiedene Gedanken wie Bienen in deinem Kopf herumschwirren. Einen Gedanken greifst du heraus, hältst ihn fest und denkst nur an ihn. Wenn du z. B. frisch verliebt bist oder deine Kinder heute besonders angenehm waren, dann kannst du an Liebe und alles, was du liebst, denken. Oder wenn du deiner Freundin bzw. deinem Freund etwas Gutes tun willst, denke nur noch daran, wie du ihnen Freude spendest. Dies solltest du so lange üben, bis dich nichts mehr ablenkt. Das kann einige Monate dauern. Aber in unserer Entwicklung kommt es nicht auf Schnelligkeit an, sondern auf bewußte Gründlichkeit.

Als nächsten Schritt nimm ein Wort aus diesem Gedankengang, beispielsweise »Liebe« oder »Freude«, halte es fest, und denke nur an dieses Wort. Übe solange, bis du dich, ohne abgelenkt zu werden, zehn Minuten nur auf dieses eine Wort konzentrieren kannst. Auch das kann einige Monate dauern. Je länger du brauchst, desto gewissenhafter gehst du mit den Übungen um.

Wenn es dir nun gelingt, ein Wort ohne die geringste Ablenkung festzuhalten, geh einen Schritt weiter. Laß auch dieses eine Wort ziehen, laß es los, denke an nichts mehr, **sei** nur noch. Laß dich von keinem Gedanken, keinem Wort mehr mitreißen. Sitz einfach da, wie ein Fels, stumm, reglos und gedankenlos ...

Je öfter du übst, desto besser wird es klappen. Laß dir Zeit, der Erfolg dieser Übungen läßt unter Umständen viele Monate oder

Jahre auf sich warten, das ist individuell verschieden. Hierbei lernt man gleich noch eine wichtige Charaktereigenschaft: »Geduld«.

Wenn du einige Minuten in Gedankenstille verbracht hast, wirst du bemerken, wie angenehm es ist, für kurze Zeit völlige Ruhe zu empfinden. Sie ist ein Born der Kraft, diese besondere Stille.

Übe jeden Tag morgens und abends je fünf bis zehn Minuten! Wenn du willst, Zeit und Lust hast, kannst du anschließend noch in eine andere Meditation gehen.

Krokodile

Ein Schüler fragt seinen Lehrer: »Meister, an was darf ich während der Meditation nicht denken?« Prompt antwortet der Lehrer: »An ein Krokodil!«

Der Schüler geht verwundert über diese Antwort nach Hause. »Wieso hat mir der Meister verboten, an Krokodile zu denken?« fragt er sich. »Was haben diese Tiere so an sich, daß ich an sie nicht während der Meditation denken darf? Zum Glück habe ich dabei ja noch nie an Krokodile gedacht, also muß ich die Meditationstechnik des Meisters schon ganz gut beherrschen.«

Zu Hause setzt er sich in Meditationshaltung und versenkt sich. Auf einmal spaziert durch seine Gedanken ein Krokodil. Er versucht, es zu verdrängen. Kaum ist es aus seinen Gehirnwindungen verschwunden, tauchen diesmal gleich zwei weitere auf. Wieder versucht der Schüler, dagegen anzukämpfen. Nach jedem Krokodil, daß er beseitigt, kommen gleich wieder mehrere neue hervor. Ausgerechnet seitdem ihm der Meister verboten hat, an Krokodile zu denken, spazieren plötzlich ganze Herden durch seinen Kopf.

Entnervt bricht er seine Meditationsübung ab, läuft sofort wieder zu seinem Lehrer und ruft aufgeregt: »Immer hat meine Gedankenübung gut geklappt, nie habe ich bisher an Krokodile denken müssen. Ausgerechnet heute, nachdem du mir verboten hattest, an Krokodile zu denken, zogen ganze Horden von Krokodilen durch meinen Kopf! Meister, warum hast du mir das gesagt?«

Lächelnd antwortet sein Lehrer: »Deine Fragestellung war

falsch! Du sollst überhaupt nichts denken! Deine Gedankenwelt soll vollkommen ruhiggestellt sein, wie ein glatter, stiller See. Statt dessen fragst du: An was darf ich nicht denken? Wenn du nur an eine bestimmte Sache nicht denkst, denkst du an andere Dinge, also denkst du! Das ist so, als ob du einen Stein in den ruhigen See wirfst und sich darin sofort kreisförmige Wellen bilden, die sich unendlich ausweiten, sich an den Ufern brechen und so bald die ganze Wasseroberfläche mit Wellen durchziehen. Genauso ist es mit deinen Gedanken auch.«

Bei allen Übungen gibt es hin und wieder Rückschläge, oder man sucht nach neuen Methoden, wie man noch besser üben könnte. Alles, was man braucht, ist Geduld und Beharrlichkeit. Laufen oder sprechen konnten wir auch nicht an einem Tag!

Wenn man die Gedankenstille sehr gut beherrscht, wird man bemerken, daß immer öfter Bilder vor den geschlossenen Augen entstehen. Dann kann man schon einmal mit einer Frage oder mit Problemen, die man selber nicht lösen kann, in diese Gedankenstille bzw. Meditation hineingehen.

»Klopfet an und euch wird aufgetan« steht schon in der Bibel. Ihr werdet Antworten bekommen!

Eigenarbeit

Man kann z. B. einen Kraftort reinigen und von seinen Belastungen befreien. Das ist dann reine Energiearbeit. In diesen Bereich fallen alle Erd-, Stein-, Quell-, Wasser- und Pflanzenheilungen sowie Reinigungen, die dauerhaft wirken sollen. Um aber andere heilen und reinigen zu können, mußt du dich zuerst selber reinigen und heilen. Dazu gehört in erster Linie die Veredelung des eigenen Charakters und der eigenen Seele. Um z. B. eine Erdheilung oder Kraftortreinigung erfolgreich und dauerhaft durchzuführen, reicht guter Wille allein leider nicht aus! Lange Erfahrung mit Energien ist eine Bedingung, und das Wichtigste, wie eben schon angedeutet, ist die eigene innere Reinheit und Lauterkeit. Wenn du reine Energien aufnimmst und sie irgendwo, z. B. an einem Kraftort, konzentrieren möchtest, mußt du selber ganz rein sein. Ein Beispiel: Wenn sauberes, klares Wasser (reine Energie) in ein auch nur etwas schmutziges Glas (Energiearbeiter/in) gefüllt wird, wird das Wasser, wenn es im Glas ist, auch verschmutzt. Da reicht bereits etwas Staub im Glas aus, schon ist das Wasser nicht mehr ganz klar.

Um sich innerlich zu säubern, ist leider jahrelange, kontinuierliche Arbeit an sich selber Voraussetzung.

Wer eine Treppe hinaufwill, muß mit der untersten Stufe anfangen. Blaise Pascal

In der heutigen eiligen Zeit haben die Menschen anscheinend das Warten verlernt, sie wollen alles und sofort. Aber mit Rückfällen und Umwegen ist gerade bei der Eigenarbeit zu rechnen! Es reicht kein Wochenendseminar über »Wie reinige ich mich selbst« oder »Wie werde ich ein/e Licht-/Energiearbeiter/in«. Eiserner Wille, Loslassen des Ego, Geduld, Gedankenkontrolle und Beherrschung sind einige der wichtigsten Charaktereigenschaften, die nicht nur mit dem Kopf begriffen werden können, sondern bis ins Herz dringen müssen, es muß sogar unser ganzes innerstes Selbst damit durchdrungen sein!

Voraussetzung für eine saubere Energieübermittlung sind ein natürlicher, maßvoller Lebenswandel, Gedankenkontrolle und die Beherrschung unserer Leidenschaften und Triebe. Hüte sich jeder vor Eifersucht, Gefräßigkeit, Launenhaftigkeit, Jähzorn, Trägheit, Leidenschaft, Unmäßigkeit, Bequemlichkeit, Geiz, Klatschsucht, Unehrlichkeit, Kleinlichkeit, Beleidigtsein, Tratschsucht, Gleichgültigkeit, Ungerechtigkeit, Gewissenlosigkeit, Sturheit, Rücksichtslosigkeit und Unnachgiebigkeit. Außerdem sollte man nichtssagende Gesellschaften meiden, es sei denn, man hat dort beruflich zu tun oder muß dort eine Lichtarbeit machen. Weitere äußerst wichtige Charaktereigenschaften sind die Geduld und das Schweigen!

Wir haben nicht umsonst zwei Ohren und nur einen Mund. Wir sollen mehr zuhören und weniger reden! Zeno

Wir sehen an dieser kleinen Aufstellung, daß jeder erst wahrscheinlich einige Jahre, wenn nicht gar Leben, damit beschäftigt sein kann, sich zu einem sauberen Gefäß zu machen. Nur dann kann man sicher sein, die kristallklare kosmisch göttliche Energie auch so rein, wie man sie bekommt, wieder abzugeben. Wenn du an einem Kraftplatz meditativ und in völliger Gedankenstille auf die Eingebungen des Geistes des Ortes wartest, mußt du sicher sein, daß kein bißchen von deinen eigenen Gedanken und Gefühlen oder gar irgendwelche Fernseh- oder Filmbilder mit übermittelt werden. Darum ist es so wichtig, die Gedankenkontrolle zu beherrschen und einen reinen Lebenswandel zu führen! Die eigenen inneren Gespräche müssen ganz ausgeschaltet werden können (siehe 16. Übung, »Gedankenstille«, Seite 117).

Wie eine Stecknadel im Heuhaufen muß man solche Menschen suchen, die sich dieser Mühen unterziehen. Wenn du Kurse, Seminare oder Erdheilungen mitmachst, dann achte vordergründig nicht auf die Worte, die gesprochen werden, sondern schau, wie das Leben des Vortragenden aussieht. Beobachte wachsam, wie er oder sie sich selbst schon gereinigt hat. Sei mißtrauisch bei großen Gesten und vielen Worten, sie sind meistens Kopfgeburten und kommen nicht direkt aus dem Herzen. Die, die wissen, reden wenig und arbeiten meistens in aller Stille. Es sind sicher viele gute Erdheiler am Werk, von denen man nie etwas hört und selten etwas sieht.

Es gibt nichts, was du tun kannst, das du nicht in der Stille noch besser tun könntest! Denn am Baum des Schweigens hängt seine Frucht – Friede! Arabische Spruchweisheit

Heute ist es eine wahrhaft riesengroße Aufgabe, unsere Erde zu heilen, weil auf einen ernsthaften Heiler mindestens eine Handvoll Menschen kommen, die gewissenlos und zerstörerisch mit ihr umgehen. Es haben schon einige ernsthafte Erdheilungen stattgefunden, und unsere Erde ist doch noch nicht viel gesünder. Außerdem höre ich in esoterischen Kreisen seit einigen Jahren, daß sich die Schwingung auf unserem Planeten erhöht haben soll. Was soll man davon halten?

»*Es geht aufwärts*«, *sprach der Spatz, als ihn die Katze die Treppe herauftrug.* Deutsche Spruchweisheit

Ich beobachte durchaus einige positive Dinge oder Denkanstöße, aber sie werden auch von vielen negativen Begebenheiten wieder aufgelöst. Vielleicht bemerken nur einige Auserwählte die hohen Schwingungen? Aber wie setzen sie das ins tägliche Leben um? Fangen wir beim Umweltschutz an. Schau dir an, wie er in der Praxis aussieht. Wer sammelt gewissenhaft im Haushalt den Müll und trennt die Materialien? Unseren Kindern und Jugendlichen steht das alles anscheinend schon bis zum Hals. Stell dich z. B. mal an eine Schule oder Berufsschule. Zu Anschauungszwecken habe ich genau das getan. In den Pausen fliegen u. a. Getränkedosen in die Natur, obwohl überall Abfallkörbe stehen. Was geschieht, wenn diese Jugendlichen erwachsen sind und selber Kinder haben?

Bei der Geburt kommt jedes Kind auf die Erde mit der Botschaft, daß Gott den Glauben an die Menschheit noch nicht verloren hat. Indische Spruchweisheit

Ich habe Kinder auch immer als Hoffnungsträger gesehen. Aber wenn ihnen keiner mehr die wahren Werte zeigt und sie lehrt, sondern nur ihre intellektuelle Seite gefördert wird, wie sollen sie Naturverbundenheit, Rücksichtnahme, Geduld, Hilfsbereitschaft, Liebe, Hingabe, Mitleid usw. lernen? Gerade die jungen Menschen müssen sich wieder auf den Herzensweg begeben! Natürlich im Gleichgewicht mit den intellektuellen Fähigkeiten. Herz/Gefühl und Geist/Verstand müssen sich die Waage halten, sonst fördert man die Extreme. Gerade Frauen haben hier wieder einmal die größere Verantwortung, weil sie die Lebensschöpferinnen und -erhalterinnen sind. Auch sie müssen sich wieder auf ihre wahren weiblichen Werte besinnen und vielleicht ihren Kindern mehr Zeit widmen, mehr Herz zeigen und sie in diesem Sinne führen! Das wird dann positive Auswirkungen für alle haben. In der Schule wird der Geist geschult, und zu Hause muß der Herzens-/Gefühlsweg gezeigt und vorgelebt werden. Viele der Kinder verwahrlosen gefühlsmäßig. Die

Auswirkungen kann jeder sehen: allgemeine Verrohung, viel zuviel Fernsehkonsum, keine Hilfsbereitschaft, übersteigerter Egoismus, Gewaltbereitschaft und Gefühllosigkeit.

Wer als Junge ein Vogelnest zerstört, der brennt im Alter Dörfer nieder. Schwedische Spruchweisheit

Das hört sich sehr hart an, aber ein Körnchen Wahrheit an diesem Spruch reicht schon. Darum müssen unsere Kinder wieder den liebe-, respekt-, und verantwortungsvollen Umgang mit der Natur und den Mitmenschen lernen! Bei uns in Deutschland gibt es auch eine Spruchweisheit mit ähnlichem Sinn, aber sanfter ausgedrückt: »Was Hänschen nicht lernt, lernt Hans nimmermehr.« Auch die Bereitschaft, miteinander zu reden, schrumpft. Dafür hängen viele lieber vor der viereckigen Fernsehmaschine herum. Das ist viel einfacher und außerdem bequemer. Hat niemand Angst vor der einseitigen und immer gleichbleibenden eckigen Sichtweise? Es gibt nicht mehr viele echte Vorbilder, nur noch Fernseh- oder Filmhelden, die Konflikte meistens mit den Fäusten lösen. Die heutige moderne Musik heizt größtenteils an, statt zu besänftigen, zu beruhigen oder in die schönen, inspirierenden Sphären zu entführen! Die jetzigen Musikhelden grölen davon, wie schlimm schon alles auf unserer Erde ist, und kommen mit solchen Songs auch noch in die Charts (englische oder amerikanische Hitparade). Aber wird eine Lösung und Hilfe angeboten? Oder ist mal wieder der eigene Ruhm wichtiger?

»Ist das cool!« Wer hat nicht schon häufig bei Kindern und Jugendlichen diesen anerkennenden Ausruf gehört. Aber Coolsein erzeugt menschliche Kälte. Ist das denn heute erstrebenswert? Die schlimmsten Videofilme muß man ohne eine Regung aushalten, dann ist man cool. Das wird bewundert und anerkannt. Coolsein ist Gefühlskälte. Keiner darf mehr vor Rührung weinen. Das ist total uncool – und wer will das schon sein? Wir müssen mehr mit unseren Kindern sprechen und wieder wahre menschliche Werte und Liebe vermitteln.

Denn wir können nur beim Nachwuchs ansetzen, um dauerhaft

etwas zu verbessern! Dazu sollten sich Frauen ganz bewußt für oder gegen Kinder entscheiden. Wenn »ja« gesagt wird zum Kind, muß man sich auch darum kümmern und diese wahrhaft große Aufgabe ernsthaft ausführen. Außerdem haben Eltern eine starke Vorbildfunktion und sollten das auch erkennen! Dabei ist der Weg des Gefühls- und des reinen Lebenswandels wieder aufzuzeigen und zu leben. Gerade unsere Kinder brauchen wieder einen Lebenssinn! Es nützt uns gar nichts, wenn die Kinder und Jugendlichen ab und zu mit liebevollen Gedanken umhüllt werden, wenn einige dann wieder Alkohol oder Gewaltvideos konsumieren oder Helden nacheifern, die sie im Fernsehen bewundern.

Daran kann jeder erkennen, daß der Alltag von Grund auf geändert werden muß, besonders auch bei Menschen, die die Aufgabe übernommen haben, Eltern zu sein. Gerade wenn man telefonieren möchte, Besuch bekommt oder langweilige Regentage die Kinder unruhig und zappelig werden lassen, ist es äußerst bequem, sie schnell vor dem Fernseher ruhigzustellen. Ist nicht der Fernseher mit seinen bunten Bildern ein magischer Spiegel, aus dem schon nachmittags zur Kinderstunde der Geist des Dämons in die Seelen der Kinder springt? Abends sitzt dann der Alp auf den Kinderbetten. Wie sollen sie das verkraften? Sie müssen ja ständig in Verteidigung – besser noch in Angriffstellung gehen. Kinder brauchen wieder unsere Zeit, unser Gespräch, unsere Spiele und unser gemeinsames Leben der Gefühle!

Im Moment ist ein Ungleichgewicht da, in der Schule wird z.B. der Verstand geschult und das Gefühl verkümmert. Welche Kinder wachsen naturverbunden mit natürlicher Anleitung auf? Auch Kinder können schon sehen, wenn z.B. Bäume krank sind. Sie können ein Gefühl entwickeln für Naturwesenheiten und gezeigt bekommen, wie man sie wahrnimmt und ihnen helfen kann. Wir sollten das Gute der Lebensweise und der Spiritualität der Naturvölker in unseren Kulturkreis bringen und in unser Leben einbauen – zu unserem eigenen Besten und zum Wohle unserer Kinder! In Afrika wird beispielsweise jeden Morgen die Sonne mit einem bestimmten Ritual begrüßt. Dadurch wird die Achtung vor diesem Lebensspender ausgedrückt. Überlege: Was wäre ohne Sonne? Wovor haben wir, unsere Kinder und Jugendlichen noch Achtung? Zudem sollten unsere Kinder lernen, daß alle Menschen miteinander verbunden sind, darüber hinaus auch mit den Tieren, mit der Natur und sogar mit dem Kosmos! Der Egoweg führt in zerstörerische Selbstsucht.

Von den Kindern nun zur Natur. In unseren Wäldern und an den Straßenrändern habe ich gerade in diesem Sommer zahlreiche Bäume beobachten müssen, die ihre Rinde von sich warfen. Sie fühlen sich nicht mehr wohl in ihrer Haut! In letzter Zeit häufen sich die Meldungen von Naturkatastrophen, die Erde schüttelt sich! Warum wohl?

Es wäre gut, viel mehr Baum- und Erdheilungen und mehr Wasser- und Luftheilungen oft und in regelmäßigen Abständen durchzuführen. Einzelne Heilungen bewirken zwar etwas, können aber die immer neuen Angriffe auf das Immunsystem der Welt nicht dauerhaft abwehren. Wie viele Baum-, Erd-, Wasser- und Luftheilungen müssen zelebriert werden, um einen einzigen Atomversuch auszugleichen? Obwohl sich Tausende von Menschen gegen diese Versuche wehren, warum werden sie nicht gestoppt? Wer oder was steckt wirklich dahinter? Es sieht so aus, als ob sich die Verantwortlichen (wer sind sie überhaupt?) sagen: »Na ja, da regen sich ein paar Leute auf, sie werden sich auch wieder abregen, und im Handumdrehen ist alles wieder vergessen. Wir lassen die Medien nach jedem Versuch weniger Informationen herausgeben, dann gehen die Leute auch schneller wieder ihrem normalen Tagesablauf nach. In kurzen Worten und Zeilen in der Presse werden wir der Masse noch erzählen, wir würden von den geplanten acht Versuchen nur noch winzige sechs Versuche ausführen. Dann sind viele erst einmal beruhigt, und keiner braucht zu wissen, daß sowieso nur sechs Versuche geplant waren. So haben wir gemacht, was wir immer wollten, und einige Leute, die dagegen protestierten, denken, sie hätten etwas erreicht. Wir versprechen, daß wir nach den Versuchen ein Abkommen unterzeichnen für den Stop aller Atomversuche. Dann sind doch die meisten Menschen schon beruhigt.« Bald wird sich kaum einer mehr an die Atomversuche erinnern. Fühlt sich eine gegebenenfalls neue Regierung auch an dieses Atomstop-Abkommen gebunden? Wie viele Versprechen sind Versprecher? Denke darüber nach. Werde wach, kritisch und unbequem! Prüfe nach, was nachzuprüfen ist, sei aufmerksam und hinterfrage öfter als bisher die Geschehnisse. Lockere deine festgefahrenen Denkmuster!

Wenn du Gutes tust, vollbringe es in Stille, Marktschreier haben wir schon genug. Lebe wieder naturverbunden. Auch in einer Großstadt gibt es Menschen und Natur, die Zuwendung oder Heilung suchen. Verteile deine Sympathie und Liebe an alle Lebewesen, jeden Tag ohne viel Brimborium! Reinige dich, um andere Lebewesen zu reinigen und ihnen zu helfen. Liebe alles Lebende, und du wirst wiedergeliebt.

»Was ihr einem der geringsten meiner Brüder getan habt, das habt ihr mir getan«, sagte vor langer Zeit schon ein Mensch namens Jesus. (Mattäus 25, 40)

Ich brauchte viele Jahre, um das ein bißchen zu verinnerlichen und mit dem Herzen zu verstehen.

Hoffnung war für mich auch einmal die Verbreitung der Esoterik. In letzter Zeit bin ich oft traurig, wenn ich das fehlende Miteinander der Menschen, die sich mit esoterischen Themen beschäftigen, sehe. Viele Menschen meinen, schon der Weisheit letzten Schluß gefunden zu haben. Es ist erstaunlich, wie viele, ohne selbst an sich gearbeitet zu haben, den Stein der Weisen in der Tasche haben. Aber sie alle zeigen ihren Mitmenschen den Stein nur, um zu demonstrieren, wie weit und weise sie schon sind. Keiner von ihnen verschenkt den Stein, noch nicht mal ein klitzekleines Stückchen!

Wir müssen unbedingt wieder offen und vertrauensvoll miteinander umgehen und nicht eifersüchtig über unserem bißchen Wissen hocken und es horten. Wissen muß verteilt werden! Wenn man sich mit anderen austauscht, haben alle die Möglichkeit, mit- und voneinander und somit auch schneller zu lernen! Nur wenn sich viele, viele auf den Weg begeben zu mehr Mitmenschlichkeit, Güte, Anteilnahme, Verständnis, Vertrauen und unegoistischer Liebe, können immer mehr auch zufrieden und glücklich leben! Wenn man Wissen und Erkenntnis vorlebt und weitergibt und von zehn Menschen ändert »nur« ein einziger sein Leben in diesem Sinne, dann ist doch schon viel erreicht. Der Einsatz der Eigenarbeit wird versüßt durch den Weg zum Ziel, welches man für sich immer mehr erkennt.

Eines Tages wird dann die Knospe des unendlichen Verstehens aufblühen und sich entfalten, und du darfst dich darüber begeistert freuen. Nach der wunderbaren Blütezeit wirst du ernten dürfen, wenn du die Pflanze des Verstehens sorgsam gehütet und gepflegt hast. Die Ernte wird so reichhaltig sein, daß viel davon verschenkt werden kann!

Eines Tages wird als Lohn der Arbeit der Feuerfunke der universellen Liebe aus unergründlichen Tiefen aufflackern. Der Funke wird zu einer großen, leuchtenden Flamme, dann zu einem lodernden Feuer, das alle Wesen wärmt. Dieses Feuer der Liebe versprüht wieder unglaublich viele Funken, und in den Menschen, die bereit sind und tief im eigenen Inneren die Feuerstelle bereitet haben, wird sich der kleine Funke niederlassen können und eine hell brennende Flamme entzünden. Bei den Menschen, die sich nie durch Eigenarbeit bereitgemacht haben, wird der Funke noch etwas glimmen, vielleicht auch noch einmal aufflackern. Weil er keine Nahrung bekommt, wird er dann verlöschen müssen.

Liebe ist der kürzeste Weg zu sich selbst und anderen Menschen. Joseph Hormitz

Durch Macht kann ein Mensch vielleicht imponieren, wertvoll wird er aber erst durch die Liebe. Asiatische Spruchweisheit

Eines Tages wirst du erkennen, daß unser Ego gar nicht so wichtig ist, und kannst über seine Spielchen lachen. Du mußt dich nicht mehr so ernst nehmen und kannst mit Gelassenheit auf dich und mit Freude auf die vielen anderen Dinge des Lebens schauen. Aus den unermeßlichen Weiten des Ozeans der Freude wird dich ein Tropfen des perlenden, befreienden Lachens erreichen. Der Tropfen wird zu einer Lache, zu einem Rinnsal, zu einem Graben, Bach,

Fluß, Strom, See und zu einem unendlichen, alles aufnehmenden Meer. Das Meer besteht aus unzähligen Freudentropfen, die du wieder in die Herzen der Mitmenschen hineinlachen kannst!

Eines Tages wird dich die zarte Brise des Windes aus den noch unerforschten, unbekannten Dimensionen der Himmelsrichtungen umwehen. Die Brise wird zum sanften Wind der Klarheit, zum Sturm des Durchdringens und zum Hurrikan der Erfahrung. Dann weißt du mit der orkanartigen Macht der Erkenntnis um die Zusammenhänge unseres Daseins.

Du mußt nur den Teppich der Geduld über den Boden der Erwartung legen und dich durch Arbeit an dir selbst bereitmachen für Verstehen, Liebe, Freude und Erkenntnis. Wenn du erst selber aktiv wirst, wird dir die göttliche oder kosmische Führung und Fügung zuteil.

Gott gibt den Plan des Lebens, aber bauen muß man sein Haus selber.   Hubert Kainz

Erleuchtung

Eines Nachts werde ich geweckt von einer lauten Stimme, die da ruft: »Aufstehen!! Zieh dich an, und geh nach draußen!« Verwundert schaue ich erst einmal auf die Uhr: Es ist 3 Uhr morgens! Nun kann ich aufgeregte Stimmen hören und schaue aus meinem Fenster. Viele Leute laufen vor meinem Haus in der Nacht herum wie in einem Schattenspiel. Schnell ziehe ich mich an und gehe neugierig nach draußen in die Dunkelheit. Nur eine schmale Mondsichel spendet etwas fahles Licht. Die ganze Straße ist voller Menschen! Ich frage eine Nachbarin: »Was ist denn los? Warum rennen alle zu dieser Zeit hier herum?« Sie schaut mich an, deutet mit ihrem Finger die Straße herunter und sagt: »Die ganze Stadt ist auf den Beinen, alle haben eine Stimme gehört, die ›Aufstehen‹ gerufen hat. Hast du sie nicht auch gehört?« »Oh ja, aber im ersten Augenblick dachte ich an einen Traum«, erwidere ich.

Wir stehen noch etwas unschlüssig herum, wie lange, kann ich

nicht sagen, denn meine Uhr habe ich in meinem Zimmer vergessen, aber am Horizont erscheint schon ein hellgrauer Streifen Tageslicht. Plötzlich wird ein Stückchen des Himmels ganz hell! Diese Helligkeit nimmt immer mehr zu, und ein greller, gebündelter Lichtstrahl schießt daraus hervor und zur Erde herunter. »Außerirdische?« überlege ich. Das Ende des Lichtstrahles befindet sich in der letzten Kurve unserer Straße, und alle rennen aufgeregt los. Panik! Unglaublich viele Menschen hasten und eilen, teilweise ziemlich rücksichtslos, zur Straßenkurve. Jeder will der erste sein! Einige Kinder schreien, werden zur Seite gedrängt, manche fallen auf die Straße, und wieder andere weinen verlassen am Wegesrand. Keiner kümmert sich um sie. Der Himmelsstrahl ist nun zu erkennen als große leuchtende Treppe. Was ist bloß los? Ich fange einen kleinen, völlig verstörten Hund unbestimmbarer Rasse und rede beruhigend auf ihn ein. Zwecklos, er hüpft mir vom Arm und taucht blitzschnell in der Menschenmenge unter. Was hat das alles zu bedeuten?

Eine laute Stimme erschallt nun: »Lauft alle zur Treppe. Am obersten Ende wartet auf den Ersten von euch die Erleuchtung!« Irgendwie habe ich das Gefühl, die Stimme in meinem Kopf zu hören, aber das kann nicht sein, denn alle anderen laufen nun noch schneller und rücksichtsloser in die Richtung der Treppe. Also müssen alle die Stimme gehört haben. Das Getrappel der Füße singt einen gleichmäßigen Rhythmus: »Ich! Ich! Ich! Ich! Ich!!«

Entsetzt drehe ich mich um und will nur noch nach Hause und in mein Bett zurück. Plötzlich stehe ich auf halber Höhe mitten auf der hellstrahlenden Treppe. »Merkwürdig«, denke ich, »wie bin ich denn hier hingekommen?« Von meinem Standort habe ich einen sehr guten Überblick und sehe am Horizont nun ein herrliches Farbenspiel. Die Sonne geht auf, und gebannt schaue ich in die violette, gelbe, orangene, rote, türkise und blaue Pracht. Neben mir hasten und keuchen die Menschen zur Erleuchtung. Eine junge Frau halte ich am Arm fest, deute auf den Sonnenaufgang und sage: »Schau doch mal, welch wunderschöne Farben.« Sie reißt sich los und schreit mich an: »Was fällt dir ein? Ich will erleuchtet werden und muß zuerst oben an der Treppe sein! Bleib du bloß *hier stehen, und laß mich in Ruhe mit dem Kram.« Weg ist sie! Gedankenschnell stehe ich auf einmal ganz oben auf der Treppe, eine Stufe trennt mich noch von der Erleuchtung. Wie eigenartig, alles bewegt sich plötzlich im Zeitlupentempo, und für einen Moment steht alles still, wie erstarrt. Zwei Stufen unter mir schaut mich ein Mann mittleren Alters bittend an. Er hat seine sehnsuchtsvollen Augen auf mich gerichtet und sagt mit leiser, klarer Stimme: »Nun bin ich doch zu spät gekommen. Mehr als alles andere auf der Welt wünsche ich mir Erleuchtung.«*

Nach einem Sekundenbruchteil des Zögerns reiche ich ihm meine Hand, ziehe ihn die Stufen hinauf bis zu mir und schiebe ihn dann auf die oberste Treppenstufe, wo die Erleuchtung auf ihn wartet. Ein greller Blitz macht ihn unsichtbar für mich.

Langsam steige ich die Stufen wieder hinab. Wo sind die anderen Menschen? Ich bin ganz allein, und beim Abwärtsgehen betrachte ich aufmerksam die Treppe. Woraus ist sie gemacht? Mit meiner Hand streiche ich einmal leicht darüber. Sie ist fest, warm und scheint von innen heraus zu leuchten. Es ist kein Material, das mir bekannt ist. Während ich noch mit meinen Augen auf die Stufen schaue und über alles nachdenke, was in diesen Morgenstunden geschehen ist, bin ich auch schon am Ende der Treppe angelangt. Ich hebe meinen Blick, und direkt vor mir steht ein Mensch mit unnatürlich leuchtenden Augen. Er ist mit einer weißen Hose und einem violetten Pullover bekleidet und spricht mich nun an: »Warum hast du dir nicht selber die Erleuchtung geholt?« »Ach«, antworte ich, »es blieb mir keine Zeit, darüber nachzudenken, und so habe ich rein gefühlsmäßig gehandelt, aber es ist schön, jemanden glücklich zu machen.« Irgendwie fühle ich mich mit dem Mann verbunden, und seine offensichtliche Erleuchtung ist eigenartigerweise auch meine. »Wir Menschen müssen einander wieder vertrauen und uns gegenseitig helfen. Wenn ich in meinem Leben zwei oder drei Menschen zur Erleuchtung verhelfen kann, ist das mehr wert, als wenn ich alleine dahin komme.« »Du hast recht«, entgegnet er, »ich wünschte mir, so würden alle Menschen empfinden. Ich bin nämlich der Mann, dem du geholfen hast, und ich weiß nun um die Dinge Bescheid. Darum bin ich wieder hier und möchte meinen Mitmenschen helfen.« Wir versenken unsere Blicke unendlich tief ineinander, und ein Strahl von Liebe, Verstehen und Verbunderheit zieht in mein Herz: Wir sollen alle miteinander leben in Güte, Zuneigung und Wahrheit und dadurch unsere Schwingung erhöhen. Das ist unsere Erleuchtung!

Einweihung

Heute wird so viel von Einweihung gesprochen. Einweihung in was? Viele suchende Menschen werden gefangen durch die Zauberworte Erleuchtung und Einweihung. Glauben sie wirklich, daß sie ohne jahrelange Arbeit an sich selbst zu bekommen sind; womöglich gegen Geld oder in fünf bis zehn Wochenendseminaren?

Wenn dir jemand Erleuchtung und Einweihung verspricht, dann ist mehr denn je wache Aufmerksamkeit gefordert! Sei mißtrauisch bei allen Dingen, die mit dir im Geheimen geschehen sollen. Vorsicht ist geboten bei Zeichen, bei Symbolen, beim Buchstabenintonieren und bei Buchstabenzusammensetzungen, deren Bedeutungen dir unbekannt sind.

Einweihung findet stufenweise und im eigenen Inneren, in aller Stille statt. Ich meine damit die tiefe Seelenbefreiung, die strahlende und zugleich demütige seelische Erleuchtung und die seelische Einweihung in die universelle Liebe und die in sich ruhenden Seelenkräfte. Das kann dir niemand geben, schon gar nicht gegen Bezahlung. Das mußt du selbst erringen!

Verlaß dich auf dich selbst! Jeder Mensch hat seinen Verstand und sein Gefühl als Hilfe auf seinem Lebensweg und als Rüstzeug mitbekommen. Gebrauche sie! Kein anderer Mensch kann dir die Erleuchtung und die Einweihung, die deine Seele sucht, geben oder gar verkaufen! Andere können nur ihre eigenen Erfahrungen zeigen als möglichen Wegweiser. Aber jeder Mensch hat seinen eigenen, individuellen Weg zu gehen, im Alltag und an Sonn- und Feiertagen. Einweihungen können nur in äußeren Dingen von anderen Menschen gegeben werden. Ich kann dich z.B. 1. in die

Geheimnisse der Nahrungsmittelzubereitung einweihen oder 2. dir sagen, daß du in deinem Körper Energiezentren hast und wie du sie spüren kannst. Aber 1. kochen und essen und 2. fühlen und innerlich erfahren mußt und kannst du es nur selber. Denn ein theoretisches Gerüst ersetzt nicht Reife und Erfahrungen. Keine noch so klug ausgedachten Zeichen und Symbole öffnen unbeschadet irgendwelche Kanäle, ohne langjährige vorbereitende Eigenarbeit. Hüte dich vor Einbildung und Selbstüberschätzung!

Oft wird auch in Seminaren ein Öffnen der Energiezentren versprochen. Dabei sind die den Chakren zugeordneten Farben heute hinreichend bekannt, aber auch die Formen? Wenn bei einem Menschen, ohne daß von ihm ein bestimmter Reifegrad erreicht wurde, wodurch sich die Formen der Chakren bilden, ein Energiezentrum geöffnet wird, liegt die Gefahr sehr nahe, in eine der unendlichen Illusionsebenen zu gelangen und sich in ihr zu verlieren. Mit Geduld und Eigenarbeit nehmen die Chakren ihre bestimmte Farbe, Form, Drehung und Geschwindigkeit von selber an. Erst wenn dann alles schön stimmig ist, können sie sich auch gefahrlos öffnen.

Wir sind sowieso nie von der göttlichen Energie abgeschnitten, sonst könnten wir gar nicht leben. Wenn wir in **allem** den göttlichen Funken sehen und erst freundlich, dann liebevoll an alle Wesen denken und sie so behandeln, dann ist der wichtigste Kanal in uns schon geöffnet. Das können wir ganz alleine in der Stille tun. Dafür müssen wir kein Geld bezahlen oder uns von anderen Menschen einweihen lassen.

Sei auch vorsichtig, wenn dir jemand seine angebliche Heilenergie ungefragt anbietet. Schau, wie dieser Mensch sein Leben lebt, ob er ein sauberes Gefäß ist. Heilung darf nur gegeben werden, wenn darum gebeten wird und wenn die Energie sauber bleibt. Jeder kann selber um göttliche Heilenergie bitten. Wenn man wirklich einmal Hilfe von außen braucht, gibt es aber auch sehr gute Heiler/innen, die zum Segen der Menschheit wirken. Sie sind an ihrer Selbstlosigkeit und ihrem Wirken in aller Stille zu erkennen.

Wenn du Erleuchtung und Einweihung suchst, kannst du nur über den langen, steinigen und manchmal dornigen Weg deiner eigenen Veredelung gehen. Dann fällt dir eines Tages durch Menschen, Tiere, Bäume, Pflanzen, Steine, Bücher, Krankheit oder andere Erfahrungen Hilfe zu. Jeder andere Mensch kann dir Wege zeigen, deinen eigenen Weg suchen und gehen kannst du nur alleine. Auch kann niemand Kanäle öffnen, die nicht geöffnet werden sollen, aber du kannst dich durch Eigenarbeit und viel Geduld zu einem sauberen Gefäß machen. Dann werden sich eines Tages wie von selbst innere Türen und Kanäle öffnen. Das ist ein Gefühl, als wenn zwei spirituelle Nervenbahnen, die mit unterschiedlicher Geschwindigkeit nebeneinander herlaufen, plötzlich gleichgeschaltet sind. Sie bewegen sich in völliger Synchronität und Harmonie, gleichmäßig aufeinander abgestimmt, auf einem gemeinsamen Weg. Je mehr du an dir arbeitest und das Erkannte in dein Leben einbaust und umsetzt, desto mehr solcher Bahnen laufen in innerem Frieden dahin. Das macht sich durch echte, liebevolle Ausgeglichenheit bemerkbar und durch – je nach Veranlagung – stillen oder temperamentvollen Frieden, den diese Menschen ausstrahlen. Wenn du dich auf diesen Weg begibt, kannst du manchmal schon in der Meditation diesen friedvollen Zustand der liebevollen Ausgeglichenheit erfahren. Das Umschalten fühlt sich bei mir an wie eine Buchseite, die in meinem Kopf umgeblättert wird. Sofort ist alles in Harmonie und Frieden. Dieses Gefühl integrierst du stückchenweise ins alltägliche Leben. Dadurch, daß du dann vieles ruhiger, genauer und einfach anders wahrnimmst, werden andere Gedanken, Träume und Sichtweisen wach.

Auch das Erinnerungsvermögen ändert sich, wird größer und ganz allmählich umfassender. Es treten zuerst ganz langsam und behutsam – du bemerkst es kaum – Rückerinnerungen auf, an die Kindheit, an längst vergessene Menschen, Begegnungen und Begebenheiten. Mit deiner veränderten Sichtweise durchlebst du in Gedanken und Gefühlen diese Erinnerungen noch einmal und kannst sie dann in ein anderes Licht rücken, wenn es nötig ist. Sie bekommen für dich so eine andere, logischere oder hilfreiche Bedeutung, und sie vervollständigen dein persönliches Mosaikbild. Schon hat eine wichtige, fast unmerklich geschehene Einweihung in deine eigene Erinnerung stattgefunden! Dadurch schöpfst du für dich neues Wissen und Erfahrung, und dein Leben wird noch reichhaltiger, bunter, liebenswerter und schöner. Die Absicht hinter dem Schleier, der Sinn, warum alles so geschieht, wie es geschieht, wird klarer, und dein persönlicher Weg wird, wenn du genug Geduld hast, irgendwann leuchtend vor dir zu erkennen sein. Dann wird deine Aufgabe auf der Erde und damit der Sinn deines Lebens vom Nebel enthüllt. Durch dein Aufgeben starrer, vorprogrammierter Denk- und Fühlstrukturen und Modelle, erst in der Meditation, dann Zug um Zug in deinem Leben, erkennst du Zusammenhänge viel besser und klarer. Denke und erspüre selber aus deinem Inneren heraus! Fang an, deine Seele und dein Leben zu veredeln, dabei hilft dir Gott- und Selbstvertrauen, Uneigennützigkeit, Freundlichkeit, Humor, Geduld und Erkenntnis. Das alles kannst du dir alleine aneignen und erleben.

Dann wirst du durch individuelle höhere, göttliche Fügung und Führung, die immer da ist, ob du das bemerkst oder nicht, behutsam an immer weiterreichende Aufgaben in dir selbst herangeführt. Eine der wichtigsten Arbeiten an dir und deine vordringlichste Aufgabe ist der Ausgleich der Elemente. Wenn du das innere Feuer in dir, ohne das wir nicht existieren können, kontrolliert lebst, wenn du dich nicht von Einbildungen blenden läßt und beständig, aber kritisch lernst, wenn du scharfes, klares Denken umsetzt und wenn du liebevolle Gefühle für die gesamte Schöpfung ausstrahlst, dann hast du die Elemente Feuer, Wasser, Luft und Erde in dir in Einklang und Harmonie gebracht. Das dauert seine Zeit, aber Geduld hast du doch schon gelernt, oder? Wenn es damit noch nicht so gut klappt, kannst du immer wieder in der Meditation um Geduld bitten, sie ist so wichtig im Umgang mit anderen Menschen und auch mit uns selbst. Durchgelebte Geduld und im Ausgleich der Elemente werden wieder andere Kanäle in dir geöffnet, und das macht sich in einer veränderten Sicht- und Lebensweise bemerkbar.

Ausgleich der Elemente

Wir haben das tatkräftige, wärmende und das überhitzte, zerstörende Feuer des Temperamentes, die Beständigkeit und Starre der Erde, die Klarheit, Leichtigkeit und Schnelligkeit der Luft und das fließende, zerfließende und überflutende Wasser des Gefühls in uns. Das sollte erkannt und zum Ausgleich gebracht werden.

Wir können über das Feuer nachdenken und meditieren: Du stellst dir vor, wie dein Temperament manchmal überkocht und dir entgleitet. In solche Situationen kannst du schnell geraten durch Ärger, Wut, Ungeduld, Streitlust, Aggressivität usw. Denke und fühle dich da hinein, um diese Seite an dir kennenzulernen und anzunehmen. Dein Feuertemperament hat auch eine positive Seite. Du bist schnell entschlossen, begeisterungsfähig, mitreißend, mutig und sprühend. Jeder in deiner Nähe wird deine warme Ausstrahlung spüren, und deine Begeisterung läßt deine Augen funkeln. Mit Mut und Entschlossenheit packst du dein Leben an. Denke und fühle dich da tief hinein. Dir fallen sicher noch andere positive und negative Eigenschaften ein. Zügele dein wildes Feuer, und nimm dabei das Element Wasser zu Hilfe, z. B. lösche Ärger durch dein Gefühl für Verständnis aus.

Du denkst über das Erdelement in dir nach. Du hast Ruhe, Beständigkeit, Geduld, Standfestigkeit, Bedächtigkeit und Verantwortung in dir auf deiner positiven Seite. Wie ein Fels in der Brandung bist du der ruhende Pol im Whirlpool des Lebens, darüber solltest du meditieren. Auf der anderen Seite hast du aber auch die Starre, Schwerfälligkeit, Trägheit und Unbeweglichkeit in dir. Sie äußert sich vielleicht in einem langweiligen, gleichtönigen, keine Veränderungen zulassenden Leben. Mit Hilfe des Feuerelementes bringe Begeisterung und Temperament in dein innerstes Wesen. Mach es dir bewußt, und ändere langsam deine starren Gewohnheiten und die eingefahrenen Denk- und Fühlweisen. Mit »Stell deine inneren Lichter um«, hat Gustav Meyrink dies in seinem Buch *Das grüne Gesicht* sehr treffend ausgedrückt.

Das Luftelement bringt dir vielfältige Gedanken, ausgereifte

Formulierungen fallen dir ganz leicht und wie von selbst zu. Auch Zusammenhänge erkennst du in Windeseile. Entschluß- und Entscheidungskraft, Klarheit, Leichtigkeit und Lachen gehören ebenfalls zum Luftcharakter. Denke und fühle dich da hinein. Aber in der Luft liegt die Gefahr der verantwortungslosen, nicht einschätzbaren Leichtlebigkeit. Früher hatte man für diese Menschen die Bezeichnung: »Luftikus«. Denke darüber nach. Mit Hilfe des Elementes Erde kannst du mehr Beständigkeit und Verantwortung in dein Leben bringen. Geh dazu in die Meditation.

Das Wasserelement ist für unser Gefühlsleben zuständig. Du kennst an dir sicher das belebende, frische Gefühl der fließenden Klarheit oder das Hoch- und Zärtlichkeitsgefühl eines frisch Verliebten. Auch die zufriedene Freude eines freien Tages ohne alle Termine, kannst du dir sicher gut vorstellen. Du kennst das weiche, sanfte, gleitende und ausgleichende Gefühl der mütterlichen Liebe. Auch die Bescheidenheit, das Mitleid, das nicht zornig Aufbegehrende, die Ruhe und das Vertrauen gehören zur positiven Seite des Wassers. Meditiere darüber. Das Überschwemmende und Zerstörerische des Wassers dürfte dir ebenfalls nicht unbekannt sein. Es äußert sich u.a. in launischer, weinerlicher Stimmung, die dich überschwemmt, oder du fällst in traurige, wie ein Wasserstrudel herabziehende Depression. Mit dieser Seite des Wassers kannst du in Gleichgültigkeit und Traurigkeit fallen. Denke darüber nach. Mit Hilfe des Feuers der Begeisterung, seiner wärmenden Kraft und Handlungsfähigkeit kannst du aktiv werden. Auch der positive Aspekt der Luft eilt dir zu Hilfe, wenn du ihn rufst, indem er dir klar analysieren hilft. Wenn du dich von den weinerlichen Gefühlen ab- und zu den klaren Gedanken und der Unterscheidungskraft hinwendest, kannst du in dir etwas bewirken. Meditiere und denke darüber nach.

So müssen ständig die Elemente in uns ausgeglichen, harmonisiert und zum Zusammenspiel gebracht werden. Denn jedes Element hat seine positive, lebensfördernde und seine negative, lebenzerstörende Seite. Alles ruft nach Annahme und Ausgleich!

Ein Guru in Grün

Heute abend soll ein amerikanischer Guru mit Namen Swami V..., dessen Lehrer in Indien zu Hause ist, in unsere Kreisstadt kommen. Mit meiner Yogalehrerin, meinem Mann und meiner Freundin fahre ich gespannt und erwartungsvoll los. In einer Zeit mit wenig esoterischen Aktivitäten ist es fast eine Sensation, einen »richtigen« Guru zu Gesicht zu bekommen. Nachdem wir vor lauter Aufregung natürlich viel zu früh eintreffen, gelangen wir in einen größeren Raum und können noch in der ersten Reihe Platz nehmen. Dann treffen langsam einige Interessierte ein. Vor uns ist ein kleines Podest aufgebaut und mit einem weißen Tuch, Blumen und Kerzen geschmückt. Darauf nimmt nun der Guru Platz. Ich staune, so relativ jung hatte ich ihn mir nicht vorgestellt, sondern eher einen alten Mann mit vielleicht weißem, langen Bart erwartet. Er spricht natürlich amerikanisch, hat aber einen Übersetzer mitgebracht, begrüßt uns nun und erzählt von Indien und seinem Meister. Nun möchte er mit uns eine stille Meditation machen. Das finde ich angenehm, denn ich mag keine vollständig geführten Meditationen, da man dann den Vorstellungen der Sprecher hinterherläuft und keine Zeit hat für eigene Reisen und Bilder. Das Licht wird mit einem Dimmer reduziert, der Swami holt seine Sitar (ein indisches Musikinstrument) und sagt, daß wir nun die Augen schließen und uns für zehn Miunten auf seine Sitarklänge konzentrieren sollen.

Aus irgendeinem Grund lasse ich mich nicht auf die Meditation ein, sondern schaue durch den Vorhang meiner langen Haare auf den Guru. Im Raum ist es mucksmäuschenstill, ab und zu wird die Ruhe unterbrochen von Räuspern oder Hüsteln. Der Swami spielt sehr stimmungsvoll auf seinem Instrument. Den künstlerischen Wert kann ich sicher nicht richtig beurteilen. Zwischendurch macht er Pausen, damit alle das Spiel in sich nachklingen lassen können. Er schaut häufig auf seine dicke goldfarbene Armbanduhr, die dann wieder im Ärmel seines wallenden Gewandes verschwindet. Wir sitzen im Schummerlicht, und ich starre versonnen den Guru an, nun nicht mehr versteckt, sondern ganz offen. Da sehe ich plötzlich um seine sitzende Gestalt herum einen hellgrauen und darüber einen graugrünen Streifen. Was ist das denn? Ich bin überrascht, denke aber, das Dämmerlicht spiele mir einen Streich.

Nun ist der Guru fertig mit der Meditation, und das Licht wird langsam wieder voll aufgedreht. Ich starre ihn wieder an, und das seltsame Grün befindet sich immer noch um seinen Körper. Auch um den Kopf herum ist alles ganz grün, aber nicht hell leuchtend, es ist eher eine stumpfe, matte hellgraugrüne Farbe. Das sieht für mich so eigenartig aus, daß ich meinen Mann mit der Hand anstoße und frage: »Siehst du auch das merkwürdige Grün um den Swami? Ist das wohl seine Aura?« Mein Mann ist erstaunt und hat bis jetzt nichts Auffälliges bemerkt. Er schaut aber nun seinerseits intensiv den Guru an: »Es tut mir leid, aber ich kann es nicht sehen«, flüstert er mir zu. »Das gibt's doch nicht!« denke ich und beuge mich zur anderen Seite, um meine Freundin zu fragen. Da auch sie nichts von dem Grün sieht, mache ich mich mit dem Gedanken vertraut, daß nur ich die farbige Kontur des Gurus sehen kann. Bis zum Ende des Vortrages bin ich beschäftigt zu starren und darüber nachzudenken, was das wohl zu bedeuten hat. Vom Vortrag selbst bekomme ich so gut wie gar nichts mehr mit.

Zum Schluß kommt nun die Werbung für des Gurus Lehrer; es wird ein angeblich einmaliges, günstiges Angebot zu einer Reise nach Indien zu seinem Meister angeboten. Auch Fotos kann man nun ansehen von Indien. Auf einem Bild ist ein sympathischer alter Mann mit weißem Bart abgebildet. Weiß er wohl, was hier veranstaltet wird?

Wir fahren nach Hause, und im Auto reden wir über diesen Abend. Die anderen sind etwas enttäuscht, daß es mehr oder weniger nur eine Werbeveranstaltung war. Ich bin wach und aufgeregt. Kann ich nun die Aura sehen? Am nächsten Tag bestellen mein Mann und ich uns ein Buch über die Aura. Als wir es nach einigen Tagen bekommen, schaue ich sofort bei der Farbe graugrün nach. Ich lese: Schlauheit, Verrat und Betrug! Wie schade.

Seitdem kann ich die Aura sehen, wenn ich das will. Aber ich benutze meine Fähigkeit nur, wenn ich abschätzen muß, ob ein Mensch es ehrlich mit mir meint oder nicht. Auch wenn ich darum gebeten werde, z. B. um Krankheiten zu erkennen, lasse ich mich nur manchmal darauf ein.

Verantwortung und Aura

Bei aller spirituellen Betätigung mit Menschen, Tieren und Pflanzen, sollte man sich der hohen eigenen Verantwortung bewußt sein. Ein kosmisches Gesetz muß unbedingt beachtet werden: Alles, was ich tue, auch was ich denke, fällt wieder auf mich selbst zurück!

Heilenergie und Wärmeübertragung von mir zu einem anderen Menschen oder zu einem anderen Wesen setzen einen gewissen eigenen Reinigungsgrad voraus, wie im Kapitel »Eigenarbeit« beschrieben. Zusätzlich ist noch der Weitblick des Übertragenden gefragt, um abzusehen, ob es dem anderen Wesen förderlich ist, wenn man energetisch eingreift. Ist man sich nicht sicher, sollte man in einem Zweifelsfall lieber davon absehen. Mit einer Fragemeditation, wie in der 19. Übung, »Wasserklarheit!« (Seite 191) beschrieben, kann man versuchen, die Zweifel zu durchleuchten.

Auch sind Vorsicht und Verantwortung geboten bei Wünschen für sich und andere, denn sie könnten in Erfüllung gehen: aber nicht immer so, wie sich das der Wünschende gedacht hat. Die Folgen der eingetroffenen Wünsche müssen nicht immer im Sinne des Wünschenden sein. Verantwortung, Weitblick und Erfahrung sollten deshalb gut und mit Geduld ausgebildet werden. Große Verantwortung muß man auch walten lassen, wenn man sich mit dem – in esoterischen Kreisen so beliebten – Aurasehen beschäftigt.

Aura nennt man die Energie oder Schwingung um unseren irdischen Körper. Diese feinstoffliche Ausstrahlung kann auch nur Teile einer Person umgeben. Schon schwach Hellsichtige können diese feinstoffliche Hülle sehen. Aber das Aurasehen bei anderen

Menschen ist schon fast ein intimer Akt. Folglich sollte man es nur auf ausdrückliche Bitte hin oder Notwendigkeit bei anderen anwenden! Hier ist übergroße Verantwortung in der Beurteilung der Notwendigkeit angemessen. Man vergesse niemals die Intimsphäre eines jeden Wesens. Wenn man sich die Aura eines anderen Menschen ansieht, bekommt man dadurch, daß man die Veränderungen der Farben und Formen sieht, Einblicke in sein Charakter-, Seelen- oder Krankheitsbild. Deshalb muß dann auch das Aurasehen mit viel Fingerspitzengefühl und hohem Ethikempfinden einhergehen. Man sollte immer bedenken, daß alles, was man an Gedanken und Motivation ausstrahlt, zu jedem Aussendenden zurückkommt. Das Sehen des feinstofflichen Aurakörpers ist mit einiger Eigenarbeit und Übung aber für alle Menschen erlernbar. Es sollte einem jeden bewußt sein, daß diese Fähigkeit nur eine Begleiterscheinung auf dem Weg des Suchenden ist. Man mache kein Aufsehen davon, es ist noch so viel zu lernen!

17. ÜBUNG

AURASEHEN

Leg deine Hand auf einen dunklen Untergrund, die Beleuchtung sollte der Dämmerung entsprechen. Wenn es schon richtig dunkel ist, kannst du auch mehrere Kerzen anzünden oder eine kleine Lampe anknipsen. Jetzt starrst du mit unfixiertem Blick auf deine Hand, aber ohne zu blinzeln. Um deine Finger herum bildet sich eine weißgraue Schicht, die nicht sehr weit über deinen menschlichen Körper hinausragt. Nach viel Übung wirst du später um diese Schicht herum noch Farbschichten wahrnehmen. In der Farbveränderung kann man Krankheiten, Charakter oder Schicksal des Menschen erkennen. Auch wirst du später nicht nur Farben, sondern auch Formen sehen können. Formen sind in diesem Fall sichtbare Strahlen, die beim gesunden Menschen gleichmäßig nebeneinander herlaufen. Diese, der Aura entströmende überschüssige Lebenskraft hält Krankheitskeime fern. Beim kranken Menschen sind diese Strahlen nach unten abgebogen und in Unordnung, bis hin zum Chaos. Auch sind die Farben stumpf, und ich habe schon gesehen, wie ein Mensch, der sehr krank war und die irdische Ebene verlassen mußte, seine eigene Aura wieder einsaugte.

Bei anderen Menschen siehst du die Aura, wenn sie vor einer weißen oder dunklen Wand sitzen und du wieder mit dem starren, unfixierten Blick schaust. Das kann man mit einer befreundeten Person üben. Hier wird sich zuerst auch die weißgraue Schicht bilden, dann erst die Farbschichten und später die Formen. Hat man keine Freunde, die sich als Objekt zum Üben anbieten, schaue man auf gar keinen Fall bei irgendeinem fremden Menschen! Denke an die Intimsphäre! In diesem Fall kann man eine Pflanze, auch eine Topfblume, nehmen und ihre Aura ansehen. Das hat den Vorteil, daß eine Blume nicht zappeln oder ungeduldig werden kann, so daß man sie ungestört anstarren kann, solange man will.

Auraformen und -farben

Genauso vielfältig wie die Aurafarben sind ihre Formen. Bei Menschen mit Suchtproblemen werden sich als Formen Beulen oder Löcher in der feinstofflichen Hülle zeigen. Jedes Glas Alkohol, jede Zigarette und andere Drogen hinterlassen ihre Spuren in der Aura. Sie wird dann farblich dicht und schmutzig und in den Formen schlapp und unordentlich. Bei Menschen mit vielen Ängsten ist die Aura mittel- bis dunkelgrau und wie perforiert. Ihnen entrinnt zuviel Lebenskraft durch diese kleinen Löcher, und sie fühlen sich oft schlapp. Tragen Menschen Synthetikkleidung, ist die Aura erfüllt von winzigen, unzähligen Blitzen, die unruhig umherzucken.

Auch Pflanzen, Tiere und Steine haben ihre Aura. Bei manchen Bergen, Hügeln oder über dem Wasser kann man eine fast atmende Aura bestaunen.

Gedanken und Gefühle stellen feinstoffliche Schwingungen dar, die ihren Ausdruck in Form und Farbe finden. Die Zuordnungen der einzelnen Farben entnahm ich teilweise dem Buch *Die Aura des Menschen* von Karl Spiesberger. Ich habe mich für seine Farbbeschreibungen entschieden, weil sie meiner Sichtweise am nächsten kommen oder mit ihr übereinstimmen.

Schwarz
Haß und Bosheit herrschen vor, manchmal sind noch dichte schwarze Wolken um den Körper zu sehen.

Grau
Niedergeschlagenheit und Unsicherheit machen sich durch schweres bleifarbenes Grau bemerkbar.
Furcht äußert sich durch häßliches Fahlgrau.
Depressivität zeigt sich in schlierigem, kaltem Stahlgrau. Bei allen drei Eigenschaften lagert sich das Grau in Streifen um den ganzen Menschen.

Braun
Geiz trübt die Aura zu glanzlosem, fast rostfarbenem Braun, das gleich Gitterstäben den Besitzdenkenden gefangenhält.
Selbstsucht verrät sich als hartes Braunrot, nicht selten auch als glanzloses, häßliches Graubraun.
Eifersucht tritt als grünliches Braunrot, durchsetzt von dunkelroten und scharlachfarbenen Streifen, hervor.

Grün
Anpassungsvermögen, gepaart mit Schlauheit und Betrug, ergibt ein trübes Grün.
Schlauheit und Verrat bilden ein Graugrün von schwer zu beschreibender Färbung.
Rasches Anpassungsvermögen in Verbindung mit offenem, praktischem, kaufmännisch begabtem Sinn ergibt je nach Gesinnungsart ein mehr oder weniger schönes Smaragdgrün.
Hilfsbereitschaft, Mitleid und Sympathie lassen die Aura in einem schönen blassen, leuchtenden Blaugrün strahlen.
Friedfertigkeit findet ihren Ausdruck in zartem Grün. Überschuß an Lebenskraft äußert sich manchmal in hellem Apfelgrün.

Rot

In roten Farbnuancen durchziehen Gedanken, die dem sinnlichen Leben entspringen, die Aurawelt. Rot ist die Farbe jeglicher Liebe wie auch die des Zornes.

Liebe im allgemeinen verursacht purpurrote Töne. Ist sie sehr egoistisch ausgerichtet, so mischt sich Braun in die dann glanzlose Farbe.

Egoistische Sinnlichkeit leuchtet in der Aura als häßliches Blutrot auf.

Innige, opferfreudige Liebe hingegen leuchtet als liebliches Rosa. In herrlichem Rosarot erstrahlt ein Gedanke, der aus hingebungsvoller Liebe stammt.

Geistige Liebe zur Menschheit mischt in das wundervolle Rosarot lilafarbene Töne.

Zorn im allgemeinen wird Scharlachrot zugeordnet, wobei zugleich dunkelrote Blitze auf schwarzem Hintergrund die Aura durchzucken.

Zorn, gemischt mit großer Selbstsucht, mengt Braun in die Röte der Blitze.

Gerechter Zorn und edle Entrüstung haben Blitze von lebhaftem Scharlachrot ohne häßlichen Hintergrund zur Folge.

Böswillige, selbstsüchtige Magie erzeugt schrille ultrarote Farbtöne. Gute Lebenskraft und Vitalität rötet angenehm, aber stark die Aura.

Gefühlswärme zeigt sich immer in weichem, zartem Rot.

Orange

Bei Ehrgeiz und Stolz ist das Orange dunkel gefärbt.

Bei Eitelkeit kann man trübes Orange sehen.

Bei guter Lebenskraft befinden sich gleichfalls Orangetöne in der Aura. Sie sind dann klar und leuchtend. Die Strahlen sind auffällig lang und kräftig.

Blau

Echte Religiosität zeigt sich in schönem klarem Dunkelblau.

Bei höherer geistiger Entwicklung ist ein leuchtendes, fast schon transparentes Blaulila zu sehen.

Hingebung an ein hohes Ideal ist hell- bis mittelblau mit Untertönen, die samtige Kobalt- und Ultratöne bilden.

Herrschen edle Geistes- und Seelenkräfte vor, so dominiert Ultraviolett im Aurabild.

Die Gabe des Heilens färbt die Aura hellblau.

Stille Geruhsamkeit bringt einen matten Blauton hinein in die Aura.

Frömmelei schleust einen häßlichen schlierigen Unterton in das Blau.

Blinder Aberglaube trübt das Blau zu schmutzigem Graublau.

Gelb

Alle Gelbtöne stehen in enger Beziehung zu den Denkvorgängen.

In hellem, schönen Gelb erscheint ein Gedanke, durch den der Denker zu einer höheren Erkenntnis gelangt.

Intelligenz und Vernunft geben der Aura einen hellen zitronen-, bis durchscheinenden schlüsselblumengelben Glanz.

Satter schlüsselblumengelber Glanz zeigt sich vor allem bei spirituell veranlagten Menschen, deren Denkrichtung stark zum Transzendentalen tendiert.

Niedrige Denkweise dunkelt merklich das Gelb ab und macht es glanzlos und stumpf.

Als Zeichen hohen Intellekts, vornehmlich wenn er zum Spirituellen neigt, gilt Gelbansammlung über dem Kopf, um so mehr, wenn es innerhalb dieser Gloriole wie Gold aufleuchtet, als ein Beweis hohen Entwicklungsgrades sowie selbstlosen spirituellen Denkens. Viele Heilige sieht man abgebildet mit diesem nach ihnen benannten Schein.

Bei geistig sehr hochstehenden Menschen bildet sich in der Aura ein kronenförmiges Strahlungsgebilde – Ur- und Vorbild der güldenen Königskrone, ursprünglich nur den Weisesten, den Besten zugedacht. Auch Jesus wird des öfteren so dargestellt.

Wechselnde Farben

Ständig wechselnde Farben mit unruhigen Streifen sieht man bei Menschen, die keinen eigenen Standpunkt haben und sich immer der gerade vorherrschenden Meinung anschließen.

Viertes Buch
Träume

Uralter Steinkreis voller Lebendigkeit

In der Morgendämmerung recken wir während der Anfahrt nach Stonehenge schon frühzeitig unsere Köpfe, um nur ja nicht das erste Auftauchen der Steine zu verpassen. Aus der Ferne sehen sie jedoch nicht sehr beeindruckend aus. Das ändert sich aber sofort bei der Ankunft. Ich war schon dreimal hier, und Stonehenge ist dabei zu einem meiner Lieblingsorte geworden. Nun ist es soweit, wir sind angekommen. Es ist eigentlich noch sehr früh, dazu noch ziemlich kalt und dämmerig, die Erwartung läßt aber meinen Bauch zittern. Langsam gehen alle aus unserer Gruppe auf die Steine zu. Wir stehen nun ganz klein vor diesen Steinriesen. Ehrfürchtig, fast andächtig staunen wir sie an, alle sind ganz still, nur gelegentlich ist ein leises Hüsteln oder Flüstern zu hören.

Jeder sucht und findet »seinen« Platz. Ich bin von Nord-Ost gekommen und durch das Tor zwischen den Steinen, durch das die Mittsommersonne beim Aufgehen einfällt und Heel-Stone und Mittelpunkt miteinander verbindet, in den Kreis eingetreten. Gerade mache ich ein paar Schritte zur Mitte des Steinkreises hin, als ich plötzlich eine starke Fremdenergie spüre. Sofort habe ich das Empfinden von sehr alten, mächtigen und männlichen Kräften. Solche Kräfte habe ich noch nie in meinem Leben gespürt, so daß mir jeder Vergleichswert fehlt. In die Mitte der Kreisanlage soll ich noch nicht gehen, denn es drängt und zieht mich nach links, und da ist »mein« Stein: nicht sehr groß, ca. 1,80 Meter hoch, ziemlich dünn und vorne ganz abgeflacht. Ohne weiter zu suchen, stelle ich mich mit dem Rücken an den Stein und schließe meine Augen. Die Autogeräusche, die von der vorbeiführenden Straße herüberwehn, lasse ich in mir zu Meeresrauschen verschwimmen. Ich fühle, daß »mein« Stein, den ich »Priesterinnenstein« nenne, stark weiblich und aufnehmend ist, gerade richtig, um die eben erfühlten männlichen Energien auszugleichen. Ich lehne am Stein, und meine Augen sind geschlossen. Plötzlich sehe ich doch genau vor mir noch einmal denselben Stein! Ich bin also das Innere eines »Steinsandwiches«. Merkwürdiges Gefühl!

Als ich die Augen nach einiger Zeit wieder öffne, sehe ich direkt in die Augen meines Mannes, der in der Mitte der Anlage vor dem Altarstein steht mit seinem Gesicht zu mir, ca. 6 Meter entfernt auf dem Platz des Priesters und Rufers. Ich habe sofort das Gefühl, daß wir auf »unseren« Plätzen richtig stehen. Alles um uns herum versinkt, er und ich stehen ganz allein im Kreis, verbunden durch den Kontakt unserer Augen. Ich verspüre völlige Harmonie, und die Zeit scheint stillzustehen. Wir drehen unsere Handflächen zueinander, und ich kann hellblaue Linien zwischen unseren Händen sehen. Nun schaue ich in die Runde und sehe Eva in der Nähe stehen. Sie und »ihr« Stein sind ganz in dunkles Rosa getaucht. Links von mir stehen Nadine und Holger mit »ihren« Steinen in hellgrünem Licht. Woher kommen diese vielen unterschiedlichen Farben? Michael steht, in der verlängerten Linie von meinem Mann und mir, am »Königstein«, und er und »sein« Stein leuchten in hellem

Blau. Voriges Jahr stand Jochen vor diesem Stein, und beide glühten in sattem Rot. Derselbe Stein, verschiedene Menschen und unterschiedliche Farben! Ich denke, daß nicht die Steine allein die Farben entstehen lassen, sondern es muß eine Verbindung eingegangen werden zwischen Mensch und Stein! Diese Verbindung zwischen Mensch und Stein ist eines der Geheimnisse von Stonehenge!

Nun schließe ich meine Augen, und ganz entspannt lehne ich an »meinem« Stein. Er erkennt mich und läßt mich zu sich hinein. Vor meinen geschlossenen Augen entsteht aus der Fläche ein Raum! Ich schaue auf eine wunderbare Landschaft, begebe mich hinein und stehe auf einer Hochebene. Im Hintergrund liegt wie ein schlafender Drache eine Hügelkette. Über der Ebene, zwischen mir und den Hügeln, ziehen in weißen Fahnen die Nebel dahin. Zu meinen Füßen wächst kurzes, stoppeliges Gras. Es ist das gleiche Gras, das auch im Steinkreis von Stonehenge wächst, und da stehe ich sofort wieder an »meinem« Stein. Bewegungslos lehne ich an ihm, nur mein Atem fließt gleichmäßig; ich beobachte, wie er in mich ein- und ausströmt. Alles geschieht von ganz allein.

Plötzlich habe ich das Gefühl, als ob ziemlich dicht neben mir jemand steht, und öffne schnell meine Augen. Das darf doch nicht wahr sein! Unendlich langsam drehe ich dann meinen Kopf ein ganz kleines bißchen nach links. Da steht ein unglaublich dünnes graues Wesen! Ob Mann oder Frau, ist nicht zu erkennen. Es ist größer als ich, hat Arme und Beine, einen sehr langen Hals und riecht stark nach Räucherstäbchen, wie Weihrauch. Jedes Zeitgefühl hat mich verlassen, aber ich bin mir sicher, daß es relativ lange neben mir steht und sich vollkommen ruhig verhält. Was will es? Ich halte meine Gedanken an, um frei zu sein, seine Gedanken aufzufangen, aber es bleibt still. Das Wesen sendet also im Moment nicht, oder ich verstehe nichts. Gerne würde ich wissen, warum es hier ist, und grüble gerade darüber nach, als es sich bewegt. Es wird noch länger und dünner. Merkwürdigerweise wird es auch immer heller und ist fast weiß, als es abhebt und in den Himmel fliegt. Traurig, daß keine Kontaktaufnahme möglich war, schaue ich ihm hinterher. Die fliegende Gestalt sieht jetzt aus wie ein strahlend weißer Schwan mit langem dünnen Hals. Ich starre hinterher, bis meine Augen tränen und nichts mehr von dem Wesen zu sehen ist. Wer oder was war das wohl?

Noch stehe ich an »meinem« Stein, die Augen sind wieder geschlossen, als ich im Kopf die Stimme meines Mannes höre, der mich zu sich ruft. Ich kann und will mich aber noch nicht von meinem Platz lösen. Nach einiger Zeit möchte ich dann doch zu ihm gehen, aber der ganze Boden des inneren Steinkreises ist in gleißendes Licht getaucht. Vorsichtig taste ich mich hindurch, einigermaßen beruhigt, wenigstens den Boden unter meinen Füßen zu spüren. Ein merkwürdiges Gefühl, so durch das Nichts zu tappen! Als ich meinen Mann auf dem Ruferplatz schließlich erreiche, löst sich das Licht langsam wieder auf, und ich kann klarer sehen. Nun erzähle ich ihm von meiner Lichterscheinung, über die er aber nicht verwundert ist, denn er hat sie ebenfalls gesehen. Wir tauschen nun unsere Plätze, ich stelle mich auf den Priester- und Ruferplatz, und mein Mann stellt sich an den Priesterinnenstein. In dieser Konstellation versuchen wir unsere Erlebnisse zu wiederholen, haben dabei aber keinen Erfolg, die Plätze sind wohl nicht austauschbar zwischen Frau und Mann. Wir gehen zurück auf unsere vorigen Positionen.

Eine Weile lehne ich noch an »meinem« Stein, dann kann ich mich von ihm lösen. Er hat mir für dieses Mal alles erzählt und gezeigt, was ich verkraften konnte. Gemütlich schlendere ich weiter, um mir auch die anderen Steine anzusehen, als plötzlich ein Blitz vor mir aufzuckt. Sofort schaue ich in den Himmel und suche die dazugehörigen Gewitterwolken. Doch weit und breit sind keine zu sehen; natürlich ist das von mir erwartete Donnergrollen auch nicht zu hören. Erstaunt denke ich mir, daß an so einem Ort wohl alles möglich sein kann.

Auf meinem Weg um die Steine herum komme ich zu einem ca. 2,30 Meter hohen, etwas schräg stehenden Stein, der an einer Seite eine tiefe Rille hat. Auf seiner Breitseite, die nach außen gerichtet ist, kann ich intensiven Flechtenbewuchs sehen. Mit meinem Rücken lehne ich mich nun an die Flechtenseite des Steines. Kaum sind meine Gedanken zur Ruhe gekommen, spüre ich im Wurzel-

chakra (unterstes großes Energiezentrum im menschlichen Körper) ein starkes Klopfen und Pulsieren. »Das ist bestimmt ein Fruchtbarkeitsstein«, denke ich, denn dieses Gefühl hatte ich schon einmal an einer uralten Säule, die hinter einer Kirche in der Nähe von Sintra in Portugal steht. Mit solchen Gefühlen will ich im Moment nichts zu tun haben und stelle mich vor die seitliche Rille des Steines und lehne meine Stirn daran. Mit meinem dritten Auge (zwischen den Augenbrauen) versuche ich in den Stein hineinzusehen, habe dabei aber keinen Erfolg. Jetzt gehe ich in die Gedankenstille, mache mich völlig leer. Plötzlich bewegen sich alle Steine und fangen an zu tanzen, immer schneller und schneller, dann kippt der ganze Steinkreis nach innen und wirbelt durcheinander. Das ist das perfekte Urchaos! Das kann ich nicht länger ertragen und breche meine Meditation aufgewühlt ab. Langsam beruhige ich mich wieder und gehe zur Mitte des Kreises. Da hocke ich mich hin und merke, wie eine herrliche Ruhe in mich einzieht. Alles scheint bekannt, ja fast vertraut und rein. Die reichlich vorhandene Energie dieses Platzes sehe ich nun als hellen Strahl und starre ihn an. Jetzt habe ich die Empfindung, als Kanal zu wirken zwischen kalter und warmer Luft. Ein seltsames Gefühl! Nun steigt mir auch noch ein überirdisch schöner Duft in die Nase. Kann man Energie riechen? Ich stehe auf und will weitergehen, als ich die Ursache des Duftes entdecke ... Nur ein Räucherstäbchen steckt in der Erde! Ein Reiseteilnehmer hatte es mitgebracht.

Ich schaue wieder hoch und möchte nun zu meiner Tasche gehen, um einige Fotos zu machen. Dazu muß ich durch den Innenkreis gehen, aber das geht nicht! Der ganze Kreis ist kniehoch voll mit einer hellen, wabernden Energiemasse – vorzustellen wie dickes Licht. Äußerst vorsichtig, weil der Boden mal wieder nicht zu sehen ist, gehe ich aber doch los. Undurchdringlicher Nebel umwallt meine Beine. Was ist denn das? Nach einigen unsicheren Schritten beginnt sich die leuchtende Energiemasse zu entschleiern, und nun ist alles wieder scheinbar normal. Zu meinem Erstaunen entdecke ich jetzt an und um alle Steine herum (auch an den umgestürzten) kleinere und bis zu 10 cm Durchmesser große hellgrüne, runde und ovale Scheiben, die sich bewegen. Sie sehen

milchig, durchsichtig, grünlich aus. Fassungslos starre ich diese Erscheinungen an, kann sie überhaupt nicht einordnen und suche fast verzweifelt eine Erklärung. Naturgeister? Kleine geschrumpfte Ufos? Bis heute finde ich keine Erklärung dafür.
  Die Sonne kommt hervor, und ich möchte jetzt fotografieren. Es sieht gewaltig und ehrfurchtgebietend aus, wie sie mit ihren Strahlenfingern die uralten Steine berührt. Einige schöne Fotos kann ich mit nach Hause nehmen. Dann müssen wir gehen, wie schnell doch die Zeit vergangen ist! Mit liebevollen Gedanken und Gefühlen verabschiede ich mich von den Steinen.

Für die meisten Menschen ist Stonehenge wohl der bekannteste Steinkreis der Welt. Wer hat diesen gigantischen, geheimnisvollen Steinkreis errichtet? Darüber ist man sich bis heute nicht einig. Seit Jahren wird diese Steinanlage durch eine außen herumgespannte Leine und einige ständig präsente Wärter vor den Menschen geschützt. Innerhalb der Leine stehen zwei Steinformationen, die wie Hufeisen angeordnet sind, sie werden von zwei Steinkreisen umgeben, und in der Mitte liegt der Altarstein. Der äußere Ring soll 30 Meter Durchmesser haben und besteht aus Steinriesen, die teilweise oben noch mit Deckplatten verbunden sind. Einige der Steine bestehen aus »Blausteinen«, die ihren Ursprungsort im 300 Kilometer entfernten Wales haben! Wie sind sie hierhin transportiert worden? Auch die Bearbeitung der Steine ist sehr rätselhaft. Haben doch die riesigen Deckplatten alle Nut und Zapfen! Erstaunlicherweise folgt die Rundung dieser Platten innen wie außen der Krümmung des gesamten Steinkreises. Man kann immer wieder hören oder lesen, daß Stonehenge zur Sonnenbeobachtung und -verehrung oder als Kalender gedient haben soll. An ein Sonnenheiligtum denkt man vielleicht deshalb, weil am Sonnenwendtag die Sonne genau über dem außerhalb liegenden Heel-Stone aufgeht, vom Altarstein aus gesehen.
  Außen um diese Steinkreisanlage herum hat man sehr viele Hügelgräber gefunden, ganz zum Entzücken der Archäologen, freuten sie sich doch über die edlen Grabbeigaben. Hatte Stonehenge auch etwas mit einem Totenkult zu tun? Dieser Steinkreis

wirft immer neue Fragen auf, die man nicht so einfach beantworten kann. Einige Menschen und auch ich glauben, daß es eine Sende- und Empfangsanlage für kosmische Signale war und noch ist.

Kurz vor Ostern hatten wir die Gelegenheit, Stonehenge in aller Ruhe zu erforschen. Mein Mann und ich veranstalten einmal im Jahr mit einer Gruppe interessierter Menschen eine Reise zu Licht- und Kraftorten, um solche Plätze zu ermessen (mit Rute, Pendel o. ä.) und zu erfühlen (meditativ, mit den Händen oder dem ganzen Körper). Wir bekommen für Stonehenge die Sondergenehmigung, zwei bis drei Stunden ungestört im Inneren des Steinkreises zu verbringen. Da uns diese Stunden vor dem normalen Besucherandrang gegeben werden, müssen wir an so einem Morgen früh aufstehen! Wir sprechen vorher darüber, wie wir uns den Steinen nähern, denn zuerst wollen wir den Steinkreis in aller Stille auf uns wirken lassen. Dann fangen wir mit einer gemeinsamen stillen Meditation an, um diesen uralten Ort zu erfahren. Dazu sucht sich jeder, durch Fühlen mit den Händen, durch optischen Reiz oder einfach durch Sympathie »seinen« Stein, zu dem, wie auch immer, eine starke Anziehungskraft besteht. Nachdem alle an ihrem Stein stehen, versinken wir und mit uns alle Steine in tiefe Stille. Von außen würde niemand auf die Idee kommen, daß hier 20 Menschen stehen, denn wir sind weder zu hören noch zu sehen. Auf irgendeine Weise hat jeder sein Erlebnis. Nach einiger Zeit (es kann eine Stunde oder mehr gewesen sein) kehrt so langsam wieder Leben ein. Die Sonne läßt sich sehen, und es gibt unendlich viele Fotomotive. Auch ist nun die Gelegenheit da, noch die anderen Steine zu erforschen. Je mehr Fragen man hier in Stonehenge gelöst zu haben meint, desto mehr neue Fragen tauchen auf. Ich meine: »Wir müssen noch oft an diesen Ort zurück!«

Kraftorte

Kraftorten draußen in der Natur oder innen in Kirchen, Klöstern, Burgen usw. sollte man sich respektvoll, still und mit der nötigen Achtung nähern. Gerade heute sind sie von großer Wichtigkeit, da wir an diesen Orten Energie auftanken, zur Ruhe kommen, Visionen erleben, Kraft bekommen, Licht entdecken, unser inneres Selbst finden und entspannen oder aufladen können, je nachdem, wie die Qualität des Ortes beschaffen ist. An Kraftorten scheinen sich Energien zu konzentrieren oder zu bündeln. Wenn sie sehr stark sind, kann ich sie farbig sehen, und so kann ich die Aussage machen, daß die Qualität des Ortes mit den verschiedenen Energien zu tun hat. Es ist ein Unterschied, ob ich mich an einen Platz begebe und Visionen bekomme oder ob ich Kraft tanken kann.

Wie ist ein Kraftort entstanden? Die Energien kommen teilweise von unten aus der Erde, von oben aus dem Kosmos oder fallen seitlich ein. Sie können die Form von Strahlen, Flächen, pulsierenden Stäbchen oder Punkten haben. Ob diese Orte immer natürlichen Ursprungs sind, wage ich zu bezweifeln. Ich experimentiere gerne mit Steinen und habe da schon erstaunliche Dinge erlebt, z. B. kann man sich mit ausgesuchten Steinen durchaus auch im Haus einen eigenen Kraftplatz schaffen. Sehr schön kann man in England sehen und fühlen, daß vor langer Zeit Energiekundige die Menhire auf Kraftpunkte gestellt haben. So wurden die Kraftströme gebündelt und verstärkt und dann weitergeleitet. Dieses Wissen war weisen Menschen bekannt. Einige kundige Baumeister haben es angewandt und haben damit experimentiert und geforscht.

Das Kraftnetz der Erde mit seinen Windungen und Kreuzungen muß schon seit alters her bekannt sein, denn viele Kirchen haben einen Kraftplatz oder Trostplatz. Mit besonderen Steinen und einer speziellen Anordnung derselben wurde der Kirchenkörper gebaut. Besonders schön ist dies in der Kathedrale in der französischen Stadt Chartres zu sehen. Dort wurde mit sehr viel Wissen und Können ein besonderer Platz geschaffen. Berühmt in der Kathedrale sind das eigenartige, im Boden des Mittelschiffes eingelegte Labyrinth mit so vielen Steinen, wie ein Mensch Tage im Mutterleib verbringt, die großartige Architektur und die eindrucksvollen Skulpturen, die schwarze Madonna und die Kirchenfenster mit den Resten alchemistischen Glases. Diese Fenster strahlen ein geheimnisvolles Licht ab. Das Labyrinth hat in der Mitte u. a. einen Kraft- und Auftankpunkt. Mit Labyrinthen hat es eine besondere Bewandtnis. Das von Chartres wirkt von außen eher vernebelnd. Wenn man unbedacht durch das Mittelschiff geht und dabei das Labyrinth überquert, ist man schnell über den Mittelpunkt hinweggelaufen, überwältigt vom riesigen Kirchenbau und angezogen vom beeindruckenden Altarraum. Ob die alten Baumeister dies wohl beabsichtigt hatten?

Aber kaum über den Mittelpunkt gegangen, spüren viele Menschen die starke Ausstrahlung. Ich bin das erstemal gleich ahnungslos darüber gestolpert! Sofort bin ich reglos in der Mitte des Labyrinthes stehengeblieben, und die vielen Besucher der Kathedrale strömten an mir vorbei. Aber nach Sekunden nahm ich sie gar nicht mehr wahr, denn unvermittelt wurde ich in die Länge gezogen. In meiner Wirbelsäule liefen von unten nach oben tausend Ameisen, und sie liefen oben aus meinem Kopf wieder hinaus. Ein Kaleidoskop von Farben explodierte unter meiner Schädeldecke. Das war meine erste Erfahrung mit dem Labyrinth von Chartres.

Ein Labyrinth soll die Reise vom Außen ins Innere versinnbildlichen. Der lange Weg zum Mittelpunkt kann durchaus mit der Suche zur eigenen Mitte verglichen werden. Auch der Weg des ganzen irdischen Lebens bis ins himmlische Dasein kann hineininterpretiert werden. Von der Mitte aus geht man nicht zurück, sondern heraus auf geradem Weg in Richtung Altar. Das versinnbildlicht den Aufstieg zur Erleuchtung. Man muß das Labyrinth selbst gehen, um zu fühlen, welche Bedeutung es für jeden einzelnen hat.

Vor der schwarzen Madonna ist ein starker mütterlicher Trostplatz. Hier werden Zuversicht, Klarheit, Harmonie, Schönheit und Liebe übermittelt. Alle Sorgen kann man vertrauensvoll loslassen und abgeben. Dann gibt es vor dem Hauptaltar der Kathedrale noch einen interessanten Energiepunkt. Wenn man darauf steht, schaut man auf große, weiße und üppige Engelsfiguren. Hier können alte innere Muster gelöst und zu neuen Formen verbunden werden. Erde, Kosmos, Mensch und Gott sind eins! Ein wunderbares Gefühl des Friedens zieht ins Herz.

Ausgesprochen gern bin ich auf besonderen Plätzen in freier Natur. Wie ich beobachten konnnte, scheint sich auf vielen Hügelkuppen oder Bergspitzen, am Meer, an Quellen, Flüssen, in Steinkreisen, an Menhiren usw. Energie zu bündeln oder zu verdichten. Je nach meinem Gefühl unterscheide ich dabei zwischen weiblicher und männlicher oder neutraler Energie.

Auf weiblichen Plätzen stellen sich bei mir eher Visionen ein, das Vermögen, sich sanft fallen zu lassen, Gefühle von Geborgenheit, Wärme und Vertrauen. Ich erspüre bekannte, sanft pulsierende Energien, kann aus tiefsten Tiefen schöpfen, in unendlichen Weiten zerfließen, fühle mich groß und breit, stark und mit allem eins.

Auf männlichen Plätzen spüre ich oft plötzliche Hitzewallungen, und es durchpulsen mich zusätzlich schnell hochzischende Kraftwellen. Dabei habe ich das Gefühl, nach oben zu wachsen, wach zu sein, handeln zu müssen, mich ohne Angst in unbekannte Weiten begeben zu können.

Auf neutralen Plätzen kann es sowohl weibliche als auch männliche Strahlung geben, aber nur punktuell. An den neutralen Punkten fühle ich eine sehr ausgeglichene Schwingung, schön zu nutzen für Übungen der eigenen Mitte, z. B. in der 1. Übung, »Dein Refugium« (Seite 30).

Ich nähere mich einem Kraftort immer in dem Bewußtsein, heiligen Boden zu betreten. Ob es eine Kirche oder ein Kultplatz ist, spielt dabei keine Rolle. Dann lege ich meine rechte Hand auf mein mystisches Herz (in Höhe des körperlichen Herzens, aber in der Mitte des Brustkorbes), die linke Hand forme ich zu einer kleinen Schale und halte sie mit der Öffnung nach oben. Nun bitte ich mit meinen Gedanken und meinem Gefühl um den Schutz und den Segen des Göttlichen und die Hilfe des Geistes dieses Ortes. Meistens bin ich dann willkommen und nähere mich mit reinem Herzen ohne Arg. Manchmal sind unsaubere Schwingungen von anderen Menschen zu spüren. Dann nehme ich meinen starken Phantom-Bergkristall und lasse ihn drei-, sieben- oder neunmal entgegen dem Uhrzeiger über den Platz kreisen, stelle mir vor, wie er alles Unreine einsaugt, und schleudere imaginär die aufgesogene Energie weiter entfernt vom Kraftplatz in die Erde. Dabei stelle ich mir vor, wie die Erde die unsaubere Energie neutralisiert.

Ein Kraftort an sich kann sowohl positive als auch negative Kräfte beheimaten. Es können uralte oder auch neuere Schwingungen sein. Sie können über dem Ort schweben, aus dem Erdboden strahlen, in Steine gebannt sein oder in Bauwerken herumspuken. An Kraftorten sollte man mit allem rechnen. Ein Beispiel für das Wirken uralter Kräfte: Jedem sind sicherlich die Geschichten von den ägyptischen Pyramiden und Königsgräbern bekannt mit ihren Schutzmechanismen. Viele Forscher dieser Plätze starben nach ihren Entdeckungen eines seltsamen Todes. Waren den damaligen Baumeistern magische Schutzformeln bekannt? Ein Beispiel aus eigener Erfahrung zeigt, daß auch Unwissenheit nicht vor schlechten Schwingungen schützt. Wir waren in England am West Kennet Long Barrow, einer alten megalithischen Grabstätte. Ich bekam vorher eine Warnung in Form eines unguten Gefühls. Es äußerte sich in völliger Unlust, mit zu diesem Grab zu gehen, und so bin ich im Bus geblieben. Einige Reiseteilnehmer wollten unbedingt in diesem Grab eine Meditation versuchen. Dabei haben sie sich mit negativen Kräften aufgeladen, die später an den Personen mit Wünschelruten und Pendeln gemessen werden konnten. Kein Wunder, sollte ein Grab doch die letzte Ruhestätte des Körpers sein und nicht den Lebenden als Meditationsraum dienen. Wurden aus diesem Grund die Gräber magisch geschlossen?

Es kann vorkommen, daß ich einem Ort mit schlechter Schwingung im Moment nicht helfen kann oder soll, dann versuche ich es zu einem anderen Zeitpunkt noch einmal. Manchmal kann ich mit gutem heiligen Wasser, z. B. Glastonburywasser aus der Roten Quelle (es bleibt mindestens ein Jahr frisch in einer Glasflasche), an einer mir zugewiesenen Stelle etwas Positives bewirken. Oder ich kann an einem oder mehreren mir »gezeigten« Plätzen einen oder einige besonders dafür ausgesuchte Steine hinlegen oder vergraben. Man sollte, wenn man wieder geht, nie eine Geschenkgabe (z. B. etwas Salbei) für den Geist des Ortes vergessen, gleichgültig aus welchem Grund man sich an einem Kraftort aufgehalten hat. Nun möchte ich noch den inneren Kraftort erwähnen. Jeder Mensch kommt durch seine Suche nach seinem persönlichen Sinn des Lebens zu einigen wichtigen und hilfreichen Erkenntnissen. Das Erkennen seiner Seele ist dabei der wichtigste Aspekt. Durch Selbstveredelung, Meditationen und Übungen dieses Buches kann jeder Mensch sensibilisiert werden und so zu einer anderen Sicht-, Denk- und Lebensweise gelangen. Ganz allmählich wird er nun selber innerlich zu einem Kraftort.

Blauer Eisstein

Nun bin ich an der alten Kultstätte mit ihren großen Steinen mitten im Wald angekommen. Um den Geist des Ortes milde zu stimmen, packe ich meine Salbeikräuter aus und lege sie als Gabe an die Steine. In meinem Kopf flackert die Erinnerung auf, daß manche Indianer dazu Süßgras, Maismehl oder auch Blaukorn (blauer Mais) nehmen. Heute beschleicht mich eine etwas unheimliche Stimmung. Gern würde ich den Platz schnell reinigen. Da gibt es zwei Möglichkeiten: 1. Die unauffällige Methode: Wäre dies ein Ort, wo viele Menschen herumlaufen würden, oder es wäre ein trockener Sommer, so daß man kein Räucherwerk anzünden kann, würde ich etwas Salbei in meine rechte Hand nehmen, dreimal gegen den Uhrzeiger den Platz umrunden und immer ein wenig vom Salbei mit reinigenden Gedanken auf den Boden fallen lassen. Jetzt wende ich die 2. Möglichkeit an: Dazu bereite ich eine Salbeiräucherung vor, die ich nur ausführe, wenn ich allein oder mit Gleichgesinnten zusammen bin. Ich wickle die speziell für Räucherwerk hergestellte Kohletablette aus der Folie und lege sie in mein mitgebrachtes Messingschälchen. Mit einem Feuerzeug zünde ich die Räucherkohle an, wische meine rabenschwarzen Finger am Gras ab und lege Salbeikräuter auf die glühende Kohle. Jetzt dampft es schön, und ein wunderbarer Duft zieht an meiner Nase vorbei. Zum Glück habe ich die Räucher-

schale auf einen kleinen Holzteller gestellt, denn die Messingschale wird schnell sehr heiß. Nun nehme ich den Holzteller mit der rauchenden Schale in die Hand, gehe dreimal links um den Platz herum und stelle mir vor, daß er sauber und rein ist. Dann gehe ich zu dem Stein, der mich anzieht, setze mich bequem so hin, daß ich den Steinbrocken im Rücken spüre und lehne mich vertrauensvoll an. Meine Schale stelle ich etwas seitlich von mir ab, schließe meine Augen und entspanne mich. Nun frage ich, was diesem Ort fehlt und ob ich helfen kann. Dann stelle ich meinen inneren Dialog (Gedankenflut) im Kopf ab und warte, ob sich eine Antwort einstellt.

Es ist eisig kalt. Die Landschaft, in die ich unvermittelt schaue, liegt in allen denkbaren Blautönen vor mir. Schön sehen die dunkelblauen Hügel mit ihren eigenartigen mittelblauen Gewächsen vor dem hellblauen Himmel aus. Ich stehe und staune, bis mir bewußt wird, daß die Kälte in mein Innerstes krabbelt. Bevor mich diese blaue Kälte auffrißt, stehe ich auf und laufe umher.

Wege sind keine zu sehen, und so gehe ich erst einmal ziellos nach rechts um einen hellblauen Felsbrocken herum. Nun habe ich einen besseren Überblick und sehe weiter im Hintergrund ein größeres blaues Gebäude, darauf gehe ich zu. Beim Näherkommen sieht es wie ein Palast aus. Oh! Staunend stehe ich jetzt davor, es ist ein blauer Eistempel! Eine Treppe mit runden, durchscheinenden Stufen führt mich in den Eingangsbereich. Ehrfürchtig betrachte ich die dicken Säulen, und vorsichtig streiche ich mit meiner Hand darüber. Sie sind eiskalt und völlig glatt, wer baut so etwas? Es gibt keine Türen, ich kann ungehindert in den Eingang schauen. Eine lange Reihe dieser Eissäulen führt ins geheimnisvoll schimmernde Innere. Gespannt gehe ich ein paar Schritte weiter. Aber ein eiskalter Hauch weht mir plötzlich ins Gesicht, so daß mir sofort die Lust vergeht, weiter ins Innere vorzudringen. Vielleicht ist das beabsichtigt. Der Boden besteht auch aus Eis, und die fürchterliche Kälte erlaubt mir kein Stehenbleiben, es ist unheimlich hier, und ich verspüre den Wunsch, wieder nach draußen zu gelangen. So steige ich die glatten, harten Stufen mit aller Vorsicht und Aufmerksamkeit wieder hinunter. Draußen? Ja, ich weiß gar nicht, ob die Begriffe draußen und drinnen hier überhaupt zutref-

fen, es kann alles innen oder alles außen sein! Ziemlich verwirrt gehe ich weiter und sehe in der Ferne einen riesigen dunkelblauen Turm. Aus einer Eingebung heraus hebe ich meinen Kopf und betrachte den Himmel. Aber das sieht ja aus wie eine Kuppel! Merkwürdig, was ist denn das? Links neben diesem Turm sehe ich plötzlich einen doppelten Halbmond. Die Sicheln liegen übereinander mit der offenen Seite nach oben. Das gibt's doch nicht! Seltsamerweise ist mir auch nicht mehr so kalt. Hat das etwas mit dem Auftauchen des Doppelmondes zu tun? Da fällt mein Blick auf meine rechte Hand. Welch ein Schock, sie ist hellblau! Schnell sehe ich auf die andere Hand, dann auf meine Arme, alles hellblau! Nun wird es aber Zeit, daß ich hier verschwinde, sonst vereinnahmt mich diese eigenartige Welt noch ganz. Da verquirlen sich auf einmal alle Blautöne miteinander und mir wird schwindelig.

Als ich meine Augen öffne, lehne ich zusammengesunken an einem Stein. Ich kann meine vertraute Erde sehen. Bin ich froh! Allerdings ist mir fürchterlich kalt. Die Räucherkohle ist nur noch ein Häufchen Asche. Ich stehe auf, bewege meine Glieder und klatsche in die Hände, um wieder Wärme zu spüren. Meine Hände sind aber nicht mehr blau, sondern haben ihre ganz normale Farbe. Nun merke ich, wie endlich wieder Wärme in mir zirkuliert. »Wo war ich bloß?« Darüber muß ich nachdenken und ob und wenn ja, welche Botschaft da übermittelt werden sollte. Ich lasse als Geschenk noch etwas Salbei hier, dann gehe ich nach Hause.

Was jeder tun kann

Natürlich soll jeder Mensch so bewußt und natürlich wie möglich leben, und dazu gehört in erster Linie der behutsame Umgang mit unserer Erde, wir haben im Moment nur diese eine! Wichtig ist, daß wirklich jeder bei sich selber anfängt. Wir können nicht erwarten, daß sich immer erst die anderen ändern, denn dann passiert erfahrungsgemäß überhaupt nichts; keiner will der andere sein. Da der Mensch ein Herdentier ist, möchte ich einige »andere« sensibel machen, bei sich selbst anzufangen.

Hier ein paar Vorschläge von mir, jedem von euch werden noch tausend Dinge einfallen, die ein einzelner beisteuern kann: Vermeide alles, was unsere Mutter Erde vergiften könnte, verzichte zu ihren Gunsten ruhig öfter mal auf deine Bequemlichkeit! Achte wieder auf die feine, leise Stimme in deinem Inneren, auf die Inspirationen, die zu dir kommen, und lebe den Herzensweg. Denke mehrmals am Tag mit liebevollen Gedanken an deine Mitmenschen – Tiere – Pflanzen – Steine. Alle Gedanken haben ihre Muster und ihren Ursprung im Unsichtbaren, darum geht auch nichts an Gedanken und Gefühlen verloren.

Freundliche Gedanken sind Blüten unseres Herzens!
Spruchweisheit

Wenn nun z. B. alle, die dieses Buch lesen, jeden Tag ihre liebevollen Gedanken aussenden, wird sich sicher zuerst das Leben jedes einzelnen verändern, ganz einfach durch dieses bewußte Handeln. Nach einiger Zeit wird jeder merken, daß ein liebevoller Gedanke nur schwer möglich oder gar unmöglich ist, wenn man sich kurz vorher gerade über die Politik, die Umweltzerstörung, die Kinder, den Partner, die Freunde, den Arbeitgeber, das Wetter oder wen oder was auch immer geärgert hat. Wir müssen erst den Ärger auflösen. Meistens schaden wir uns durch Ärger nur selber, denn dann sind wir nicht fähig, liebevolle Gedanken auszusenden. Wenn wir uns geärgert haben, sind wir unzufrieden, unlustig, mit einem Wort: unausstehlich. Darüber ärgern sich wiederum unsere Freunde, Partner, Arbeitskollegen, je nachdem, wem wir in unserem Grummelzustand über den Weg laufen. Und so ist eine ganze Kette ärgerlicher Menschen schon vorprogrammiert. Das ist ein riesiges Verteilernetz, denn jeder aus dieser Kette trifft seinerseits wieder Menschen, und das geht immer so weiter. Da wäre es doch viel schöner und effektiver, wenn auf diesem Wege liebevolle, freundliche Gedanken und Gefühle verteilt würden. Kleine Ursache, große Wirkung! Schon ein Lächeln am Morgen (na gut, von mir aus auch am späteren Morgen) vertreibt Kummer und Sorgen. Jeder setze bewußt sein Mosaiksteinchen (Lächeln, Liebe usw.) ins große Bild, gemeinsam sind wir starken Geistes! Wenn wir lieben, auch uns selber, wenn wir zufrieden sind und Liebe und Zufriedenheit ausstrahlen, wird sich das zuerst auf unser nächstes Umfeld auswirken, erst auf die Familie, die Freunde, die Arbeitskollegen, den Wohnort, das Land und die Erde. Früher oder später werden alle unsere seelische Liebesausstrahlung aufnehmen und tausendfach zurückspiegeln.

Denn Liebe ist das einzige Gut, das sich vermehrt, wenn man es verschenkt! Spruchweisheit

So können wir sehr viel bewirken, und jeder kann es tun ohne komplizierte Vorkenntnisse. Es bleibt darüber hinaus einem jeden selbst überlassen, seine Seele immer mehr zu veredeln (siehe Kapitel »Eigenarbeit«). Je reiner unser Charakter, unsere Seele, um so sauberer und reiner werden die liebevollen Gedanken und Gefühle sein, und wir werden wesentlich zufriedener sein in und mit unserem Leben. Dann kannst du Kraftübertragungen und Heilmeditationen zum Segen für die Menschen, die Tiere, die Pflanzen oder unsere Erde machen.

Felsheiligtum mit Selbstvertrauen!

Es ist Spätherbst. Regenschauer und kalter Wind machen meinen Ausflug zu den Externsteinen nicht gerade angenehm. Aber einen Vorteil habe ich: Bei diesem Wetter bin ich fast die einzige, die hier herumläuft! Mittag ist vorüber, und ich schlendere in einer kleinen Regenpause hinunter zum See, wo sich das Arcosolium, das Nischengrab, befindet. An seiner rechten Seite klettere ich die schlüpfrigen, nassen Steine hoch bis zur kleinen, in den Stein gehauenen Treppe. Über sie komme ich auf das Dach des Nischengrabes. Auf einen etwas erhöhten Stein, der wie ein Hocker geformt ist, setze ich mich still hin und genieße die Aussicht über den See. Enten schwimmen gelangweilt herum, und die nervösen Teichhühner rennen weit hinten, auf der anderen Seite des Sees,

geschäftig hin und her. Links von mir ragen die großen, zerklüfteten Felsen ins Wasser.

Ehrfürchtig bestaune ich mal wieder, wie immer, wenn ich hier bin, diese uralten Riesen, die zum größten Teil männlich sind. Da, auf einmal sehe ich aus einer senkrechten, breiteren Ritze zwei Strahlen orangenen Lichtes austreten und länger und länger werden. Sie liegen nun malerisch über dem See, Streifen von leuchtendem, klarstem Orange! Es sind Lichtstreifen unbekannter Herkunft, die hier im Regengrau scheinen. Um auszuschließen, daß mir meine Augen einen Streich spielen, schaue ich in eine andere Richtung und dann wieder auf den See: Die sanften Lichtstrahlen sind noch da! Dann schließe ich meine Augen. Als ich sie wieder öffne, strahlt das orangene Licht unverändert! Nun nicht mehr zweifelnd, freue ich mich, daß ich sie sehen kann und schaue über den See, der nun zwei helle Lichtstraßen hat. Bestimmt eine Viertelstunde kann ich mich an diesen klaren Strahlen erfreuen. Dann verblassen sie langsam, und ein Tropfen Wasser fällt auf meine Nase. Gedanklich möchte ich dieses faszinierende orangene Licht festhalten, aber es wird immer blasser und verschwindet ganz.

Schade, die Welt scheint noch dunkler zu werden, der Himmel weint. Ich sitze traurig im Regen, als hätte ich etwas Wichtiges verloren. Vorsichtig klettere ich die Steinstufen hinunter, hole meinen Regenschirm aus einer Ecke und fahre nach Hause.

Ganz in der Nähe meines Wohnortes stehen die Externsteine, mächtige uralte Steine. Über sie wurde schon viel gemutmaßt und geschrieben. Es ist eine Felsformation und ein alter Kultplatz. Wie alle alten Kultplätze werden diese Plätze gebraucht, aber auch mißbraucht. Deshalb sind immer sowohl positive als auch negative Energien zu spüren. Wenn man also an einer Stelle sitzen möchte, um Kontakt zu einem Baum oder Stein aufzunehmen, sollte man diesen Ort erst reinigen (siehe Kapitel »Kraftorte«, Seite 156). Dann kann man sich beruhigt auf die Schwingungen einlassen!

Da das orangene Licht – von ihm habe ich in der vorigen Geschichte geschrieben – auf gute Lebenskraft schließen läßt, bin ich beruhigt und dankbar, daß die sehr alten Felsen noch lebendig sind und eine Liebe zur Gemeinschaft mit Menschen und Natur ausstrahlen! Vielleicht läßt sich so der Zauber der immerwährenden Anziehungskraft erklären, welche die Externsteine seit altersher so beliebt machen, und das bei den unterschiedlichsten Menschen! Zu allen Zeiten trifft man hier viele Besucher. Eigenartigerweise kann ich nach einigen Monaten sehen, daß sich da, wo der orangefarbene Lichtstrahl aus der Steinritze kam, viele orangefarbene Flechten gebildet haben!

18. Übung

Kraftübertragung für unsere Erde

Du kannst in einer Meditation, allein oder mit mehreren Gleichgesinnten, Kraft, Heilung und Stärke zur Erde leiten. Wunderbar wirken die Kraftübertragungen, die weltweit zu derselben Zeit gemeinsam durchgeführt werden. Es entsteht dabei u. a. ein starkes Gemeinschaftsgefühl mit allen Menschen, die miteinander für eine gemeinsame Sache meditieren, wir sind alle wie Tropfen im großen Ozean.

Wenn du allein bist: Setz dich bequem zur Meditation hin, an dem dafür bekanntgegebenen Termin. Komm mit der 1. Übung »Entspannung« (Seite 29) zur inneren Ruhe, und stell dir vor, du bist mit allen Menschen, die jetzt für das gemeinsame Ziel meditieren, verbunden. Dann gehst du gedanklich zu dem Ort, der Ziel der Meditation ist, oder zu einem Ort, von dem du meinst, er könnte Kraft, Reinigung und Heilung gebrauchen, z. B. in Deutschland die Externsteine. Nun stell dir vor, wie du reinigende Regengüsse auf die Steine herabschüttest, vielleicht vermischt mit den Notfalltropfen von Dr. Bach. Je intensiver deine Vorstellungskraft ist, um so besser und effektiver wird die Wirkung sein. Wenn du den Eindruck hast, daß die Steine sauber sind oder deine Konzentration nachläßt, komm mit der Rückkehrübung zurück an deinen Platz.

Wenn du mit Gleichgesinnten zusammen bist: Ihr stellt oder setzt euch in Kreisform hin. Wenn ihr wollt, könnt ihr zur Intensivierung auch einen Energiekreis aufbauen. Dazu hält jeder seine linke Handfläche nach oben und die rechte nach unten. Nun faßt euch so an den Händen, daß deine rechte Hand auf der linken Hand deines Nachbarn liegt, die Handflächen aufeinander. So verbindet euch alle zu einem Kreis. Nun geht in die Entspannung, und dann stellt euch vor, wie ein kleines Lichtpünktchen entsteht, das zu einer Lichtenergiekugel wird. Seht und fühlt, wie diese Lichtenergie durch alle eure Hände, Arme und euren Brustkorb läuft, immer *gegen den Uhrzeigersinn,* so wird gleichzeitig Schutz aufgebaut. Nach einiger Zeit werdet ihr ein Klopfen, Pulsieren oder auch Hitze in den Handinnenflächen bemerken. Dann laßt die Energiekugel (die nun schon recht groß ist), wenn sie gerade im Körper angekommen ist und sich in der Mitte der Brust befindet, in die Mitte eures Kreises fliegen. Dort verbindet sie sich mit den Energiekugeln der anderen zu einer riesigen hellen Lichtsäule. In diese, von jedem visualisierte Lichtsäule versenken alle ihre Gedanken und Gefühle von Reinheit, Gesundheit oder Frohsinn. Stellt euch jetzt gemeinsam vor, die Lichtsäule reiche bis tief in die Erde und gebe die hineingedachten guten Gedanken an sie ab. Wenn ihr meint, es sei genug, oder eure Konzentration nachläßt, kommt mit der Rückkehrübung wieder ins Tagesbewußtsein und löst eure Hände von denen der anderen.

Mondkreis

Der Wind schüttelt an uns, als wir uns dem aus neunzehn Steinen bestehenden Kreis nähern. Zusammen sind wir sechs Frauen und neun Männer und möchten den Kreis aktivieren und erfühlen.

Im Osten treten wir nun ein, die Frauen stellen sich alle in den Mittelpunkt und bilden dort einen Kreis. Die Männer stellen sich verteilt außen herum, jeweils mit einem Stein im Rücken, aber noch im Innenkreis, mit dem Gesicht zur Mitte. Die Frauen sagen zu mir: »*Zieh für uns einen Schutzkreis.*«

Ich sammle mich einen Augenblick in Gedankenstille, nehme meinen starken Phantom-Bergkristall und stelle mich im Osten außen an den Eingang zum Steinkreis. An meiner Jacke zerrt der Wind, aber ich lasse mich nicht von ihm beeindrucken. Jetzt halte ich meinen Kristall hoch in die Richtung der Sonne, die aber nicht zu sehen ist. Nun springt ein blauer Lichtfunke aus den Wolken in die Kristallspitze. Langsam führe ich den Kristall nach unten, so daß er nun auf den Boden zeigt, und gehe links herum gegen den Uhrzeiger dreimal um den ganzen Steinkreis. Aus der Spitze des Kristalls leite ich den Funken um den Kreis, und es ergibt sich ein blaues Lichtband. Nach der ersten Umkreisung wird der Wind schwächer, nach der zweiten legt er sich ganz, und nachdem ich die letzten Schritte zur Vollendung des Schutzkreises gehe, kommt plötzlich die Sonne hervor! Die Luft- und Feuergeister meinen es also gut mit uns. Ich stehe noch am Eingang, gehe jetzt gemächlich und ohne Hast in den Kreis und schaue dabei, ob der Schutz schon wirkt. Alle Frauen sind in gutes blaues Licht gehüllt und nehmen mich darin auf. Es ist alles in Ordnung, keine negativen Einflüsse können von außen herein. Der Schutzkreis ist stabil. Nun versenke ich mich in meditative Stille, und ich höre kein Geräusch mehr.

Da sehe ich vor meinen geschlossenen Augen eine liegende Acht, das Unendlichkeitszeichen. Das ist eine gute Hilfe und Kontrolle für mich, denn dieses Zeichen besagt, daß ich niemanden so beeinflusse, daß er willenlos wird, sondern jeden Menschen in seinem persönlichen Kreis lasse und wir uns gleichberechtigt in der Mitte treffen.

Ich öffne nun meine Augen, forme mit den Händen einen Kelch und halte ihn nach oben. Mein ganzer Körper wird eine große aufnehmende Schale. Ich warte völlig passiv. Zuerst ist fast nichts zu bemerken, mir wird im Kopf warm, dann fließt die Wärme durch meinen Hals zum Bauch und in die Beine. Bis in die Füße strömt die Wärme und füllt nun meinen ganzen Körper. Es ist die vertraute Mondenergie. Nun kann ich fühlen, wie gute, weiche, warme Luftenergie in meine Hände fließt, und gieße den Kelch mit der Energie über alle Menschen und Steine aus, die in unserem Kreis stehen. Wie selbstverständlich legen wir unsere Hände zum Frauenenergiekreis zusammen. Die linke Handfläche nach oben, die rechte Handfläche nach unten. Sofort klopft und pulsiert es in den Händen, und sie werden ganz heiß. Diese Hitze verteilt sich auf meinen Körper und dann ...

Ich liege in sehr warmem Wasser in einer engen, dunklen Höhle, aber ich fühle mich sehr gut. Vertraute Gerüche aus meiner Kinderzeit steigen in meine Nase. Hier bin ich richtig und wunderbar beschützt. Nichts kann passieren, ich schwebe im zeitleeren Raum. Ab und zu ziehen rote und blaue Kreise an meinen Augen vorbei, das ist die einzige Abwechslung in dieser Höhle. Ich schwebe und träume, träume und schwebe jahrhundertelang.

Da trifft ein heller Strahl auf mein Gesicht, und ich fühle rechts und links Frauenhände, die mich halten. Ein tiefes Glücksempfinden und ein inniges Zusammengehörigkeitsgefühl mit allem, was ist, besonders zu den Frauen hier, mit denen ich ja im Moment durch die Hände auch physisch verbunden bin, überschwemmt mich. Meine Augen werden feucht, und ich öffne sie schnell. Dabei sehe ich, daß auch andere Frauen Tränen in den Augen haben. Wir lächeln uns etwas unsicher an, blinzeln die Tränen fort und lösen unsere Hände voneinander. Ein Sonnenstrahl scheint mir schon die ganze Zeit ins Gesicht, ich bemerke es erst jetzt. Langsam versuche ich, in die alltägliche Realität zu kommen.

Die anderen Frauen bleiben noch in der Mitte stehen, als ich schließlich gefaßt und glücklich aus der Mitte herausgehe, um den Schutzkreis zu öffnen. Dafür gehe ich dreimal rechts herum, Uhrzeigersinn, und sauge das blaue Licht zurück in meinen Kristall. Nach dem Umkreisen bleibe ich im Osten stehen und gebe das blaue Feuer wieder ab an die Luft und die Sonne. Eine leichte Brise weht zur Kühlung über mein erhitztes Gesicht.

In der Tiefe Cornwalls, in der Gemeinde St. Buryan, liegt Merry Maidens, ein, wie mein Mann und ich herausgefunden haben, weiblich strahlender Steinkreis mit neunzehn stehenden Steinen. Wenn der Kreis aktiviert wird, können beschützende mütterliche Energien gespürt werden. Auch steht dieser Steinkreis mit der Mondkraft in Verbindung. Wir haben ihn Mitte der 80er Jahre während eines Urlaubes entdeckt. Abends wurde er damals nur von den einheimischen Frauen aufgesucht. Schmale Trampelpfade führten über eine Wiese ins Innere des Steinkreises, zu einem kleinen runden Fleck von ca. 20 cm Durchmesser, wo kein Grasbewuchs mehr vorhanden war. Rund um den Kreis führte ein ganz schmaler Pfad, um den Kreis zu schließen und zu öffnen. Mittlerweile bekommt dieser Steinkreis viel Besuch, so daß die Pfade breitgetretene Wege sind und der Fleck in der Mitte seine Größe mindestens verdoppelt hat.

Die Legende sagt: Hier haben sich neunzehn Mädchen getroffen, obwohl es Zeit zum Kirchgang war. Zwei männliche Fiedler spielten zum Tanz auf, und es war eine lustige Gesellschaft. Weil sie aber lieber zum Tanz als zur Kirche gingen, wurden sie zur Strafe in Steine verwandelt. So stehen nun neunzehn versteinerte Mädchen im Kreis wie zu einem Tanz. Merry Maidens werden auch »die tanzenden Steine« genannt, und ganz in der Nähe kann man zwei Granitmenhire sehen, die den Namen »The Pipers« tragen.

Tal ohne Wiederkehr

Wir sind in Frankreich, gehen gerade durch das grüne »Tal ohne Wiederkehr« und wollen zum Haus von Viviane, der Zauberin aus Merlins Tagen. Gut markierte, breite Wege führen uns durch das bewaldete, friedliche und jetzt menschenleere Tal. »Na, mit so breiten Wegen ist der Name ›Tal ohne Wiederkehr‹ aber verfehlt«, lästere ich. Ich ahne noch nicht, daß mich ein endloser, stundenlanger Fußmarsch, mittägliche Hitze und Vivianes Zauberbann erwarten.

Eigentlich müßte es das »Tal ohne Ankunft« heißen, denn ich habe keine Lust mehr weiterzugehen. Zusätzlich ist es schon heute morgen sehr warm, und kein Wölkchen ist am Himmel zu sehen. Nach einiger Zeit kommen wir an einen großen, verträumt daliegenden Waldsee. Hier machen wir die erste Rast, dann gehen wir weiter. Nun muß ich auch noch einen kleinen Berg erklimmen! Unlustig klettere ich hinter meinem Mann den Hügel hoch.

So, geschafft! Auf der Spitze des Bergleins stehen wir vor einem Steinkreis von ca. acht bis zehn Metern Durchmesser. In der Mitte des aus faustgroßen Steinen gebauten Kreises steht ein kleiner Dolmen ohne Dach. Er ist gerade so groß, daß ein Mensch sich hineinlegen kann. Ich setze mich hinein und fühle mich ganz frisch und munter. Wozu hat dieser Dolmen gedient? »Als Haus jedenfalls nicht«, überlege ich, »dazu ist er zu klein.« Im Dolmen, mit dem Rücken an einen Stein gelehnt, sitze ich da und lege meine Handflächen je rechts und links an die Nachbarsteine. Dann schließe ich meine Augen und gehe in die Gedankenstille. Ich sacke sofort, ohne Vorbereitung tief ab und besitze bis heute keinerlei Erinnerung daran, wo ich geistig war.

Ein flatterndes Geräusch holt mich in die Gegenwart, und ich sehe, wie eine Taube aus dem östlichen Teil des Dolmen hochfliegt. Sollte es ein Grab gewesen sein? Aber wer trägt seine Toten hierher? Es wäre doch viel zu mühsam. Die Taube symbolisiert doch die Seele, die in andere Welten fliegt. War es eine Einweihungsstätte? Oder hat Viviane hier einen Zauber gewebt?

Mein Mann läuft mit seiner Wünschelrute und Spezialantenne

um den Steinkreis, und ich verlasse nun noch ganz erfrischt den Dolmen. Kaum habe ich den Kreis verlassen, da befällt mich bleierne Müdigkeit! Wo ich gerade stehe, lege ich mich auf den grasbewachsenen Erdboden, meine Augen klappen ohne mein Tun zu. Vivianes Zauberbann beginnt zu wirken, ich falle in tausendjährigen Schlaf und schwebe weit, weit, weit ...

Unsanft werde ich an der Schulter gerüttelt. Mein Mann kniet neben mir und ist ganz besorgt: »Du kannst doch nicht hier in der vollen Mittagssonne einschlafen, schau, du hast schon ganz rote Arme.« Mühsam öffne ich meine Augen und murmle: »Laß mich schlafen.« Mein Kopf ist schwer, meine Zunge gehorcht mir kaum. »Komm«, sagt mein Mann, »ich habe einen wichtigen Platz (Stelle der ›geistigen Regsamkeit‹) gefunden. Steh schnell auf, und geh zu dem kleinen Felsen herrüben, dort wirst du wieder klar im Kopf. Gut, daß du nicht allein hierhergegangen bist, sonst wäre dies Tal für dich tatsächlich zum Tal ohne Wiederkehr geworden.« Ich muß ihm recht geben. Mit seiner Hilfe stehe ich auf und wanke wie benebelt zu dem kleinen Felsen in der Nähe. Er hat drei Zacken, und je näher ich ihm komme, um so mehr verschwindet der wattige Nebel aus meinem Kopf.

Die eine Zacke bildet einen kleinen Sitzplatz aus Stein, wie für mich gemacht. Hier werde ich völlig wach und auch wieder klar. Begeistert genieße ich die wunderschöne Aussicht. Von hier aus kann man unwahrscheinlich weit ins Land sehen. Das ist sehr erholsam für die Augen, sie treffen auf keinen Widerstand. Weit entfernt, sehr hoch oben, kreist ein Raubvogel. Schon wieder übermütig, rufe ich gedanklich nach ihm und halte meine rechte Hand auf ihn gerichtet, um die Verbindung herzustellen. Der große Vogel hört auf, seine Kreise zu ziehen und fliegt in immer noch großer Höhe zu mir herüber und zieht nun mit kraftvollen Schwingen seine Bahnen genau über mir. Er kam, weil er meinen Ruf hörte. Ich kann eine leichte Verbindung zu ihm spüren, aber als ich mich darauf konzentriere, bricht sie sofort ab. Der Vogel möchte frei sein! Sofort nehme ich meine Hand herunter, winke ihm noch einmal zu und verabschiede mich gedanklich. Dann fliegt er davon in die unendlichen Weiten des blauen, sonnendurchglühten Himmels.

Ich verfolge den schönen Vogel mit meinen Augen, bis er nicht mehr zu sehen ist.

Frisch und gestärkt kann ich mich nun auf den Rückweg begeben. Das Tal ist doch das Tal der Wiederkehr für mich, denn wir kommen unbeschadet wieder an unseren Ausgangspunkt zurück. Auf dem Rückweg sprechen wir über meine seltsamen Erlebnisse. Ohne meinen Mann würde ich wahrscheinlich immer noch neben Vivianes Haus wie Dornröschen schlafen. Er hat zum Glück mit seiner Wünschelrute den kleinen Felsen gefunden und entdeckt, daß es dort eine Stelle der geistigen Frische und Regsamkeit gibt. So konnte er mir helfen, zu mir zurückzufinden und das Tal auch wieder zu verlassen.

Wenn man sich auf Merlins und Vivianes Spuren begibt, darf dieses Tal ohne Wiederkehr nicht fehlen. Da es sehr von Touristen frequentiert wird, waren wir schon ganz früh unterwegs. So konnten wir alles in Ruhe ansehen. Das Tal war landschaftlich nicht so schön, wie wir es uns vorgestellt hatten, aber in dieser Hinsicht sind wir auch verwöhnt durch das Felsental Rocky Valley in England. Über sehr gute, breite Wege, die allerdings nicht gekennzeichnet sind, gingen wir in den frühen Morgen hinein. Völlig unerwartet standen wir vor einem Kunstwerk. Es war ein Baumstamm mit drei bis vier dicken Ästen, ganz mit Goldfarbe gestrichen! Er leuchtete und funkelte in der Sonne. Nachdem wir beeindruckt das Kunstwerk bewundert hatten, gingen wir an zwei schönen Waldseen vorbei, immer tiefer ins »Tal ohne Wiederkehr«. Wir fanden dann auch gegen Mittag das Haus von Viviane. Es war ein kleiner Dolmen ohne Dach in einem mit kleinen Steinen gelegten Steinkreis. Nach unseren verschiedenen Erlebnissen konnten wir doch ohne Probleme zurückgehen.

Bilderfrauen

Das Fellhemd sitzt nicht richtig, es fällt mir immer über die linke Schulter, der Ausschnitt ist zu groß geraten. In aller Eile hatte ich es erst am Tag, als wir aufbrachen, fertiggenäht. Wollte ich es doch unbedingt heute anziehen. Meine Freundinnen Deyxa und Taja lachen mich aus, als ich zum x-ten Mal das Hemd wieder geradeziehe. Wir wandern mit Zelten, Kochgeschirr und den zeremoniellen Gegenständen durch den Morgen zu den Feensteinen, einem unserer Heiligtümer. Tajas achtzehnjährige Tochter Mora darf das erste Mal mit uns, den dieses Mal ausgewählten Frauen, die heiligen Ritzungen vornehmen. Dementsprechend aufgeregt, zappelt sie hin und her.

Wir wandern über eine sonnenbeschienene Ebene, und als sich langsam Müdigkeit ausbreitet, sehen wir unsere Feensteine. Sie sind nur zu erkennen, wenn man weiß, wo sie sind. Für ein ungeübtes Auge sehen sie aus wie ein ganz normaler Hügel. Wir legen unsere Zelte und Gerätschaften auf die Erde und gehen alle zusammen links im Kreis um diesen Hügel herum. Mora führt mit ern-

stem Gesicht die Frauen an. Wir umkreisen jetzt noch zweimal dieses Heiligtum, dabei markieren wir den Kreis mit unserem heiligen blauen Maiskorn.

Im Herbst haben wir auf einem kleinen Stückchen Land für rituelle Zwecke blauen Mais angepflanzt. Dieser Mais wird sorgfältig auf einen Platz gesetzt, den einer unserer Männer nach der heiligen Vorschrift bestimmt. Er hat dazu einen speziell gebogenen Baumzweig in den Händen, spricht innerlich mit den Göttern, und sie zeigen ihm durch ein Zucken des Zweiges, wo das blaue Korn gepflanzt werden muß. Dann wird das Land mit Holzpflöcken abgesteckt. Eine Frau, im vergangenen Herbst war es Mora, nimmt die speziell ausgesuchten Saatkörner und pflanzt sie zwei Tage, bevor der Mond sein ganzes Gesicht zeigt. Es geschieht nach einem überlieferten Ritual: Diese Frau wohnt vier Tage an der Kristallquelle, fastet die letzten zwei Tage und trinkt nur das besondere Wasser. Sie badet in unserer heiligen Quelle und spricht mit unserer Göttin Ea zwei Tage lang an dem kristallklaren Wasser. Zwei Stunden vor Mitternacht pflanzt sie dann in aller Stille den blauen Mais. Die anderen Frauen sitzen stumm und fast reglos rund um das Landstück. Wenn die Körner im Boden liegen, halten alle Frauen ihre Handflächen darüber und bitten um gutes Wachstum.

Dann gehen vier Frauen zur heiligen Quelle und holen Wasser, um den blauen Mais zu begießen. Inzwischen sprechen die anderen leise untereinander. Als die Frauen mit dem Wasser wiederkommen, werden alle lebhaft, und mit fröhlicher Ausgelassenheit werden die Körner bewässert. Auch gegenseitig bespritzen sich die Frauen mit dem kühlen, weichen Wasser. Ihr Lachen und Kichern, Kreischen und Juchzen perlt über das Land, die Erde bewegt sich sanft, als auch die Körner leise schmunzeln. Ja, das wird eine gute Ernte!

Diese blauen Maiskörner legen Deyxa und ich als Geschenk rechts und links vorne in den Eingang des Feensteinhügels. Dieser Hügel ist eine langgestreckte Höhle mit sehr niedrigem Eingang und zwei mannshohen Kammern, aus großen, schweren Steinen gebaut, die die Feen hierhergebracht haben. Anschließend wurden die Steine mit Erde bedeckt, so daß sie aussehen wie ein normaler, natürlicher Hügel.

Ein paar von unseren Männern bauen jetzt die Zelte auf, einige Frauen und ich sammeln Holz für das Feuer. Wir nehmen dafür die herabgefallenen Äste und Zweige von dem Baumkreis, der um den Feenhügel steht. Die anderen Männer und die älteren Jungen gehen auf die Jagd, die anderen Frauen suchen frische Kräuter und Gewürzpflanzen für die Abendmahlzeit. Es wird mir warm beim Holzsammeln, und ich kann das Fellhemd ausziehen.

Das Feuer prasselt in der Abenddämmerung. Die Mahlzeit besteht aus einer Kräutersuppe und einigen, mit gelbem Mais gefüllten Kaninchen. Als Abschluß gibt es Dinkelfladen mit Himbeerpaste.

Deyxa, Taja, ihre Tochter Mora und ich sind in diesem Jahr als Bilderfrauen bestimmt worden, und da morgen abend die Bildzeremonie stattfinden soll, dürfen wir nur etwas Kräutersuppe essen. Jetzt werden die Getreidefladen verteilt, und deshalb entferne ich mich schnell von der Gesellschaft. Ich liebe süße Mahlzeiten über alles, aber wir müssen bis morgen abend fasten. Bevor mir der Geruch der Köstlichkeiten in die Nase steigt, gehe ich lieber. Mora, die ebenfalls gern Süßes ißt, folgt mir. Wir reden noch etwas miteinander über den Ablauf des morgigen Abends, und dann gehen wir zum Schlafen in unsere Zelte.

Der Duft von Thymiantee zieht in meine Nase und weckt mich. Mein Magen grummelt, und schnell stehe ich auf, hole mir eine Schale Tee und trinke ihn in kleinen Schlucken, um meinen Magen zu besänftigen. Mehr als Tee und heiliges Wasser bekommt er heute nicht. Währenddessen nähe ich den Ausschnitt meines Fellhemdes enger, damit es nicht mehr verrutscht. Der Tag vergeht mit einigen Vorbereitungen für den heutigen Abend.

Endlich ist es soweit, und die Dämmerung überrascht uns mit einem wunderschönen Sonnenuntergang. Ein gutes Omen! Mora, Taja, Deyxa und ich werden in die rituellen hellbraunen Ledersachen gekleidet. Die ältesten unserer Frauen flechten braune und weißgegerbte Lederbänder in unsere langen Haare. Wir tragen keine Schuhe, um den Körper unserer Mutter Erde hautnah zu spüren. Unsere Gesichter werden mit Hirschfett eingerieben, bis sie schön glänzen und mit roter und gelber Erde bemalt. Mir gefällt das gut, es sieht sehr schön und geheimnisvoll aus! Wir sind nun fertig und setzen uns am Eingang der Feenhöhle an ein kleines Feuer. Alle anderen unseres Stammes umgehen links herum den Baumkreis und legen an jeden Baum ein paar Körner vom blauen Mais. So ehren wir diesen heiligen Hain.

Mora und Deyxa holen die feinen Feuersteinwerkzeuge aus dem Zeremonienbeutel heraus. Der Beutel ist aus Dachsfell genäht, mit Holzperlen und Tierknochen verziert und schon sehr alt. Auch die Feuersteine sind seit vielen Generationen in unserem Besitz. Damit werden die heiligen Bilder gezeichnet und eingeritzt. Vorher reinigen wir sie. Dazu legen wir jetzt Wacholderzweige ins Feuer, warten so lange, bis sie schön qualmen und halten dann unsere Werkzeuge in den Rauch. Anschließend streuen wir etwas Salbei ins Feuer und bewegen wieder die Werkzeuge in diesem Qualm. Der herrliche Kräuterduft zieht über unsere Köpfe. Jetzt sind die anderen mit der Ehrung des Platzes fertig und setzen sich still im Kreis um den Feenhügel.

Rany, die älteste unserer Frauen, schlägt die rituelle Trommel, wir wiegen uns im Rhythmus. Ab jetzt dürfen wir nicht mehr sprechen, aber es hat auch keiner das Bedürfnis dazu. Nach einiger Zeit legt sie die Trommel beiseite, steht hochaufgerichtet vor uns und sagt mit erstaunlich lauter und klarer Stimme: »Töchter der Ea, ihr vier seid ausgewählt worden, in diesem Mondjahr die heiligen Bilder von den Göttern für unser Volk zu empfangen und in die Feensteine zu ritzen. Wir warten in Demut mit euch, die ihr diese nicht leichte Aufgabe vollbringen müßt. Wir warten in Hoffnung mit euch, daß sich die Götter offenbaren. Wir warten in Klarheit mit euch, daß ihr die Botschaften versteht. Wir warten in Stärke mit euch, daß ihr die Kraft habt, die unvorstellbare Größe der Götter mit ihrer hellen und dunklen Seite zu ertragen. Wir warten in Liebe mit euch, daß ihr nicht geblendet werdet von dem Glanz der hellen Seite der Götter und nicht zermalmt werdet von ihrer dunklen Seite. Wir warten mit euch in Aufmerksamkeit, daß ihr wach genug seid, die Sprache der Götter in Bildern wiederzu-

geben. Wir warten auf euch mit der Bitte an unsere Götter, daß wir euch gesund an Leib und Seele morgen wiedersehen.«

Deyxa, Mora, Taja und ich schauen uns an. Mir wird abwechselnd heiß und kalt. Bei der letzten Bilderzeremonie ist Ana, die Frau meines Bruders, mit ihrer Seele bei den Göttern geblieben. Nur ihr Körper lebt noch bei unserem Volk. Wir müssen sie wie ein kleines Kind füttern und versorgen und dürfen sie nie alleine lassen. Seit der Zeremonie hat sie auch kein einziges Wort mehr gesprochen. Daran muß ich ausgerechnet jetzt denken. Ich mache sofort meine Gedankenstilleübung, um mich zu beruhigen.

Wir stehen auf, Taja und Mora nehmen je eine vorbereitete Fackel, und sie gehen gebückt durch den sehr engen Eingang. Deyxa und ich tragen die Feuersteinwerkzeuge und folgen ihnen. Auf das Feuer sind wir als einzige Lichtquelle angewiesen, denn draußen ist eine Neumondnacht, und hier drinnen wäre es ohne die Fackeln stockdunkel. Die langgestreckte Höhle besteht aus großen Steinen, die einen äußerst niedrigen Eingangsbereich bilden. Dahinter schließt sich ein enger Gang an, aber je weiter wir gehen, desto mehr Kopffreiheit haben wir. Dann gehen wir durch die erste Kammer und in den großen zweiten und letzten Raum. Hier stecken wir die Fackeln in die Erde, setzen uns im Schneidersitz in gerader Haltung auf den staubigen Boden und singen erst leise, dann immer lauter unser heiliges Steinlied.

Wieviel Zeit vergeht, bis Rany zu uns kommt, weiß ich nicht. Sie bringt eine große Schüssel mit Wasser, stellt sie schweigend neben uns ab und geht wieder. Noch einmal kommt sie mit vier Schalen Pilzsaft, den Rany heute abend gemacht hat. Keiner weiß, wie sie ihn zubereitet, außer ihrer Urenkelin, an die sie ihr gewaltiges Wissen weitergibt. Ohne ein einziges Wort zu sprechen, verläßt sie uns jetzt endgültig. Nun sind wir wirklich allein auf uns angewiesen. Ganz egal, was passiert, ob wir schreien oder totenstill sind, ob wir toben oder kreischen, ob wir hysterisch oder wahnsinnig lachen oder verzweifelt weinen, keiner unserer Leute würde in die Höhle kommen, um uns zu helfen. Wenn wir voller Panik oder Angst hinausrennen wollten, auch das ist uns verwehrt, denn nachdem Rany gegangen ist, wurde ein schwerer, großer Stein von sieben unserer stärksten Männer vor den Höhleneingang gerollt. Das ist schon ein bedrückendes Gefühl.

Wir sitzen uns gegenüber, jede mit einer Schale warmen Pilzsaft in der Hand. Mora trinkt zuerst und muß sich unwillkürlich schütteln. Ich kenne den merkwürdigen Geschmack schon, Deyxa und Taja ebenfalls, und so haben wir unsere Reaktion unter Kontrolle. Unsere Schalen sind leer, und wir stellen sie leise neben die Wasserschüssel, falls jemand Durst bekommt. Nun bleiben wir bewegungslos, in völligem Schweigen, sitzen und schauen nach innen, und auch die Gedanken sind still.

In diesem völligen Vakuum meines Kopfes breitet sich eine eigenartige Weite in Kreisen aus. Die Kreise werden immer größer, bis der letzte und größte an einer Stelle ein Loch bekommt, das sich zu einem Tunnel ausweitet, durch den ich schwebe. Am Ende angekommen, stehe ich empfindungslos im Nichts. Auf irgend etwas stehe ich, weiß aber nicht worauf. Da erscheint in dem farblosen Nichts ein heller Schein. Er wird immer heller, bis er so blendet, daß ich meine Augen niederschlagen muß. Die Empfindungslosigkeit verläßt mich, und leichte Panik macht sich in mir breit. Was soll ich tun?

Der grelle Schein wird nun erträglicher, und ich schaue hoch. Da erblicke ich Ea, unsere Muttergöttin. Sie lächelt mir zu und sagt mit sanfter Stimme: »Du mußt jetzt keine Angst haben vor mir, ich komme mit meiner hellen Seite zu dir. Ihr vier Frauen seid genau die richtigen und mir willkommen! Taja ist die Feuerfrau, Mora die Luftfrau, Deyxa die Erdfrau und du die Wasserfrau. Aus diesen vier Elementen ist alles Leben entstanden. Diese vier sind aus dem fünften, dem göttlichen Element geboren, und das verkörpere ich. Wir erneuern in dieser Nacht die Erschaffung des Lebens. Ihr Frauen personifiziert die vier Elemente, und ich bin das göttliche Element. Ihr müßt das Feuer, die Luft, das Wasser und die Erde gebären, und ich hauche den Geist ein. Das ist das Leben! Wir erneuern es, um es bis in die Ewigkeit bestehen zu lassen, um den vielen Seelen eine Möglichkeit des Lernens zu geben auf eurem und den anderen verschiedenen Planeten und Ebenen. Bewahre diese meine Worte in deinem Herzen!« Ea streicht mir über die Stirn und *taucht dann in weißen Nebel und danach in die Farblosigkeit des Nichts ein.*

Es knackt in meinem Kopf, und ganz langsam öffne ich meine Augen. Ich starre, ohne zu denken, eine ganze Weile vor mich hin. Da plötzlich springt Mora auf, ihre Augen sind unnatürlich geweitet. Sie wiegt sich hin und her wie ein Blatt im Wind. Mora wirkt leicht wie eine schwebende Feder. Dann wedelt sie sanft mit den Armen hin und her, gleich fliegt sie davon! Harmonisch und wie schwerelos gleitet sie durch unsere Kammer. Ihre Augen wechseln mehrfach ihre Farbe, bis sie hellblau und leuchtend sind. Was macht sie denn jetzt? Was tut sie da? Vor der Wasserschüssel bleibt Mora stehen, taucht ihre Hände hinein und geht dann zur Fackel. Ganz bedächtig läßt sie die Wassertropfen in die Flamme fallen, Tropfen für Tropfen. Es zischt und dampft, hoffentlich löscht sie die Fackel nicht aus! Nun scheint sie fertig zu sein. Ich drücke ihr einen feingeschliffenen Feuerstein in die Hand und zeige auf den linken Feenstein am Eingang unserer Kammer. Sie beginnt sofort zu zeichnen und die Striche dann mit einem gröberen Werkzeug in den Stein zu ritzen.

Taja springt nun auch auf, wirft blitzschnell ihre Kleider von sich, und kleine Schweißperlen laufen zwischen ihren Brüsten herunter. Sie tanzt einen sehr wilden, ausgelassenen Tanz. Wie unser Regenholer hüpft und springt sie herum. Plötzlich sinkt Taja in sich zusammen und windet sich am Boden. Sofort springt sie wieder auf und sackt wieder zur Erde, es sieht aus, als wäre sie eine hüpfende Spirale. Dann tut sie etwas völlig Unerwartetes. Taja greift in die Fackel! Ich bekomme einen Schreck. Aber nichts geschieht. Sie hält ihre zarten kleinen Hände mitten in die helle, lodernde Flamme! Das Feuer kriecht über ihre Arme und dann über ihren ganzen Körper. In ihrem eingefetteten, glänzenden Gesicht findet das Feuer reichlich Nahrung, und Tajas lange, dichte Haare brennen lichterloh! Selbst wenn ich könnte, ich darf nicht eingreifen. Unruhig rutsche ich hin und her. Ein Blick in Tajas Augen beruhigt mich etwas, denn ihre Augen blicken in seligem Verzücken wie beim Liebeserlebnis. Das Feuer ist ein Wesen, das sie streichelt, und das Feuer liebkost Taja. Das geht sehr lange so, dann zieht sich das Feuer zurück, und sie geht zum Stein, nimmt ihren Feuerstein und fängt an zu zeichnen.

Unendlich schwerfällig stemmt sich nun Deyxa hoch. Hoffentlich haben die Pilze ihr nicht geschadet, denke ich. Schleppend schlurft sie durch die Kammer. Ihr Blick ist verschleiert, aber ganz ruhig. Mit quälender Langsamkeit beginnt sie sich auszuziehen. Das macht sie mit bedächtigen, aber gezielten Bewegungen. Nun hat sie es geschafft, und ihr Körper leuchtet im Schein der Fackeln. Mit ihren Händen streicht Deyxa an ihren Armen, Beinen, Brust und Bauch entlang. Dann hockt sie sich auf die Knie, stützt sich mit den Händen ab, und so, auf allen Vieren, läuft sie ganz langsam herum, dabei legt sich ein feiner Staubfilm auf ihre Haut. Deyxa krabbelt über den grauen, trockenen Boden zur Wasserschüssel. Was hat sie vor? Nun schüttelt sie ihren Kopf, daß ihre lange lockige Haarmähne nur so um sie wirbelt. Dann senkt sie ihn und schlürft wie ein Tier etwas Wasser aus der Schüssel. Es rinnt ihr aus den Mundwinkeln wieder heraus. Sie beginnt einen Teil des staubigen Bodens und ihren ganzen Körper mit Wasser zu besprengen. Ihre Haut glänzt wie Bronze im Fackellicht. Deyxa ist eine sehr schöne Frau mit üppigen Formen. Sie ist schnell vollkommen naß und rollt sich über den trockenen Erdboden unserer Kammer. Wie eine Schlange kriecht sie durch den Staub. Die Haare sind nun verfilzt und ganz grau, immer wieder wühlt sie mal an der trockenen und staubigen, mal an der nassen Stelle. Ihre schöne glatte Haut ist verklebt mit nasser Erde, und im eingefetteten Gesicht hat sich der Staub verklumpt abgesetzt. Wie ein Wildschwein in der Suhle schaut sie mit leuchtenden Augen aus ihrem erdschwarzen Gesicht. Sie scheint das alles zu genießen, denn ab und zu stößt sie zufriedene Laute aus. Deyxa pendelt zwischen Wasserschüssel und verbliebener trockener Erde hin und her, und der Staub ist längst zu Schlamm geworden. Sie nimmt mit ihren verschmierten Händen den Schlamm und verteilt ihn noch da an ihrem Körper, wo durch das Wälzen nichts hingekommen ist. Nun ist sie eine völlige Schlammgestalt, aber sie fühlt sich sichtbar wohl. Nach einer Weile nimmt Deyxa den Feuerstein, malt seltsame Zeichen in die Erde, steht auf, geht zu einem der Feensteine und zeichnet.

Ich kann nicht mehr zuschauen, denn mein Blick verschwimmt. Ich befinde mich plötzlich und unvorbereitet unter Wasser. Rasch entferne ich die störende Kleidung, denn meine Haut wird feuerrot und juckt. Was ist das? Aus allen meinen Hautporen wachsen Pusteln, die entsetzlich brennen, dann platzen sie auf, und heraus wuchern sehr große silberne Fischschuppen!
Fasziniert schaue ich mich an, das Schuppenwachstum ist beendet, und nun finde ich diese silbern schimmernde, neue Haut wunderschön. Plötzlich ein kurzer, scharfer Schmerz! Ich kann nicht mehr stehen und falle langsam zur Seite. Ja, auf einem Fischschwanz kann man nicht stehen, meine beiden Beine habe ich dafür eingetauscht. Nun kann ich mich aber frei und unbefangen im Wasser bewegen. Ein herrliches Gefühl, so leicht und schwerelos mit den anderen Fischen dahinzugleiten! Rote Korallenwände locken mich an, und auch hier huschen unzählige Fische in allen Größen und Farben herum. Im Sandboden verteilt, liegen rosa, weiße und aprikotfarbene Perlen. Ein Fisch mit großen Flügeln flutscht durch die leuchtend roten Korallen. Ich gleite hinterher und komme in einen seltsamen Garten. Hier wachsen rote, kahle Bäume und eigenartige runde grasgrüne Pflanzen mit Stacheln in allen Größen. Aus den Stacheln strömt eine gelbgrüne Energie, für mich eine Warnung: Vorsicht, giftig! Kleine, dünne schwarzgekleidete Männchen ohne Haarbewuchs bearbeiten emsig mit Fischgrätenbesen den sandigen Meeresboden. Etwas entfernt sehe ich einen menschenmannshohen Wald aus Seegras und schwimme darauf zu. Auch hier sind die kleinen Männchen fleißig an der Arbeit. Sie halten winzige Sicheln in den Händchen und schneiden damit das Gras. Wieder andere bündeln es und hängen es an eigenartige Holzbalken, die wie verdorrte Bäume wirken. Diese jetzt toten Bäume waren wohl einst ein großer Wald, an seinem Rand muß ein reiches Volk gewohnt haben, denn ich kann Mauerreste aus einem seltsamen weiß schimmernden Gestein sehen. Ich nehme einen losen Stein in meine Hände, er ist kühl und sehr glatt. Außerdem hat er eine vollkommen gleichmäßige Form. Wie hat man das wohl gemacht? Dieser weiße Stein ist viel härter als unser Feuerstein. Gerne würde ich ihn mitnehmen, leider habe ich nichts, wo ich den

Stein hineinlegen könnte, da ich meine Hände zum Schwimmen gebrauche. Also lege ich ihn wieder auf den Mauerrest, nehme aber einen kleinen Stein in den Mund zum Mitnehmen. Jetzt gleite ich mühelos weiter zu dem Graswald und schwimme mitten hinein. Um mich wogt es in allen erdenklichen Grüntönen. Es ist hier schon fast unangenehm warm. Das Gras und die grünen Farben werden nun ganz durchscheinend wie klares Wasser, und dann sehe ich viele schwarze Schatten an mir vorbeihuschen. Alles ist irgendwie unwirklich wie im Traum. Ich kann mich auch nicht mehr so mühelos fortbewegen, jeder Schwimmzug ist wie ein Gang durch zu lange gekochten, zähen Hirsebrei. In diesem Zwischenreich ist es wieder sehr warm, und nach meinem Empfinden bleibe ich recht lange hier im Reich der Schatten. Mit einem kurzen, stechenden Schmerz verschwindet nun mein Fischschwanz, und ich bekomme wieder meine zwei Beine. Die Fischschuppen bilden sich blitzschnell zurück, meine Haut ist glatt wie zuvor.

Mit dem Handrücken wische ich mir den Schweiß von der Stirn, drehe mich um und lege den Feuerstein aus der Hand. Mora sitzt zusammengesunken an einem Stein. Deyxa hockt in der Mitte unserer Kammer und schaut mich müde an. Taja ritzt immer noch mit ihrem Werkzeug am Stein herum. Ich lasse mich neben Mora fallen, lehne meinen erschöpften Körper an den Stein und schaue Taja zu. Sie hat wunderschöne Flammengestalten in den Stein geritzt und vollendet gerade eine geringelte Spiralsonne. Dann legt sie das Werkzeug aus der Hand und setzt sich zu uns. Ihre Augen leuchten in fanatischem Glanz.

Ich sehe neben unseren Häufchen Werkzeugen einen kleinen weiß schimmernden Stein, nehme ihn in meine Hand und erinnere mich. Die erste Fackel verlöscht. Wir sprechen nicht, schauen uns nur an und fühlen eine tiefe Verbundenheit. Deyxa legt sich jetzt hin und schläft sofort ein. Von Mora sind nur noch gleichmäßige Atemzüge zu hören. Auch mir fallen, zeitgleich mit dem Verlöschen der zweiten Fackel, die Augen zu.

Wieder ist es der Geruch von Thymian, der mich weckt. Die anderen drei sind schon wach und unterhalten sich leise. Rany steht mit einer neuen Fackel vor uns und leuchtet einer jeden von uns ins Gesicht, seufzt erleichtert, als sie sieht, daß wir alle wohlauf sind: »Wie schön, daß ihr alle wieder da seid. Draußen warten warmer Tee und Fladen auf euch, nun kommt.« Sie gibt uns warme Decken, und wir hüllen uns darin ein. Mora gähnt nun laut und hemmungslos. Wir stehen auf, stampfen mit den Füßen auf den Boden und hüpfen ein paarmal hin und her, um den Körper in Schwung zu bringen. Draußen ist es dämmerig, der Morgen zieht mit grauroten Streifen heran. Viele unseres Volkes sind trotz der frühen Morgenstunde schon wach und scharen sich sofort um uns. »Nun erzählt! Wie siehst du denn aus? Was habt ihr erlebt? Wie schön, daß ihr gesund und einigermaßen munter seid. Ihr wart so unruhig die ganze Nacht. Deyxa, wieso bist du so dreckig? Maya, was hast du da für einen seltsamen Stein?« So reden alle durcheinander. Rany hebt ihre Hand, und sofort sind alle still. »Laßt sie doch erst mal in Ruhe ihren Tee trinken und sich erinnern, was heute nacht geschehen ist. Deyxa, geh dich ruhig erst waschen.«

Mein mitgebrachter weißer Stein erregt Aufsehen und wandert durch alle Hände, keiner hat je so einen Stein gesehen. Außerdem beweist er, daß ich wirklich und mit meinem Körper in einer anderen Welt war. Unsere Werkzeugmänner, die die Feuersteine suchen und bearbeiten, sind hellauf begeistert von seiner ungewöhnlichen Härte. »Woher hast du ihn?« ist ihre erste Frage. »Wartet, bis ich mein Erlebnis erzähle«, antworte ich freudlich. Wir anderen gehen uns nun auch waschen und anziehen. Frisch und sauber sind wir nach kurzer Zeit wieder da und trinken noch einen warmen Tee.

Mora ist zuerst fertig und ganz munter, ihre Augen blitzen schon wieder übermütig in die Welt. Sie nickt uns zu und erzählt ihre Vision:

»Einige Zeit nach dem Pilzgetränk wurde ich ganz unruhig. Es kribbelte in allen meinen Gliedern wie Ameisen. Da mußte ich aufspringen.« Sie schaut mich an und sagt: »Dann habe ich noch bemerkt wie du, Maya, mir das Werkzeug in die Hand drücktest.« Es entsteht eine kleine Pause, Mora streicht mit der Hand über ihre Augen und erzählt weiter: »Ich wurde auf einmal ganz leicht, wie eine Feder. Deshalb wehte ich auch einfach davon. Über Gräser und Bäume schwebte ich. Mein Blick war ganz klar, und ich konnte

die Gräser und Blumen mit ihren Strukturen deutlich und übergroß erkennen. Die Sonne schien warm, und ich flog über einen ruhigen See. Ich fühlte mich wie die Luft zwischen Sonne und Wasser. Nun mußte ich die Wassertropfen auf die Sonnenstrahlen setzen, da leuchteten sie wunderschön wie feuchte Perlen. Diese Wasserperlen wurden dann nach oben gesaugt und bildeten am Himmel kleine weiße Wölkchen. Nach einer Weile flog ich mitten hinein in so einen weichen Wolkenberg. Da konnte ich dann nichts mehr erkennen, denn alles war weißer Nebel. Dann wurde mir schwindelig, ich habe mich hingesetzt und weiß noch, daß ich furchtbar müde war.«

Nachdem Mora geendet hat, ergreift Taja das Wort und berichtet von ihrer Vision:

»Mir wurde einige Zeit, nachdem wir den Pilzsaft getrunken hatten, entsetzlich heiß. Ich hatte das Gefühl, der ganze Boden brenne, und ich mußte aufspringen. Verschiedene rote und gelbe Gestalten umringten mich plötzlich, und ich bekam ein leichtes Angstgefühl. Aber sie wollten nur mit mir tanzen. Das war ein wilder Tanz, kann ich euch sagen! In meinem ganzen Leben hatte ich noch nie solche Gefühle. Ich war eine langgezogene Spirale und mußte Sonne und Erde erdenken. Die Sonne war eine ganz gleichmäßige Spirale, und wir berührten uns bei meinem Sprung in den Himmel. Dann trat der wunderschönste, feurigste Mann, den Ihr euch denken könnt, aus der Sonne heraus. Seine Haut leuchtete in warmem Orange, und seine feuerroten Haare knisterten bei jeder Bewegung. Er hatte einen grazilen und gleichzeitig kraftvollen Gang. Das Merkwürdigste waren seine Augen, bernsteingelbe Raubkatzenaugen! Sie strahlten und funkelten mit der Sonne um die Wette. Geschmeidig kam er auf mich zu und sah mich intensiv an. Ich verbrannte in seinen Augen und war verloren! Er nahm mich in seine Arme, und wir streichelten uns. Er strahlte eine unvorstellbare Hitze aus und übertrug sie auf mich. Mir war dann auch wahnsinnig heiß, und ich dachte, ich müsse mich auflösen.« Schweratmend unterbricht sie ihre Erzählung. Nachdem sie sich etwas beruhigt hat, sagt sie und errötet ganz sanft: »Dann haben der Feuermann und ich Liebe gemacht, um den erdachten Himmel

und die Erde zu erschaffen. Ich glaube, das ist für ein menschliches Wesen fast zu viel. In mir explodierte alles! Nur noch rote und gelbe Nebel tanzten vor meinen Augen herum. Der Feuermann lachte mir noch einmal zu und ging wieder zur Sonne zurück. Ich fühlte mich kalt, leer und allein. Ich hätte ihn gerne bei mir behalten. Aber es war keine Zeit mehr für Traurigkeit, denn nun mußte ich noch unsere Erschaffung der Welt aufzeichnen. Dann weiß ich nur noch, wie Maya mir von der Seite her beim Malen zusah.«

Sichtlich bewegt beendet Taja die Erzählung ihrer Vision. Deyxa streckt sich, und ihre Gelenke knacken. Ihre frischgewaschenen Haare glänzen in der inzwischen erschienenen Sonne. Ich glaube, die Sonne kam genau in dem Augenblick hinter den Wolken hervor, als Taja von ihrem Feuermann sprach. »Na, dann werde ich jetzt meine Vision erzählen.« Deyxas Blick ist in die Ferne gerichtet, und sie beginnt zu sprechen:

»Ich fühlte mich gleich am Anfang sehr schwer, so als ob ich aus Stein wäre. Mein unglaubliches Gewicht ließ mich nur schwerfällig handeln. Langsam schaute ich mir meine Umgebung an. Da alles hier schön dunkelbraun, aber unnatürlich warm war, kam ich mir wie in einem engen Erdloch vor. Lief die Zeit irgendwie verlangsamt ab, weil mein Körper so unendlich schwer, groß und massig war? Ich litt mittlerweile unvorstellbar unter der Hitze, meine Haut bekam davon Risse, und ich bat um Regen. Auch quälte mich inzwischen großer Durst. Dann regnete es zwar, aber nur ein bißchen, und ich versuchte, das Wasser auf meinem Körper zu verteilen. Endlich fand ich eine Wasserstelle und konnte meinen brennenden Durst löschen. Seltsamerweise hatte ich nun vier dicke Beine, und darüber war ich furchtbar erschrocken. Bald wurde ich aber abgelenkt, denn das bißchen Wasser juckte schrecklich auf meinem Fell. Ja, mir war doch unbemerkt ein hartes, borstiges Fell gewachsen. Um mir Erleichterung zu verschaffen, wälzte ich mich auf der Erde. Das war schön und tat gut! Jetzt regnete es stärker, und der Staub auf der Erde wurde zu Schlamm. Ich liebte den kühlen, weichen Schlamm und begrüßte ihn mit meinem Körper. Die Erde und ich wurden eins! Braune, feuchte und moderig duftende Erdschollen brachen vor meinen Augen auf. Ich schlief

hunderttausend Lichtjahre in der herrlichen geliebten Erde! Ruhe, Stille und unendlich verlangsamte Bewegungen konnte man hier genießen. Ich lag geborgen im Schoß der Mutter Erde und fühlte mich einfach sehr lange wohl. Nach einiger Zeit bemerkte ich, daß ich wieder glatte Menschenhaut und zwei Beine hatte. Leichte braune Nebel zogen durch mein Gesichtsfeld. In der Mitte des Platzes, auf dem ich stand, sah ich einen Feuerstein. Ich nahm ihn in die Hand und zeichnete Freundschaftslinien in den Boden als Dankesbotschaft für die Erde. Dabei fühlte ich den schönen, weichen und feuchten Sand und versank zum Abschied noch einmal im Braun der Erde. Dann wurde mir bewußt, daß ich in der Mitte des Raumes hockte und Maya mich ansah. Ich muß ja ein schrecklicher Anblick gewesen sein.« Deyxa kichert und beendet ihre erzählte Vision. *»Aber jetzt bin ich wieder frisch und sauber«,* verkündet sie, was sowieso schon alle gesehen haben, und erleichtertes Gelächter bricht los.

Nun erzähle ich noch meine Visionsreise. Als ich jetzt von Ea berichte, ist es totenstill. Keiner will ein Wort verpassen. Als ich ende, geht ein Aufatmen durch unsere Leute. Das waren gute Informationen für den Stamm! Als großes Glück werten muß man auch, daß alle vier Bilderfrauen heil und gesund an Leib und Seele von ihren Reisen zurückgekehrt sind. Rany ist sehr zufrieden und meint, daß die Götter und besonders Ea uns sehr wohlgesonnen sind. Gab doch Ea durch die Bilderfrauen für alle die Vision der Entstehung der Welt. Festgehalten für die nachkommende Generation wurde es durch unsere gemalten Ritzungen in die Feensteine. Durch die Vision der Entstehung der Welt haben alle Menschen nun den Beweis, daß die Götter über sie wachen.

Verwirrt schaue ich mich um, wo sind die anderen? Ganz allein sitze ich im Dolmen »La Roche-aux-Fées« in Frankreich in der Bretagne. Die Sonne blinzelt durch die breiten Spalten zwischen den Steinen. Heute ist es keine geschlossene Höhle mehr wie damals. Nur noch die nackten Steine stehen in der Landschaft. Keiner muß sich mehr durch den niedrigen Eingang quetschen, obwohl ich das gemacht habe, denn die Zwischenräume der Steine sind heute so breit, daß ein Mensch bequem hindurchpaßt. »La Roche-aux-Fées« ist ein Langdolmen mit vorne immer noch niedrigem Eingang und dann einem engen Gang, der in die erste der Kammern mündet. Daran schließt sich die zweite, größere Kammer an, in der ich jetzt nach so vielen Jahrhunderten wieder stehe. An zwei Steinen kann ich noch gut sichtbare Zeichnungen und Ritzungen erkennen. Auf den anderen Steinen hat die Witterung leider alles verwischt. Links von mir kann ich eine Fischblase sehen. Innen in der Blase sind kleine Kreise, wie Perlen, gemalt und ein seltsames Tier mit Flügeln. Dann sind darin noch zwei Sicheln, eine Wünschelrute und ein kahler, wie verdorrter Baum mit nur einem Ast abgebildet. Zwischen all diesen Zeichnungen sind kleine Strichmännchen eingeritzt und Gebilde, die aussehen wie Fischgräten. Auf dem anderen Stein kann ich eine Tierschnauze, eine Blüte, eine Spirale und irgend etwas Tropfenartiges erkennen. Als ich alles genau angeschaut habe, sind einige Stunden vergangen. Draußen hält eine dicke Eiche noch heute schützend ihre Zweige wie Arme über den Dolmen, den die Menschen Feensteine nennen. Ist die Eiche oder ihr Nachfolger noch ein Überbleibsel vom Baumkreis? Ich setze mich ins Gras und schreibe meine Erlebnisse auf. Dann gehe ich zum kleinen Lädchen in der Nähe und kaufe eine Postkarte von den Feensteinen. Da kann ich nun lesen:

»La Roche-aux-Fées« – Der Felsen der Feen

Unter »roche« sind Felsen, Felsgestein oder Felsbrocken zu verstehen. Hier handelt es sich wahrscheinlich um eine keltische Kultstätte der Bretagne. Diese Dolmen sind aufgerichtete Felsbrocken, welche mit großen, schweren Felsplatten überdeckt sind und so eine Art überdachte Allee bilden. Es gibt natürlich auch eine Legende über diese Steine:
»La Légende des Amoureux« – Die Legende der Verliebten:
»Eifersüchtig über den wohlgelungenen Bau durch die gute Fee Viviane, Architektin des Feenfelsens, spricht die böse Fee Carabosse einen Fluch oder Bann über all jene, welche versuchen, die Anzahl der Steine dieser wunderbaren gedeckten Allee herauszu-

finden. Nur die Verliebten, welche sich eine glückliche Heirat ersehnen, sind von dem Fluch verschont. Finden sie beide die genaue Anzahl der Steine heraus, oder beträgt ihre Abweichung nicht mehr als zwei Steine, ist ihnen die Heirat gewiß.«

Wasser des Lebens

So verschieden wie die Temperamente der Menschen mit allen ihren Abstufungen sind, so verschiedene Eigenschaften hat auch das Wasser. Es gibt das tosende, aufgewühlte, wilde und starke Meer, den klaren, ruhigen und friedlichen Gebirgssee, den geheimnisvollen, stillen und undurchsichtigen Moorsee, den belebten, geschäftigen, mit Enten und Teichhühnern übersäten Dorfteich und den vermoderten, stinkenden und sterbenden Tümpel. Es gibt den schnellen, alles mit sich reißenden, gurgelnden Strom, den munter und frisch über Kieselsteine springenden, fröhlichen Gebirgsbach, den behäbigen, müde und langweilig dahinfließenden Fluß und den oft verstopften, an einigen Stellen sauberen, an anderen Stellen verdreckten Graben.

In einer Meditation denke und fühle dich einmal in das Wasser in seiner ganzen Vielfalt hinein. Du wirst staunen und feststellen, daß das Wasser immer und besonders in unserem täglichen Leben eine wichtige Rolle spielt. Wenn du die Gelegenheit hast, setz dich draußen ans Wasser und beobachte es. Fließe gedanklich mit ihm dahin, und spiele in deiner Vorstellung mit den Steinen im Flußbett. Wenn du z.B. am Meer stehst und dir vorstellst, daß jede Welle, die an den Strand rollt, dir Kraft und Stärke bringt, dann wirst du dich auch stark und kraftvoll fühlen!

Denke daran, wie unterschiedlich Wasser sein kann. Wir kennen die helle, lebensfördernde Seite des Wassers als Thermalwasser, Heilwasser, Mineralwasser und Regenwasser für unsere Getreide- und Gemüsefelder. Wir kennen aber auch die dunkle, zerstörende Seite des Wassers als stürmisches Meer, das ganze Schiffe verschlingt und den Menschen zum Grab wird. Wir kennen Sturmfluten und Hagelschauer, die unsere Felder verwüsten und die Ernte vernichten.

Um Kraft, Stärke, Klarheit und Geduld zu bekommen, beschäftigen wir uns natürlich mit der hellen Seite des Wassers. An einem Beispiel versuche ich zu erklären, wie mit Hilfe eines ruhig dahinfließenden Flusses Klarheit in eine verwickelte Situation gebracht werden kann. Ein Beispiel: Person X hat ein Problem, bei dem ihr in erster Linie Klarheit fehlt. Es gibt in ihrem Leben zwei Männer, die sie aus unterschiedlichen Gründen meint zu lieben. Der eine Mann ist ein brillanter Denker, Redner und Verstandesmensch, der andere ein weicher, zärtlicher, rücksichtsvoller Gefühlsmensch. X würde am liebsten aus beiden Männern einen einzigen basteln. Da das nicht zu realisieren ist, möchte sie sich für einen entscheiden, weiß aber nicht wie. Es gibt drei Möglichkeiten: Mit dem Verstandesmenschen zu leben, mit dem Gefühlsmenschen zu leben oder erst einmal alleine zu bleiben. Seit Monaten versucht X diese Situation in den Griff zu bekommen. Für alle drei Wege gibt es viele gute Argumente. Sie dreht sich im Kreis.

Um Klarheit zu bekommen, soll X sich einen ganz klaren, frischen Gebirgsbach suchen (wer nicht in einem bergigen Landstrich wohnt und auch keinen kleinen Ausflug dahin unternehmen kann, sollte sich einen klaren Wiesenbach suchen). Der Bach muß so klar sein, wie der Gedanke, den X fassen will. Wenn sie ihn gefunden hat, schaut sie nach, wo sie an seinem Ufer für ca. 20 Minuten ein ruhiges, geschütztes Plätzchen finden kann, um die folgende Übung durchzuführen.

19. Übung:

Wasserklarheit!

Setz dich still an einen klaren, ruhig und stetig dahinfließenden Bach, und laß den leichten Wind durch deine Haare streichen. Schau einige Minuten ins Wasser, verfolge den Bachlauf mit den Augen, und sieh, wie das Wasser über Steine und Sand mit steter Gleichmäßigkeit fließt. Du kannst durch das glasklare Wasser bis zum Grund sehen. Solche Klarheit wünschst du dir auch! Konzentriere dich nun kurz mit wacher Aufmerksamkeit auf deinen Wunsch! Dann starre einige Zeit in den Bach, bis dein Blick verschwimmt. Laß alles Wollen los, und träume ins Wasser hinein.

Nun schließe deine Augen, und geh in die schon gelernte Entspannung. Du hörst den Bach ab und zu fröhlich glucksen und fühlst die wohlige Kühle des Windhauchs an deinem Kopf. So, wie du eben in den Bach geträumt hast, so stellst du dir nun das Wasser vor deinen geschlossenen Augen vor. Du siehst innerlich, wie der Bach an dir vorbeiplätschert, und eine wohltuende Ruhe zieht in dich ein mit einem immer gleichbleibenden Geräusch. Der Bach rinnt durch deinen Kopf, spült alles an Gedanken mit sich fort und schafft Platz für Bilder und Visionen. Das Plätschern ist nun laut in deinem Kopf. Höre genau hin, was der Bach dir sagt. Versenke dich in die Geräusche des Wassers. Nun kannst du es auch riechen! Der frische, natürliche Geruch des Baches wirkt belebend und reinigend auf dich. Auf deiner Zunge schmeckst du das anregende kühle Naß, es läuft mit all seiner sauberen, prickelnden Frische durch deine Kehle weiter in deinen Magen. Dort verbreitet es seine gesundmachenden Wasserperlchen. Von hier aus verteilt sich lebensspendende Frische in alle Körperteile, Adern, Muskeln, Organe und Nerven. Zuerst werden deine Füße angeregt durchblutet, dann wird dein Bauch wohlig warm, jetzt fühlst du dich ganz zufrieden und entspannt, ein Lächeln zieht über dein Gesicht, und dann steigt eine enorme Frische in deinen Kopf. Bitte um ein klares Erkennen deiner Situation! Verweile in Gedankenstille einige Zeit in der nun einziehenden Klarheit deines Kopfes. Stell dir dazu eine ruhige, durchsichtige Wasserfläche vor, unendlich groß. Du bist ein Tropfen in dieser großen, weiten Fläche – Stille ...

Dein Kopf ist leicht, und dein Gefühl zeigt jetzt in glasklaren, transparenten Bildern deinen Weg. Eigenartigerweise fühlst du dich herrlich erfrischt und jung. Genieße das eine Weile.

Nun konzentriere dich wieder auf das Plätschern des Baches, höre seine ständige Bewegung, sein munteres Wirbeln um die Steine. Laß dich anstecken von dem fröhlichen Glucksen, es klingt fast wie verhaltenes Lachen. Diese reine Fröhlichkeit fließt in deinen Kopf, du fühlst sie wie Sekt in dich hineinperlen. Ein leichtes

Schmunzeln erscheint auf deinen Lippen, und nun kommst du mit der bekannten Rückkehrübung zurück. Langsam öffnest du die Augen und schaust in den immer noch dahineilenden Bach. Lebendig hüpft er über einige Kieselsteine, lustig nimmt er alle Hindernisse und bleibt klar wie zuvor. Mach dir noch eigene Gedanken zum Wasser. Dann danke in deinem Inneren dem Bach für sein Zuhören und seine Geduld, vielleicht auch schon für die Beantwortung deines Problemes.

Es kann auch sein, daß du noch einige Tage auf die Klärung deiner Situation warten mußt. In hartnäckigen Fällen solltest du die Meditation wiederholen. Aber bald wirst du tief in dir wissen, was für dich richtig ist. Wie du diese klare Erkenntnis umsetzt, ist deine ureigenste Angelegenheit.

Wasser als Informationsträger

Wasser ist ausgezeichnet und äußerst vielseitig zum Speichern, Aufladen und Programmieren geeignet. Vielleicht läßt sich dadurch die Heilkraft mancher Quellen erklären. In tiefsten Tiefen der Felsen läuft es möglicherweise über gesundheitsförderndes Gestein und bringt diese Information mit an die Oberfläche. Wir können selber verschiedene Übungen und Versuche mit dem Aufladen von Wasser machen. Dabei wird sich herauskristallisieren, mit welcher Art jeder Übende am besten zurechtkommt. So, wie die Menschen alle verschieden sind, gibt es auch unterschiedliche Möglichkeiten, das Wasser aufzuladen. Man kann das Wasser mit lebensfördernden, heilenden oder verjüngenden Eigenschaften programmieren. Jeder sollte selber testen, wie lange so eine Aufladung im Wasser bestehen bleibt, denn auch das ist sehr unterschiedlich. Das kann mit dem Pendel oder einer Wünschelrute geschehen. Wer mit beidem nicht vertraut ist, kann einfach warten, bis er fühlt, daß die Wirkung nachläßt.

20. Übung

Gesundheit, Schönheit, Freude

Wasserprogrammierung

1. Programmierung mit einem Kristall: Nimm einen guten, schon mit Gesundheit programmierten Bergkristall, und leg ihn abends in ein Glas mit stillem Wasser. Es darf keine Kohlensäure im Wasser sein! Davon trinke man am nächsten Tag in kleinen Schlucken, über den ganzen Tag verteilt, zu Anfang drei Gläser, später kann man dann auf fünf erhöhen.

2. Programmierung mit dem Augenstrahl: Stell eine Schüssel mit normalem Leitungswasser vor dich hin. Mit dem Augenstrahl fixiere nun das Wasser, und denke an z. B. schöne, dichte Haare. Du stellst dir diese Haarpracht bildlich vor und schaust dabei konzentriert ins Wasser. Über den Augenstrahl, der sich aus beiden Augen ergießt und sich kurz vor der Wasseroberfläche zu einem Strahl vereinigt, fließen die Bilder von den schönen Haaren in deine Wasserschüssel. Wenn du das Gefühl hast, daß es genug ist oder deine Konzentration nachläßt, gehe ins Bad, und halte deine Haare in die Schüssel mit dem aufgeladenen Wasser, und stell dir vor, wie deine Haare nun schön und dicht werden. Anschließend gieße das Wasser über die Haare, wickle ein Handtuch darum und fühle, wie deine Kopfhaut belebt prickelt. Nach ca. fünf bis zehn Minuten läßt du deine Haare an der Luft trocknen.

3. Programmierung mit der Hand: Nimm ein Glas stilles Wasser, und halte deine rechte, abgebende Hand darüber mit der Vorstellung von Zufriedenheit, Freude, Licht, guter Laune, Fröhlichkeit usw. Laß dein inneres Bild von z. B. fröhlicher, guter Laune durch deinen rechten Arm in die Hand und dann ins Wasser gleiten. Das trinke dann zügig, aber nicht hastig aus.

4. Kombinierte Programmierung: Leg zwei gute Bergkristalle in dein nicht zu heißes Badewasser, die du, je nachdem, was du gerade brauchst, mit Belebung oder mit Entspannung aufgeladen hast. Man kann auch einen Kristall mit Schönheit aufladen und dann ins Badewasser legen. Jetzt halte beide Handinnenflächen über das Wasser, und stell dir bildlich die Eigenschaft vor, die du dir nun wünschst. Ich denke z. B. bei Entspannung an einen Liegestuhl am Strand, ich habe viel Zeit, das Meer plätschert beruhigend, ich bin schläfrig und faul. Dieses Bild rutscht durch beide Arme und Hände ins Badewasser, zusätzlich kannst du es noch mit dem Augenstrahl fixieren. Wichtig ist, daß beide Kristalle und auch deine Bildvorstellung dieselbe Programmierung haben, also Bild und Stein, beide, mit z. B. Ruhe aufgeladen sind. Niemals die Kristalle mit Ruhe und das Bild und deine Vorstellung mit Belebung füllen! Dann steige ins Wasser, tauche ein, aber nicht unter und fühle dich wohl!

5. Reinigung mit programmiertem Wasser: Möchtest du deine Steine, Pendel oder sonstige Dinge reinigen? Halte sie einzeln unter fließendes Wasser, und stell dir vor, wie aller grob- und feinstofflicher Schmutz abgespült wird und im Ausguß verschwindet. Dann kannst du noch zusätzlich eine Schüssel mit Wasser füllen und mit dem Augenstrahl hineinprogrammieren. Stell dir dabei vor, wie das Wasser die Kraft der Reinigung und Säuberung erhält. Oder du kannst auch deine beiden Handinnenflächen über die gefüllte Schüssel halten und dein inneres Bild von Reinigung und Klarheit durch deine Arme und Hände in das Wasser fließen lassen. Dann leg deine zu säubernden Steine oder Pendel einige Stunden oder, bis du merkst, daß es reicht, hinein. Anschließend trockne sie mit einem sauberen Baumwolltuch ab. Leg sie dann in die mit Salbei gefüllte Glasschale, bis du sie benutzen möchtest.

Madron Well

Wir gehen mit unserer Reisegruppe durch einen grünen Naturdom über einen schmalen, gewundenen, oben und an den Seiten zugewachsenen Weg. Wir wollen Madron Well, eine keltische Kapellenruine mit Wünschbrunnen, besuchen. Vom Parkplatz aus ist sie nach einem kleinen Fußmarsch zu erreichen. Rechts und links vom Weg stehen bizarr geformte Bäume und bilden das Gerüst für den grünen Tunnel. Einige haben erhobene oder ausgestreckte Arme mit großen Händen und knorrigen langen Fingern. Andere schauen aus runden oder länglichen Gesichtern auf uns herab. Einige beäugen uns griesgrämig, andere lächeln freundlich, und zwei oder drei grinsen über das ganze Gesicht. Ich schaue alle genau an, sind sie vielleicht die Wächter dieses Ortes?

Links vom Weg liegt, wie ein breiter Gürtel, ein Feuchtgebiet, wo nun einige schlammige Ausbuchtungen auftauchen. Hier hängen die Bäume und Sträucher voll mit bunten Bändchen, denn hier im Feuchtgebiet entspringen sogenannte Wunschquellen. Man kann für jeden Wunsch einen bunten Stoffstreifen oder ein Haarband aufhängen. Zweimal kommen wir an so einer Wunschstelle vorbei, und einige aus unserer Gruppe bleiben dort stehen. Wir anderen gehen weiter und sehen jetzt die von allerlei Pflanzen überwachsene Kapellenruine. Ich stehe ganz still da, mache meinen Kopf leer und bekomme den gedanklichen Hinweis, daß hier früher, lange bevor die Kapelle gebaut wurde, ein weiblicher Kultplatz war.

Daraufhin sehe ich eine große Kirche, und in den ersten zwei Bänken stehen junge Frauen. Sie sind in einfache weiße, lange Gewänder gekleidet, und ich bin mitten unter ihnen. Dann wird ein kleines weißes Papiertütchen verteilt, darin befindet sich ein schneeweißes Pulver. Wir sollen das essen, weil wir zusammen hier sind, um einen Orakelspruch zu finden. Ich weiß, daß ich das schon mehrmals mitgemacht habe, denn ich will das Pulver nicht essen und lasse es verschwinden. Das sieht die Frau, die neben mir steht und sagt: »Ich will das auch nicht essen.« Aber ich sage ihr:

»Nimm es jetzt lieber noch einmal, und dann nimm jedes Mal etwas weniger, denn du mußt wissen, wie das Pulver wirkt, damit du weißt, wie du dich verhalten mußt. Wir werden überwacht, und wenn du das Pulver nicht mehr nimmst, mußt du so tun, als ob du es genommen hättest.« Ich verlasse nun wankend und allein die Kirche. Dann bin ich außer Sichtweite der Kirche und gehe wieder normal weiter über Wiesen und Felder. Von weitem schon sehe ich eine Kapelle und gehe darauf zu. Sie ist sehr klein und hat unter ihrem rückwärtigen Teil einen klitzekleinen Raum mit einer Korktür. Ich öffne diese Tür, weil ich ein Versteck suche. Aber der Raum eignet sich nicht, denn er ist winzig und eng. Außerdem sind viele Insekten, Spinnen, Käfer und anderes Kleingetier darin, und schnell schließe ich die Tür wieder. Nun gehe ich in die kleine, ganz stille Kapelle, setze mich in die vorderste Bank und überlege, welches Orakel ich verkünden soll.

Da höre ich plötzlich Geräusche und lasse mich wie betrunken in die Bank sinken. Mein Kopf hängt schlapp nach rechts. Irgend jemand steht hinten in der Kapelle und kontrolliert mich. Da sie (die ich nicht sehen kann) mich völlig zusammengesunken in der Bank hängen sehen, sind sie beruhigt und gehen nach kurzer Zeit wieder. Etwas später gehe ich auch. Zuerst über eine ziemlich trockene Wiese, dann über ein brachliegendes Feld. Die Erde ist staubtrocken wie in Indien. Links sehe ich ein paar noch grüne Büsche, und daraus kommt nun mit geschmeidigem Gang ein schwarzer, halbwilder Panther. Er kommt für meine Begriffe etwas zu nah und schaut mich prüfend an. Ich spreche mit ihm und streiche ihm dabei vorsichtig über den Kopf. Nachdem der Panther beschlossen hat, daß er mich mag, gehen wir zusammen weiter und kommen nach ein paar Minuten an eine aus Baumstämmen und Ästen gebaute und mit Gras gedeckte Hütte. Da sitzen schon einige Menschen mit sonnenbrauner Hautfarbe, und ich setze mich dazu. Ich habe das Gefühl, sie hätten auf mich gewartet. Der Panther ist ein goldgelber Schäferhund geworden und liegt an meiner linken Seite, sehr nahe bei mir.

Der Orakelspruch lautet:

»Nimm das dunkle Wesen in dir und anderen an, und wandle es durch Mut und Liebe um in ein goldgelbes Wesen!«

Ein paar nebelhafte Gestalten huschen an mir vorbei. Na so was, da stehe ich und träume am hellen Tag. Aber wenn hier vor langer Zeit tatsächlich ein Kultplatz war, dann gibt es an diesem Ort noch viel zu erforschen und zu erfühlen. Ich gehe weiter zur Kapellenruine und trete ehrfürchtig ein. Im Innern, wo das Wasser von einer nahegelegenen Quelle hereingeleitet und gefaßt wird, knüpfe ich zwei Wunschbändchen an eine Efeuranke, die aus einer Mauerritze herauswächst. Dabei konzentriere ich mich auf meinen Wunsch. Tief versunken habe ich meine Wünsche nun geäußert und mußte unwillkürlich an mein Erlebnis im Sommer, während der Vorbereitung für diese Reise, denken.

Mein Mann und ich waren unterwegs, um Orte und Plätze durch Erleben und Ermessen zu finden, die sich für unsere Gruppenreise eignen würden. Stundenlang waren wir im Sommer ganz allein hier. Ich ging, mit dem Fotoapparat in der Hand, auf den Eingang zu, und erinnere mich, daß die Vögel sangen, als ich durch den Kapelleneingang schritt. Plötzlich ergriff mich eine eigenartige Stimmung, und ich hatte das Gefühl, ich wäre unter einer gläsernen Glocke. Alle Geräusche drangen nur noch gedämpft zu mir. Bevor ich mir dieser Schwingung richtig bewußt wurde, sah ich auf einmal, in der Quellfassung schwebend, das Portraitbild einer Frau in weißem Oberteil und mit weißem Hut. Der Hut war ziemlich groß und hatte an der von mir aus gesehenen rechten Seite eine große weiße Rose. Ich starrte die Erscheinung an, hob langsam den Fotoapparat und schaute durch den Sucher. Ich sah sie immer noch! An meiner Kamera mußte nichts eingestellt werden, sie war in Automatikbereitschaft. Inzwischen war ich schon ganz aufgeregt und hatte Mühe, die Fotokamera ruhig zu halten. Nachdem ich zwei Fotos gemacht hatte, ließ ich sie langsam, wie in Zeitlupe, wieder nach unten sinken. Die weiße Frau war immer noch da! Nach ca. drei Minuten, ich weiß nicht, ob mein Zeitgefühl noch stimmte, war sie dann plötzlich nicht mehr zu sehen.

Ich suchte sofort meinen Mann und erzählte ihm, was ich erlebt hatte. »Nun habe ich endlich den Beweis für die Bilder, die ich sehe, denn ich habe die weiße Frau fotografiert«, sagte ich zu ihm. Um es aber vorwegzunehmen, als ich die Fotos zu Hause entwickeln ließ, war zu meiner großen Enttäuschung von der weißen Frau nichts, aber auch gar nichts, zu sehen!

Meine Konzentration läßt nach, ich komme wieder in die Gegenwart und bemerke, daß alle Mitreisenden woanders sind und ich nun ganz allein im Innenraum der Ruine stehe. Eine wunderbar friedliche Stimmung liegt in der Luft. Nur von weitem höre ich die Stimmen der anderen. Es dringt als entferntes Murmeln zu mir herüber. Ich stelle mich nun wieder in den Eingang zur Kapelle und starre mit dem unfixierten Blick in die Quellfassung, in der Hoffnung, »meine« weiße Frau wiederzusehen. Nichts verändert sich! Ich kann nur die Steine der Fassung sehen. Etwas enttäuscht, hatte ich doch fest mit ihr gerechnet, stelle ich mich vor den alten Steinaltar mit Blick nach Osten. Die Quelle befindet sich rechts hinter mir. Dann schließe ich meine Augen und versuche, mich ruhig und leer zu machen. Dieses Vakuum in mir füllt sich schnell mit einem satten, leuchtenden orangenen Licht. Es füllt auch die ganze Fläche vor meinen immer noch geschlossenen Augen. Fast unmerklich verändert sich an einer Stelle dieser Fläche die Farbe von Orange zu Gelb. Dieser gelbe Fleck wird immer intensiver und größer, immer klarer und deutlicher. Da plötzlich kann ich ganz in strahlendem Gelb »meine« Quellfrau erkennen! Von der Kehle bis zum Nabel besteht die Erscheinung aus einem sich schnell drehenden, goldgelben Rad. An den äußeren Konturen geht das Gelb in pastellfarbene Regenbogenfarben über. Diese Farben darf man sich nicht flächig vorstellen, sondern wie viele winzigkleine Stäbchen, die in sich noch stark vibrieren. Das sieht eigenartig aus und fasziniert mich. Ich versuche ihr Gesicht zu sehen, es gelingt mir nicht, und so konzentriere ich mich auf das drehende Rad. Das hat inzwischen die Farbe von Gelb zu Weiß gewechselt. Ich starre in das Zentrum des Rades und bin sehr glücklich, daß sie nun doch hier ist. Ein sanftes Gefühl von Geborgenheit umhüllt mich, und ich bin unendlich dankbar.

Die Quelle in meinem Rücken plätschert sich nun langsam, aber unaufhaltsam in mein Bewußtsein, und die visuellen Eindrücke verblassen. Das Plätschern wird immer lauter, es füllt meinen ganzen Kopf, dann meinen Körper. Es rieselt sogar in die Arme und Beine. Nichts sonst ist zu hören. Nur dieses Plätschern in mir und um mich herum ist noch wichtig. Oh! Jetzt verändert sich das gleichmäßige Geräusch, wird unregelmäßig und auch lauter. In scheinbar wildem Durcheinander dröhnen in mir nun Buchstaben! Nach einer Weile ordnet sich alles, und ich kann einzelne Silben, dann Wörter erkennen. Hellwach höre ich genau hin, und da setzen sich die Worte zu Sätzen zusammen. Es ist unglaublich!

Angestrengt halte ich meine Konzentration aufrecht und versuche zu verstehen. Nun habe ich es! Alles ist ganz klar! Es ist eine

Botschaft, sie wird ständig wiederholt, bis sie in mich wie eingebrannt ist. Sie lautet:

»Die Wahrheit ist ein einziger, steter Fluß wie meine Quelle. Und so, wie sich das Wasser an der Quellfassung bricht, so reflektiert die Wahrheit an den menschlichen Körpern, und jeder sieht sie anders, aber sie ist bei allen gleich.«

Ich bin überwältigt und bedanke mich bei der Quellfrau. Das Murmeln der Quelle ist nun wieder in den Hintergrund gerückt, und ich höre einige Vogel- und Menschenstimmen. Die Gegenwart hat mich wieder, und mir fällt auf, daß mein Kopf völlig frisch und klar ist und ich mich körperlich sehr stark und kräftig fühle. Nun muß ich aber schnell zurück zu unserem Bus, um die gerade erhaltene Botschaft aufzuschreiben, damit ich nichts vergesse. Unterwegs treffe ich eine Reiseteilnehmerin, der ich aufgeregt mein Erlebnis mitteile. Wie gerieten wir beide nun ins Staunen, denn auch sie hat eine Botschaft über die Wahrheit bekommen.

Genau ein Jahr später hatte ich dort ein ähnliches Erlebnis. Diesmal lautete die Botschaft jedoch:

»Verbunden werden muß, was emporsteigen will.«

Wo das unterirdische, aus geheimnisvollen Tiefen hervorquellende Wasser aus der Erde bricht, entstanden in uralten Zeiten Orte mit besonderer Anziehungskraft. Ihnen wurden oft besondere und magische Kräfte nachgesagt. Es können Plätze der Heilung, der Vision, der Orakel, der überirdischen Freude, des Lichtes, der Kraft, der Naturgeister, der Verjüngung, der Schönheit, des Wahrsagens, der mystischen Stille, der Rückerinnerung, der Klarheit, der Reinigung usw. sein. Von einer Quelle der Visionen und des Orakels habe ich nun diese wahre Geschichte erzählt.

Madron Well liegt in West Penwith im äußersten Südwesten Englands und ist eine keltische Kapellenruine. Die vier Wände sind noch gut erhalten. Der uralte steinerne Altartisch steht im Osten der Ruine, im Westen plätschert das Quellwasser in seiner Fassung.

Von der eigentlichen Quelle, die unweit außerhalb der Kapelle entspringt, wird das Wasser in die brunnenähnliche, efeuumwachsene Fassung geleitet. Hier hängen auch immer die bunten Wunschbändchen. Es wird gesagt, und man kann es in dem Buch *Cornwall Saga* nachlesen, daß diese Ruine einstmals eine Taufkapelle gewesen sein soll, wohin christliche Mütter mit wahrscheinlich unbewußten heidnischen Neigungen ihre Kinder zur Taufe brachten. Nach heidnischem Brauch mußte die Mutter einen Zweig neunmal im Wasser gegen den Uhrzeiger drehen, ihr Kind nackt ins Wasser tauchen, dann in etwas Warmes einwickeln und über der Quelle einschlafen lassen. Als Dank wurde schon damals ein Bändchen aufgehängt. Nun waren die Geister besänftigt und Mutter und Kind gereinigt. Daphne du Maurier hat 1967 in ihrem Buch *Cornwall Saga* u.a. die alte Überlieferung beschrieben, daß man sich mit dem Wasser von der Madron Quelle waschen soll, wenn man sich herumquält mit peinigenden Träumen oder wenn man auf seiner Brust ein bedrückendes Gefühl verspürt, als würde einem der Atem genommen.

Es werde Licht

Licht ist eine Ausdrucksform des Feuers. Das Gegenüber des Lichtes ist die Dunkelheit. Ohne Dunkelheit würden wir das Licht nicht erkennen. In der Dämmerung kann man gut beobachten, wie sich Licht und Dunkelheit durchdringen, und so wird der Übergang fließend. Völlige finstere Dunkelheit existiert nur unter extremen Bedingungen, z.B. in Höhlen oder abgedunkelten, »dichten« Räumen. Schatten entstehen, wenn das Licht von dichten Körpern abgeschirmt wird. Ein Schatten ist nichts Eigenständiges, sondern zeichnet sich nur durch die Abwesenheit von Licht aus.

Das Licht kämpft schon dadurch gegen die Finsternis, daß es einfach leuchtet.　　　　　　　　　　　　　　　　　Bischof Keppler

Auch wenn man das Licht nur als hellen weißen Strahl wahrnimmt, hat es doch alle bunten Spektralfarben in sich. Das kann man in einem Versuch sichtbar machen: Besorge dir ein Prisma, schicke einen Lichtstrahl hindurch, und du wirst sehen, wie sich das Licht in alle Regenbogenfarben aufteilt, schön anzusehen in geschliffenen Kristallen, in Glastropfen oder Kugeln, auf die die Sonne scheint.

Diesen Lichtfarben werden wieder besondere Eigenschaften zugeschrieben, auf die ich aber nur kurz eingehe. Für mich steht Hellblau für magnetische Heilung und Fixierung aufgeladener Energie, Lila für Heilung mit Hilfe aus anderen Ebenen, Orange für die Aktivierung der Lebenskraft, Grün nehme ich zur Giftausleitung, Rot zum Ausgleich der elektrischen Eigenheiten des Menschen und Blau zum Ausgleich der magnetischen Eigenschaften. Man könnte nur darüber ein ganzes Buch schreiben.

Wichtig ist aber wieder zu bedenken, daß das Licht sowohl lebensfördernd als auch zersetzend ist. Wir leben in der Welt der Dualität, und wir Menschen unterscheiden Gutes von Bösem, Helles von Dunklem, Süßes von Saurem, Selbstbewußtsein von Unsicherheit usw. Auf unserer Erde gibt es immer die aufbauende und die zersetzende Kraft. So werden das Gleichgewicht und die nötige Spannung gehalten.

Wenn du mit Licht experimentierst, dann bedenke diese Gesetzmäßigkeiten! Die Vorstellung von Licht, auch farbigem, reicht alleine noch nicht, sondern es muß mit Hilfe der Vorstellung zusätzlich die Wirkung, also ob lebensfördernd, heilend oder wärmend übermittelt werden. Vielleicht wird es mir irgendwann möglich sein, darüber ausführlicher in einem anderen Buch zu schreiben. Hier möchte ich euch nun eine Übung, eine Lichtmeditation zur Selbstheilung, geben.

Im Anschluß an diese Übung folgt noch eine wichtige Lichtübung. Unsere Nahrungsmittel verlieren immer mehr ihren natürlichen Lichtgehalt, auch die biologisch angebauten, obwohl sie noch etwas mehr an Licht speichern als die herkömmlichen. Die Gründe dafür sind vielschichtig, ein Grund ist aber sicherlich die Luftverschmutzung. Es gelangt auch immer weniger Licht in unseren Körper durch den unbewußten Verzehr der Lebensmittel. Besonders kranke oder schwache Menschen brauchen aber zur Genesung lichtvolle Nahrung. Nach der Übung zur Selbstheilung schließt sich daher sofort die Übung zum Bereiten der lichtvollen Nahrung an.

21. Übung

Selbstheilung

Geh in die Entspannung, wie in der 1. Übung beschrieben. Nun stellst du dir in Bildern vor, wie du mit ganz klarem Wasser deinen Schmerz aus deinem Körper herausspülst. Sieh richtig vor deinen Augen, wie das Wasser durch deinen Kopf fließt, der häßliche giftgrüne Schmerz durch deine Fußsohlen hinausströmt und für immer in dem Erdboden versickert. Du visualisierst, wie die Erde das Gift neutralisiert. Dein Schmerz verringert sich und verschwindet.

Dann schickst du warmes orangefarbenes, heilendes Licht zu der Stelle deines Körpers, die dir Probleme bereitet hat. Dieses lebensfördernde Licht läßt du nun imaginär (mit deiner Vorstellungskraft) durch deine Wirbelsäule und alle deine Nerven- und Blutbahnen fließen. Das orangene Licht bringt die Lebenskraft überall hin, in alle Muskeln und in jede Zelle. Laß dieses heilende Licht dich ganz ausfüllen und sage dir: »Ich bin nun dauerhaft schmerzfrei und gesund. Mir geht es so gut wie nie zuvor!«

Zusätzlich kannst du bei der Selbstheilungsmeditation noch deine Hände auf die schmerzende Partie deines Körpers legen. Dabei stellst du dir vor, wie das orangene Licht aus deinen Handinnenflächen strömt und dich heilt und mit Lebenskraft erfüllt.

Nach einer Weile kommst du mit der Rückkehrübung (Übung 1, Seite 30) ins Tagesbewußtsein zurück.

22. Übung

Lichtnahrung

Die Nahrung liegt vor dir, und du denkst mit Dank an dieses Geschenk von Mutter Erde. Es ist nicht selbstverständlich, daß du heute wieder deinen Teller füllen kannst. Nun halte deine beiden Hände mit den Handflächen nach unten in geringem Abstand über die Nahrung und konzentriere dich darauf. Dabei stellst du dir vor, wie gutes, warmes, ganz helles weißes Licht aus deinen Händen strömt, hinein in die Lebensmittel, die vor dir liegen. Nach kurzer Zeit, je nachdem wie gut du dich inzwischen konzentrieren und visualisieren kannst, ist deine Nahrung aufgeladen mit Licht. Dieses Licht wird in den Körper transportiert und in Kraft, Stärke und gesundes Wohlbefinden umgesetzt. Stell dir das ganz intensiv vor!

Verwandlung

Türkisfarbenes Meerwasser ergießt sich in die schmale, aber bezaubernde Bucht an der nordwestlichen Küste Englands. Ich sitze etwas erhöht auf einem Steinmäuerchen mit ungetrübtem Blick auf diese Bucht und das Meer. Die Wellen haben kleine weiße Krönchen wie Zuckerguß. Über die Weite des Meeres gleite ich in die Unendlichkeit.

Alles ist ganz friedlich, nur die Möwen kreischen oder lachen. Das holt mich wieder zurück, und ich löse meinen Blick vom Meer und schaue nun den Möwen zu, wie sie sich weiß leuchtend vom Blau des Himmels abheben. Sie segeln und gleiten scheinbar mühelos durch die Luft und übers Meer. Ich fliege erst eine ganze Weile mit den Augen mit. Dann schlüpfe ich übergangslos und ohne mein Dazutun in eine Möwe und fliege leicht und frei davon. Ich bin ein ziemlich großer weißer Möwenvogel, und das Fliegen ist ganz einfach. Ich sehe Windkanäle wie aus Glas vor mir und weiß genau, wo ich fliegen kann. Mit einigen anderen schwarzen und grauen Vögeln und noch zwei Möwen segle ich über ein paar Häuser und in einem geschickten Bogen über eine Wiese. Wir fliegen nun auf die Klippen zu, und die anderen Vögel drehen ab. Die zwei Möwen schrauben sich in den Himmel und ich hinterher. Wir lassen uns fallen, fangen uns über einer Klippe wieder ab, aber dann rase ich mit irrsinniger Geschwindigkeit auf den Abgrund zu! Eine Schrecksekunde, ein Ruck im Magen, und ich stürze über die Klippe hinaus aufs Meer ...

Kurz vor dem Aufprall ziehe ich einen eleganten Halbkreis und gleite knapp über der Meeresoberfläche dahin. Unter mir sehe ich ein Farbenspiel in allen Türkis- und Blauschattierungen. Das Meer ist heute sehr ruhig, und ohne Anstrengung schwebe ich in kunstvollen Bögen und Figuren dahin. Nun steige ich wieder hoch in den Himmel, der strahlenden Sonne entgegen. Herrlich! Frei!

Plötzlich aber falle ich, immer tiefer und tiefer, dann ein Schreck und ein Ruck, und ich sitze irgendwo und starre nach oben in den blauen Himmel. War ich eingeschlafen? Mein Nacken ist jedenfalls ziemlich verspannt. Vorsichtig drehe ich meinen Kopf nach rechts und links. Wie einfach ist es doch, als Möwe herumzufliegen, ein Menschenkörper ist dafür leider nicht geeignet.

Alle Dinge teilen denselben Atem

Ohne Luft können wir Menschen nicht leben. Luft ist eine absolute Notwendigkeit, und je sauberer sie ist, um so besser für uns. Als verbindendes Element und als Informationsträger kann Luft auch zum Programmieren z. B. von Steinen genutzt werden. Bei allen anderen Elementen ist als Bindeglied und Informationsübermittler die Luft zu finden. Als Wind, der über die Erde fegt und sogar Sandstürme entfesseln kann. Als Luftzug, um das Feuer im Kamin anzufachen und auch im Wasser als Luftbläschen, um die Pflanzen zu versorgen. Ein See ohne Luft »kippt« um, stirbt. In den letzten Jahrzehnten hat u. a. die Luftverschmutzung erheblich zugenommen, auch ein Zeichen dafür, daß die Wichtigkeit der Elemente vergessen wurde. Die Wasserverschmutzung hat schon tragische

Ausmaße angenommen, aber noch scheint es kaum einer zu bemerken. Zusätzlich schwirren in unserer Luft endlos viele Impulse und Informationen herum. Man denke nur an die Rundfunk- und Fernsehprogramme, an die Funker und an Radar. Von der allgemeinen chemischen Luftverschmutzung und dem Lärm, den die Luft transportiert, ganz zu schweigen. Wie lange können wir noch so leben? Wir müssen unbedingt eine andere Sicht- und Denkweise bekommen und eigenständig in größeren Dimensionen sehen, denken, fühlen und handeln.

Es ist für viele Menschen schon lange nicht mehr möglich, naturnah und mit allen Elementen in ihrem Heim zu leben. Wasser und Luft haben wir in unseren Häusern und Wohnungen. Aber wie viele Menschen besitzen einen Garten oder dürfen ihn benutzen? Auch das Feuer wurde von der sauberen und bequemen Heizung abgelöst. Einstmals war sie noch preiswert, aber als alle Wohnungen eine Heizung hatten, stiegen die Preise für Öl und Gas. Glücklich können die Menschen sein, die ein lebendiges Holzfeuer in ihrem Heim haben und das Element Erde in Form eines Gartens.

Nach diesem kleinen Ausflug zu den anderen Elementen wollen wir uns nun wieder der Luft zuwenden. Die Luft im grobstofflichen Bereich erhält uns das Leben, im feinstofflichen hilft sie uns, Unterscheidungen zu treffen, wach durchs Leben zu gehen und fröhlich zu sein. Durch die Atmung können wir die mit unseren Gedanken, Gefühlen und Bildern programmierte und aufgeladene Luft für unsere edlen Zwecke nutzen.

Die Ureinwohner Amerikas gingen immer vorbildlich mit unserer Erde, den Flüssen und der Luft um. Ein Auszug aus der Rede des Häuptlings Seattle aus dem Jahre 1855:

»Die Luft ist kostbar für den roten Mann – denn alle Dinge teilen denselben Atem – das Tier, der Baum, der Mensch. Sie alle teilen denselben Atem. Der weiße Mann scheint die Luft, die er atmet, gar nicht zu bemerken ...
Der Indianer mag das sanfte Geräusch des Windes, der über eine Teichfläche streicht – den Geruch des Windes, gereinigt vom Mittagsregen oder schwer vom Duft der Kiefern.«

Denke über die Rede nach, und mach eine Meditation daraus, um es auch verinnerlichen zu können. Ich meine, daß es nicht reicht, wenn die Worte nur im Kopf sitzen und auswendig gelernt werden, um klug reden zu können. Der Sinngehalt muß unbedingt ins Herz dringen und so unser Fühlen, Denken und Handeln bestimmen!

Geh durch einen weiten, großen Wald, und atme in tiefen Zügen ganz bewußt diese belebende, würzige Luft ein. Begrüße mit Freude die Bäume, und gib den Flüßchen und Bächlein, die du siehst, deine Sympathie und liebevollen Gedanken. Nimm eine Handvoll Walderde, und halte sie ganz nahe an deine Nase. Atme ihren köstlichen Duft tief ein, und spüre dann den warmen Hauch, der von der Erde ausgeatmet wird. Verbinde dich gefühlsmäßig mit der Erde.

Atme nun die frische Waldluft in deine Lungen und noch etwas tiefer bis in den Bauch hinein. Öffne den Mund, schlucke diese köstliche Luft in dich hinein. Schaue beim Weitergehen auf die Pflanzen, die hier wachsen, wie weich und in wieviel verschiedenen Grüntönen das Moos leuchtet, und streichle mit deiner Hand zart darüber. Beobachte aufmerksam, wie die Sonne durch das Blätterdach der Bäume blinzelt. Fühle den federnden Waldboden, der bei jedem deiner Schritte nachgibt, um dich angenehm durch sein Reich zu führen. So machst du einen Meditationsspaziergang durch den Wald mit allen Sinnen. Die Luft prickelt auf deiner Haut. Erfrischt, in aller Ruhe und Harmonie gehst du nach Hause.

Du solltest dir mindestens einmal in der Woche diese Erholungspause gönnen, denn in den Städten und Orten der Menschen ist schon beinahe alles zugepflastert. Die tägliche Hetzerei läßt die Menschen gereizt zurück. Am Arbeitsplatz ist es im Laufe der Zeit immer technischer geworden, angeblich zu unserer Bequemlichkeit. Ob z. B. ein Handy gerade so angenehm ist, wage ich zu bezweifeln, denn in meinen Augen hat jeder Mensch das Recht auf Unerreichbarkeit! Außerdem kann man Menschen mit einem Handy bedingt überwachen, da diese Geräte Impulse aussenden, um vom Funkturm »gefunden« zu werden. Wer kann da noch suchen und finden? Wie lange halten Menschen diesen ganzen Strahlensalat und den immer mehr zunehmenden Streß mit gleichzeitiger gefühlsmäßiger Orientierungslosigkeit aus?

Je mehr du dich mit technischen Dingen umgibst und je mehr du von Unrast verfolgt wirst, desto wichtiger ist der Umgang mit der Natur. Ihr sanftes Wesen ist der lebensnotwendige Ausgleich!

23. Übung

Luft und Liebe

Setz dich in eine für dich bequeme Meditationshaltung, und geh in die Entspannung. Denke an die universelle, uneigennützige, alles einschließende Liebe, und setz mit deiner Vorstellung aus diesen Gedanken ein Bild und ein Gefühl zusammen. Du denkst an eine liebevolle Einstellung zu allen Menschen, Tieren, Pflanzen und Wesen. Diese Liebe spürst du um dich herum in der Luft. Du atmest langsam und tief diese Liebe ein. Atme bedächtig und so normal wie immer, nur etwas tiefer in den Bauch hinein. Mit jedem Atemzug füllst du dich mit universeller Liebe. Laß sie in alle deine Organe, Zellen und deine Adern fließen. Fülle alle Körperflüssigkeiten mit Luft und Liebe. Durch deine Nerven läuft die heilsame Energie der universellen Liebe. Du bist Teil einer großen liebevollen Schöpfung, und wir atmen alle zusammen dieselbe Luft. Alles ist miteinander verwoben und vernetzt. Nun atmest du die Liebe nochmal in deinen Bauch und fühlst, wie sie dich ganz ausfüllt. Am Anfang nicht mehr als ungefähr zehn aufgeladene Atemzüge machen. Verweile nun einige Zeit in diesem Zustand.

Dann kommst du wieder ins Alltagsbewußtsein und bist gefüllt mit liebe- und verständnisvollen Gedanken und Gefühlen, die du weitergeben kannst.

Du kannst auch Frieden, Ruhe, Geduld usw. einatmen. Nimm die Eigenschaft, die du am dringlichsten brauchst. Erst zu einer neuen Eigenschaft übergehen, wenn die erste in deinem Leben eingetroffen ist.

24. Übung

Atmender Stein der Ruhe

Steinaufladung

Nimm einen Stein deiner Wahl, reinige ihn wie gelernt, und leg ihn in deine rechte Hand. Du willst den Stein z. B. mit Ruhe aufladen. Dazu stellst du dir völlige Ruhe vor. Laß sie in dir entstehen, dich ganz ausfüllen, und denke und fühle alles, was dir zur Ruhe einfällt. Nun sammelst du deinen Atem in dir und hauchst den Stein, mit dem in Ruhe getauchten und aufgeladenen Atem, an. Das machst du siebenmal. Dann ziehst du mit dem Augenstrahl und deiner Vorstellung eine hellblaue Schutzkugel um den Stein zur Fixierung und Konservierung. Nun ist dein Stein dauerhaft mit Ruhe aufgeladen, und du kannst ihn benutzen.

Luftgeist

Den ganzen Tag bin ich schon so schlapp, und mir ist schwindelig. Außerdem ist mir so kalt, als wenn ich am Nordpol ohne passende Kleidung stünde. Mein Hals fühlt sich wie ein Reibeisen an, ich befürchte, daß ich eine Erkältung oder eine Grippe bekomme. So schleppe ich mich durch den Tag.

Meine Zähne schlagen klappernd aufeinander, es hat keinen Zweck mehr, so zu tun, als wäre nichts. Ich bereite mir eine Wärmflasche und lege mich um 17 Uhr nachmittags bibbernd mit einer Wolldecke ins Bett!

Mitten in einer erstarrten, flachen grellweißen Eislandschaft stehe ich, friere unwahrscheinlich und schlage mit den Armen um mich, um etwas Wärme zu entwickeln. Die Eiskristalle glitzern und funkeln mich mit ihren kalten Augen böse an. Ach, wie ist das kalt!! Weder Haus noch Baum oder Strauch weit und breit, nur die weiße, mörderisch kalte und einsame Eiswüste. Voller Schrecken sehe ich nun, daß ich auch noch ohne Schuhe hier bin. Mit bloßen Füßen stehe ich auf einer Eisscholle und hebe mal das eine und mal das andere Bein, wie ein Vogel, um meine Füße zu wärmen. Aber es nützt alles nichts, ich werde langsam zu Eis. Plötzlich entsteht Bewegung in der Starre, die Landschaft türmt sich mit fürchterlichem Knacken zu Hügeln und Bergen auf. Es donnert und kracht! Große und kleine Eisstücke fliegen durch die Luft. Die Eisberge werden so groß, daß ich ihre Spitze nicht mehr sehen kann. Bedrohlich nah vor mir entstehen jetzt riesige Gletscher. Oh Schreck! Sie weiten sich in alle Dimensionen aus, und ich werde blitzschnell wie ein unwichtiges Sandkorn zwischen ihnen zermalmt!

Rotglühende Nebel umwehen mich. Bin ich in der Unterwelt? Überall knistert es, und die Luft ist viel zu dicht zum Atmen. Jeder Atemzug fällt unglaublich schwer und verursacht ein rasselndes Geräusch in meinen Bronchien. Es ist sehr warm hier. Was tanzen denn da für Schatten? Schwarze, flächige Gestalten bewegen sich äußerst langsam, wie absichtslos, hierhin und dorthin. Es sieht wie ein grotesker Lumpentanz aus. Jetzt bleiben einige stehen und schauen mich mit ihren dunklen Augen an. Ich blicke auf diese Wesen und sehe, wie sich aus der vor mir stehenden Gestalt noch eine Gestalt bildet, und noch eine und noch eine. Was ist das? Sie hängen im Abstand von ca. einem Meter übereinander, wie Scherenschnitte, und schaukeln ganz langsam, wie vom Wind bewegt, hin und her. Seltsam, daß hier kein Lüftchen weht! Aus allen Gestalten haben sich nun diese schaukelnden Scherenschnitte gebildet. Ich bin fasziniert und starre sie unverwandt an. Unmerklich werde ich von der schwankenden Bewegung eingefangen und wiege mich nun leicht vor und zurück, hin und her. Die schemenhaften Schattenwesen kommen immer näher und umgaukeln mich. Es gibt keine festen Formen mehr, alles zerfließt, auch meine Gestalt.

Ich liege in einem Raum, dessen Wände und Fußboden aus warmer, rosaschimmernder Haut bestehen, die sich immer mehr aufheizt. Ich möchte aufstehen, aber ich kann mich nur ganz langsam bewegen, wie in Zeitlupe. Deshalb dauert es unendlich lange, bis ich es geschafft habe, vor dem Bett zu stehen. Inzwischen leuchten die Wände glutrot, und auch der Boden wird immer heißer. Der Schweiß tropft mir von der Stirn und rinnt in dünnen Fäden meinen Rücken herunter. Schnell klebt das Hemd an meinem Körper. Ich bin in der Hölle und werde gebraten! Die Wände des Raumes lösen sich fast unmerklich auf, aber die Hitze nimmt weiter zu.

»*Wasser*«, *murmle ich mit aufgesprungenen Lippen. Mir ist so heiß! Da sehe ich ein Wasserloch im Boden und beuge mich herab, um zu trinken. Aber das ist ja kochendes Wasser! Durchsichtige rubinrote Luftblasen blubbern an die Oberfläche. Es ist schön und schrecklich zugleich. Ich vergesse, daß ich trinken wollte und beobachte gebannt die kochende Wasserfläche. Wie eine große rote Wunde im Boden sieht es aus. Nach einiger Zeit bemerke ich wieder die heiße Luft, die ich einatme. Langsam entferne ich mich vom Wasserloch, drehe mich um und sehe in schlierenziehenden Nebel wie in rotgefärbte, wehende Seidentücher. Magisch angezogen, gehe ich darauf zu, denn ich verspreche mir etwas Kühlung davon. Aber das täuscht, die inzwischen kochendheiße Luft zerfrißt unaufhaltsam meine Eingeweide. Mein Körper löst sich in der unglaublichen Hitze in viele kleine Schweißtropfen auf, setzt sich wie ein Mosaik wieder zusammen und löst sich dann unwiderruflich ganz auf. Ich entschwinde ganz einfach ins Nichts. Wie ein Zuschauer kann ich das alles beobachten, es geschieht mir und geschieht mir gleichzeitig nicht!*

Nun liege ich im Bett in einem Zimmer mit vielen Fenstern, die Tapete ist altmodisch und schwülstig. Wo bin ich hier? Es ist so heiß, als wäre ich in der Nähe der Sonne. Warum nur sind die Fenster in diesem Raum alle geschlossen? Zugedeckt bin ich auch noch! Ich werfe die Decken von mir und setze mich hin. Das strengt mich so an, daß ich keuchen muß. Kein Wunder in dieser heißen Luft.

Sehnsüchtig schaue ich zum Fenster. Da schwebt etwas draußen herum! Eine hellgraue Nebelwolke fliegt hin und her. Oh, es ist ein Luftgeist, er möchte ins Zimmer, um mich mit seinem kühlen Wind gesund zu pusten! Ganz klar ist diese Erkenntnis in mir. Immer wieder versucht er bei jeder Ritze sich hindurchzuzwängen. Ich sehe jetzt sein freundliches Gesicht und möchte ihn natürlich her-

einlassen, will er mir doch endlich Kühlung verschaffen, aber ich kann nicht aufstehen. Ich befinde mich in höchster Verzweiflung, da kommt mein Mann ins Zimmer, und ich krächze: »Mach bitte das Fenster auf, der Windgeist muß herein, er macht mich gesund.« *Nicht sehr begeistert sagt er:* »Du hast Fieber, draußen ist es sehr kalt, aber ein kleines bißchen kann ich das Fenster öffnen.« *Nun erkläre ich ihm, daß er das Fenster sperrangelweit aufmachen muß, damit der Luftgeist herein kann, um mich zu heilen. Nachdem er erst liebevoll wieder die Decken über mich gebreitet hat, damit ich nicht zu kalt werde, öffnet mein Mann das Fenster. Gedankenschnell huscht der Luftgeist ins Zimmer und umfächelt mein Gesicht mit wunderbar kühlem Wind! Oh, es ist herrlich! Er flüstert mir seinen Namen ins Ohr, und im Laufe dieser langen Nacht freunden wir uns an. Diese Luftwesen sind nicht gern in Räumen, auch nicht mit geöffnetem Fenster, deshalb fliegt er immer wieder nach draußen, kommt aber nach kurzer Zeit wieder zu mir. Er bleibt viele Stunden und kühlt meinen fieberheißen Kopf. Irgendwann fallen mir übergangslos die Augen zu. Ganz ruhig und traumlos schlafe ich der Gesundheit entgegen. Nur noch leichte Halsschmerzen machen sich am nächsten Tag bemerkbar. Aber das Fieber ist verscheucht. Hab Dank, mein Luftgeist!!*

Immer wenn ich in Not bin oder aus anderen Gründen seine Hilfe erbitte, z. B. unbedingt trockenes Wetter oder dringend Regen brauche, Wind oder Windstille aus wichtigem Grund wünsche, dann rufe ich meinen luftigen Windfreund. Meistens ist er für mich da. So ein bißchen unberechenbar ist er aber schon, schließlich ist er ein Wesen der Luft. Er hat mich gebeten, seinen Namen nicht preiszugeben.

Naturwesen

Wie ich meinen Windfreund kennenlernte, habe ich ja in der vorigen »Geschichte« beschrieben. Man könnte das zu reinen Fieberphantasien erklären, hätte dieser Luftgeist mir nicht jetzt schon über Jahre treu beigestanden, wenn ich ihn brauchte.

Jedes Element hat seine Wesen, die es bewohnen. Im Wasser leben die Wassergeister. In den Märchen heißen sie auch Nymphen und Nixen. Es gibt sicher noch andere Bezeichnungen und noch andere Wasserbewohner in der feinstofflichen Wasserebene. So habe ich beim »Konzentriert-aufs-Meer-Schauen« kleine, flammenartige hellblaue Wesen sehen können.

Das Feuerelement bewohnen die Feuergeister, auch Salamander genannt, sie sind mir nicht so ganz geheuer. Intensiven Kontakt habe ich zu ihnen nicht.

Im Element Luft tummeln sich die Luftgeister, auch Sylphen und Sirenen genannt. Aber genauso sind hier die Winde, zu denen mein Luftfreund gehört, zu Hause.

Dem Element Erde sind die Erdgeister zugeordnet. In Märchenerzählungen werden sie als Zwerge und Gnome bezeichnet, aber auch hier gibt es noch einige andere. Vor gar nicht langer Zeit war es mir vergönnt, einige Erdgeister zu sehen und auch länger zu beobachten. Diejenigen, die ich gesehen habe, heißen Mufftis.

Als ich mit meinem Mann in einem einsamen großen Waldgebiet im Sauerland spazierengehe, kommen wir an eine Lichtung mit hohen, schön gewachsenen Buchen und Eichen. Munter plätschert ein Waldbächlein mit kristallklarem Wasser dahin. Ein idyllisches Fleckchen Erde! Ich bleibe stehen, gehe über einen Moosteppich zum Ufer des Bächleins, lausche seinem Murmeln und atme in tiefen Zügen den Waldduft ein. Da sehe ich auf einmal an der gegenüberliegenden Seite, ca. zwei Meter von mir entfernt, ein igelähnliches Wesen. Es hat aber keine Stacheln, sondern das dunkle, weiche Fell eines Maulwurfs. Wenn es sich nicht bewegt hätte, wäre es mir gar nicht aufgefallen, so perfekt ist es getarnt. Es fixiert mich mit klugen, wissenden Augen. So habe ich noch kein Tier schauen sehen! Jetzt bemerke ich noch mehr von den Wesen, ganz nahe am Wasser. In meinem Kopf kann ich als Gedanken hören, daß es Mufftis sind. Dieses Wort habe ich noch nie vernommen und auch solche Wesen nie gesehen. Da mein Mann sie gar nicht wahrnehmen kann, überlege ich, ob es Wasser- oder Erdwesen sind, neige dann aber eher zu Erdwesen. Eigenartigerweise sind sie überhaupt nicht scheu, auch wenn ich mich bewege, erschrecken sie nicht. Aber sie behalten mich immer im Blick und schauen genau, was ich mache. Ich will sie nun aber nicht weiter stören, und wir gehen weiter.

Von den Baum- und Steinwesen habe ich ja schon berichtet. Nicht zu vergessen sind die Wesen der Blumen und die Elfen und Feen. Kontakt aufnehmen mit Hilfe der eigenen Seelenveredlung und der Gedankenstille muß jeder von euch selber. In dieser vollkommen anderen Erlebniswelt gibt es unendlich viel zu entdecken, sicher auch noch viele andere Naturgeister. Jeder sollte mit offenen Augen und weitem, liebenden Herzen durch die Natur und sein Leben gehen, dadurch bekommt ihr eine andere, oft sinnvollere Sichtweise und Lebensweise. Es ist möglich, die Bekanntschaft eines Wesens der anderen Ebenen zu machen, wenn man von ihm akzeptiert, geliebt wird. Diese Wesen erspüren mit ganz feinen Sinnen unsere Seele. Durch diese andere Erlebniswelt wird unser Leben ungemein bereichert.

Epilog

Wir wissen nun am Ende dieses Buches, daß wir ständig von Wesen und Kräften umgeben sind, die darauf warten, mit uns in Kontakt treten zu können. Durch die jahrelange Verkopfung und die Überbetonung des Intellektes haben sich viele Menschen in unseren westlichen Industrienationen von der Erfahrbarkeit der Natur und seiner Wesen, der Welt und ihren Kräften, des Kosmos mit seinen Wesen und Energien abgeschnitten. Freiwillig? Wo könnte das Wissen des spirituellen Weges gelehrt werden?

Die Schulen, mit Lehrern, die an den Universitäten nur den Intellekt schulten und nicht parallel dazu auch von spirituellen Lehrern ausgebildet worden sind, können dieser Aufgabe gar nicht gerecht werden. Die Eltern von jungen Menschen sind in der Regel mit anderen Dingen beschäftigt und können auch nicht mehr den spirituellen Weg zeigen und vorleben. Die Religion, die manchen Menschen Halt und Sinn im Leben gab, verblaßt immer mehr. Märchen erzählt ein verkitschtes Sandmännchen im Fernsehen oder der Kasettenrekorder. Welche Mütter oder Väter erklären ihren Kindern noch Märchen, Legenden oder Sagen. Wer gibt ihren Seelen die Mythen wieder? Geht jemand mit seinen Kindern zum Baum- oder Steinefühlen? Wer bringt ihnen Elfen, Feen, Zwerge und andere Naturgeister nahe? Es gibt zum Glück einige engagierte Lehrer(innen), meist an privaten Schulen, die versuchen, dieses alte Wissen vorsichtig zu vermitteln.

Die Presse und die anderen Medien gaukeln uns ein Leben vor, das wir nicht brauchen, da es einseitig ist und die Menschen von ihrer natürlichen Entfaltung abhält. Darüber hinaus können wir beeinflußt werden, vielleicht etwas Falsches und wenig Lebenswertes zu glauben und danach zu leben.

Wir müssen schon selbst unsere Entwicklung und die unserer Kinder in die Hand nehmen! Laßt uns wach werden und die Natur erfahren durch Erfühlen! Durch anderes Sehen zum anderen Denken gelangen oder durch anderes Denken eine andere Sichtweise erreichen. Ein reichhaltiges, buntes, spannendes und liebenswertes Leben erwartet uns!

Natürlich darf nun nicht die Waagschale ins andere Extrem pendeln. Wir müssen unseren täglichen Aufgaben schon noch nachkommen können. Hüte dich vor Übertreibung und Einbildung! Im Idealfall sollten Gefühl und Verstand in uns ausgeglichen sein. Im Leben des anderen Sehens und Denkens sind immer Konzentration und Loslassen gefordert.

Nachdem ich von Bäumen, Steinen, Menschenträumen an Kultplätzen und mit den Elementen berichtet habe, bitte ich dich um das Kennenlernen der Wesen hinter den Schleiern und einen verantwortungvollen, liebevollen Umgang mit ihnen. Nimm Kontakt zu den Wesen der Bäume und Felsen, Quellen und Flüsse auf. So wird für dich erfahrbar, daß in allem ein fühlendes Wesen lebt. Wir Menschen sollten alles einsetzen, um die Naturwesenheiten in ihrem natürlichen Lebensraum zu schützen. Letztendlich sind wir ja auch von ihnen abhängig, denn ohne gesunde Bäume gibt es keinen Sauerstoff, ohne Luft können wir nicht atmen, ohne fruchtbaren Erdboden und ohne reines Wasser müssen wir verhungern und verdursten.

Wenn du erst einmal an die lebendigen Baum-, Stein-, Wasser-, Luft-, Feuer-, und Erdwesen glaubst, kannst du durch die Übungen zur Erfahrung und dadurch zum Wissen über sie kommen. Mein Wunsch ist, daß alle Leser die Übungen und das Kennenlernen dieser Wesen ins alltägliche Leben integrieren. Umsetzen kann man das durch viel Eigenarbeit, indem wir *gemeinsam miteinander* in Harmonie leben, *Liebe weitergeben,* Lachen verteilen, uns für Umweltschutz einsetzen, stille Erdheilungen machen, im Sozialbereich tätig werden, unsere Kinder wieder auf die richtigen Wege führen, auch durch unser Beispiel, Lehrberufe ausüben usw. Die Liste ließe sich beliebig lang fortsetzen, es gibt so viel zu tun. Der Motor unseres Handelns sollte immer Mitgefühl und uneigennützige Liebe sein.

Wie wende ich meine Erkenntnisse im täglichen Leben an? Im kleinsten Bereich läßt sich schon etwas verwirklichen und umsetzen, z. B.: Eine Freundin von mir ist sehr kreativ und näht wunderschöne, lieb aussehende Puppen, kuschelige Teddys, kunstvolle Patchworkdecken und vieles mehr. Sie gibt auch Kurse, und in diesen Kursen weiht sie die Teilnehmer nicht nur in die Geheimnisse des Nähens ein, sondern vermittelt auch das Gefühl von Geborgenheit und Gemütlichkeit. Sie backt für die Teilnehmer ihrer Kurse Plätzchen und kocht Tee, um eine heimelige Atmosphäre zu schaffen. Manchem ungeduldigen oder nervösen Menschen brachte sie so die nötige Ruhe, um kreativ sein zu können. Wir haben uns eines Tages gemeinsam ausgedacht, daß sie, wenn diese zarten Methoden nicht wirken, den Teilnehmern in verständlichen Worten von der Macht der Gedanken erzählen soll. Wenn ein mit Streß und Hektik gemachter Kuschelbär im Kinderbettchen liegt, was strahlt der Teddy dann wohl aus? Die ganzen Gedanken der Unruhe und Ungeduld gehen natürlich mit jedem Nadelstich in den Bären über. Welches Kind soll da noch in Ruhe schlafen?

Man muß aber nicht gleich seinen Beruf wechseln. Mir kam früher stets zur gleichen Zeit ein Schornsteinfeger entgegen. Immer war er fröhlich und hatte ein ansteckendes Lächeln für seine Mitmenschen. Dadurch hatte ich auch gleich bessere Laune und konnte meinerseits die Menschen anlächeln. Mein Paketmann kommt zu meiner großen Freude schon morgens lustig pfeifend zur Tür herein. So kann jeder in seinem Bereich tätig werden, sei es auch »nur« mit einem freundlichen Wort oder einem morgendlichen Lächeln. Bringen wir doch wieder etwas Wärme ins Leben! Versuchen wir mit Liebe und Verständnis, Angst und Kummer in unserer Umgebung zu lindern oder aufzulösen. Wenn du, liebe Leserin, lieber Leser, dabei mithilfst, können wir bestimmt einiges erreichen. Ich danke dir dafür und schicke dir auf diesem Weg ein

Lächeln, Wärme und Sympathie.

LITERATURVERZEICHNIS

Abelar, Taisha: *Die Zauberin. Die magische Reise einer Frau auf dem Yaqui-Weg des Wissens.* Scherz, Bern–München–Wien 1994.

Bardon, Franz: *Der Weg zum wahren Adepten. Ein Lehrgang in zehn Stufen. Theorie und Praxis.* 13. Aufl., Verlag Hermann Bauer, Freiburg 1994.

Braun-von Gladiss, Karl-Heinz: *Das biologische System Mensch. Seine steuernden, heilenden und schädigenden Impulse.* Amelinghausen 1995.

Dante: *Die Göttliche Komödie.* Insel, Frankfurt 1974.

Ende, Michael: *Momo.* Thienemann, Stuttgart 1986.

Evans-Wentz, Walter Y.: *Das Tibetanische Totenbuch.* 15. Aufl., Walter Verlag, Zürich 1993.

Fort, Carmina: *Gespräche mit Carlos Castaneda.* Fischer, Frankfurt/Main 1996.

Jung, C. G.: *Erinnerungen, Träume, Gedanken von C. G. Jung.* Aufgez. u. hrsg. von Aniela Jaffé. 13. Aufl., Walter Verlag, Zürich 1988.

Knapp, Gottfried: *Engel – Eine himmlische Komödie.* Prestel, München 1995.

Leuenberger, Hans-Dieter: *Schule des Tarot,* Bd. 1: Das Rad des Lebens. 8. Aufl., Verlag Hermann Bauer, Freiburg 1997.

Lüdeling, Hartmut: *Handbuch der Radiaesthesie.* Hensch, Nienburg 1994.

DuMaurier, Daphne: *Cornwall-Saga.* Fischer, Frankfurt 1986 (vergriffen).

Meyrink, Gustav: *Das grüne Gesicht. Ein okkulter Schlüsselroman.* Droemer Knaur, München 1992 (Neuaufl. von 1983).

Rätsch, Christian und Andreas Guhr: *Lexikon der Zaubersteine aus ethnologischer Sicht*. VMA, Wiesbaden 1992.

Ramm-Bonwitt, Ingrid: *Mudras – Geheimsprache der Yogis*. Verlag Hermann Bauer, Freiburg 1987 (vergriffen).

Sherwood, Keith: *Die Kunst spirituellen Heilens*. 5. Aufl., Verlag Hermann Bauer, Freiburg 1994.

Spiesberger, Karl: *Die Aura des Menschen*. 7. Aufl., Verlag Hermann Bauer, Freiburg 1987 (vergriffen).

Taylor, Colin: *Die Mythen der nordamerikanischen Indianer*. Beck, München 1995.

»*Wir sind ein Teil der Erde*«. *Die Rede des Häuptlings Seattle an den Präsidenten der Vereinigten Staaten von Amerika im Jahre 1855*. 21. Aufl., Walter-Verlag, Zürich 1990.

Verlag Hermann Bauer · Freiburg im Breisgau

Joan Grant

Augen des Horus

Roman

456 Seiten, gebunden; ISBN 3-7626-0514-9

Dies ist die außergewöhnliche Geschichte des jungen Ra-ab in der Zeit der XI. Dynastie. Das ägyptische Reich steht an einem Wendepunkt. Ra-ab, Sohn und Nachfolger des Fürsten der Antilopenprovinz, wird in den Kampf des Lichtes gegen die Mächte der Finsternis hineingezogen. In der geheimen Bruderschaft *Augen des Horus*, die den Anbruch des Neuen Morgens für Ägypten vorbereitet, erhält er seine Aufgabe. Mit der schönen Meri verbindet ihn seit langem eine tiefe Liebe, die nun ihre Erfüllung findet.

Lassen Sie sich entführen in die Welt des Alten Ägypten, mit seinen Palästen und Tempeln, dem Leben am Hofe und in den Dörfern; zu großen Festen und Gärten der Ruhe voll duftender Blüten. Sie erfahren von magischen Zeremonien und Bräuchen, von Kampf und Heilkunst, Einbalsamierung und Bestattung. Erleben Sie Pracht und Schrecken des Alten Ägypten, erleben Sie den Sieg des Lichtes über die dunkle Herrschaft der Furcht.

Augen des Horus hat alles, was einen großen Roman ausmacht: Spannung, Abenteuer, Liebe, Phantasie, Erzählkraft und ein Thema von zeitloser Gültigkeit. Fesselnd bis zum Schluß!

Verlag Hermann Bauer · Freiburg im Breisgau

Verlag Hermann Bauer · Freiburg im Breisgau

Jennifer Louden

Tu dir gut!
Das Wohlfühlbuch für Frauen
249 Seiten, kartoniert; ISBN 3-7626-0497-5

Dieses Wohlfühlbuch richtet sich an all jene Frauen, die an sich selbst zuletzt denken; die stets Rücksicht auf die Bedürfnisse anderer nehmen, sich kümmern und sorgen und dabei ihre eigenen Wünsche verdrängen. Aus vollem Herzen geben kann nur, wer auch selbst Zuwendung bekommt, wer sich auch seiner eigenen Wünsche und Bedürfnisse annimmt.
In 51 Kapiteln finden sich eine Fülle praktischer Tips, neuer Verhaltensstrategien, Rituale, Meditationen zum Atemschöpfen und Sich-selbst-Besinnen. Schon beim Lesen werden Sie fröhlich, wohlgelaunt und bekommen neue Lust aufs Leben!
Zum Buch ist auch eine CD erschienen. Sie setzt die wichtigsten Botschaften des Textes in erfrischend, inspirierende Wohlfühlmusik um.

Tu dir gut!
Wohlfühlmusik für Frauen
Spieldauer: ca. 65 Minuten
CD ISBN 3-7626-8742-0

Außerdem von Jennifer Louden erschienen;

Tut euch gut!
Das Wohlfühlbuch für Paare
340 Seiten, kartoniert; ISBN 3-7626-0525-4

In Vorbereitung:

Wir tun uns gut!
Das Wohlfühlbuch für Schwangere

Verlag Hermann Bauer · Freiburg im Breisgau

esotera
Das Magazin für Neues Denken und Handeln

Tauchen Sie ein in die Welt des neuen Wissens.

esotera befaßt sich nicht mit der Welt des Scheins, sondern mit der des Seins und Bewußtseins. **esotera** beschreibt die inneren Zusammenhänge, dringt zum Kern und Wesen der Dinge vor. **esotera** ist die ebenso lehrreiche wie lebendige Auseinandersetzung mit den geistig-spirituellen Phänomenen unserer Welt: **esotera** berichtet zwölfmal im Jahr über esoterische Lebenshilfen, ganzheitliche Gesundheit, Psi, Urwissen, spirituelle Kreativität und vieles mehr.

kompetent
kritisch
informativ
▼
faszinierend
anschaulich
lebendig

esotera erscheint monatlich. Sie erhalten ein **Probeheft** kostenlos bei Ihrem Buchhändler oder direkt vom Verlag Hermann Bauer KG, Kronenstraße 2, 79100 Freiburg